新时代新理念职业教育教材·电动汽车类

电动汽车电力电子技术应用

（修订本）

主　编　刘　杰　宗长富
副主编　张立伟　琚　龙　郭　渊
主　审　王志福

北京交通大学出版社

·北京·

内 容 简 介

本书从电动汽车的发展背景及发展过程出发，结合电气专业的相关知识，对电动汽车电驱动基础理论、电动汽车的整车控制器、交流异步电机及其控制、永磁同步电机及其控制、直流无刷电机及其控制、DC/DC电源技术及应用、DC/AC与AC/DC变换技术及应用，以及电动汽车电控系统的电磁兼容进行了详细的介绍。希望学生通过对本书的学习能够对电动汽车电力电子技术应用有更加清晰的认识。本书也可以作为从事相关研究和开发工作的专业人员的参考用书。

图书在版编目（CIP）数据

电动汽车电力电子技术应用 / 刘杰，宗长富主编. —北京：北京交通大学出版社，2018.3
（2023.2 修订）

ISBN 978 - 7 - 5121 - 3522 - 2

Ⅰ. ① 电…　Ⅱ. ① 刘…　②宗…　Ⅲ. ① 电动汽车-电力电子技术　Ⅳ. ① U469.720.3

中国版本图书馆 CIP 数据核字（2018）第 052829 号

电动汽车电力电子技术应用
DIANDONG QICHE DIANLI DIANZI JISHU YINGYONG

责任编辑：陈跃琴

出版发行：北京交通大学出版社　　　　　电话：010—51686414　　http：//www.bjtup.com.cn
地　　址：北京市海淀区高梁桥斜街 44 号　邮编：100044
印 刷 者：北京时代华都印刷有限公司
经　　销：全国新华书店
开　　本：185 mm×260 mm　　印张：13　　字数：320 千字
版 印 次：2023 年 2 月第 1 版第 1 次修订　2023 年 2 月第 2 次印刷
书　　号：ISBN 978 - 7 - 5121 - 3522 - 2
定　　价：40.00 元

本书如有质量问题，请向北京交通大学出版社质监组反映。对您的意见和批评，我们表示欢迎和感谢。
投诉电话：010—51686043，51686008；传真：010—62225406；E-mail：press@bjtu.edu.cn。

前　言

　　汽车产业历经百年的发展，极大地方便了人们的生活并促进了社会生产，是现代工业文明的标志，在如今的社会生活中起着越来越重要的作用。进入 21 世纪以来，汽车产业也紧随时代发展的步伐，步入了新的发展阶段，呈现出电气化、智能化、网络化和共享化的趋势，汽车工程作为一门应用型学科也在经历着日新月异的发展，出现了大量的新理论、新技术和新材料，并得到应用，推动着整个行业的发展和进步。但与此同时，也应该看到，汽车在带给我们巨大便利的同时，也伴随着一系列的负面效应，如能源短缺、空气污染、温室效应等，并且随着汽车保有量的增加这些问题日益凸显，为此，控制汽车的污染物排放，发展新的能源结构体系和新能源汽车具有重要的意义和现实的需要。电动汽车以其卓越的环保特性及多样化的能源获取方式受到了世界各国的关注和重视。全球各主要汽车生产厂商都投入了大量的资金和人力用于电动汽车的开发。大力发展和推广电动汽车已成为替代传统燃油汽车的最佳解决方案。

　　电动汽车涉及电气工程、车辆工程、电池技术、计算机控制、电子工程、热学、电磁学等多个学科和专业，其核心技术主要包括电池、电机和电控三大领域，这与传统内燃机汽车有着显著的区别。本书在编写过程中结合作者常年在一线从事电动汽车电子控制技术的研究和开发经验，主要着眼于对电动汽车电子控制相对成熟的技术进行了介绍，希望能够为相关专业本科、专科的教学和从事相关领域的专业人员提供一些有益的帮助。

　　本书内容主要包括电动汽车的分类、电动汽车的动力学基础、电动汽车整车控制系统的功能及软硬件、电动汽车常用电机的基本控制策略等，并对电动汽车控制系统中常用的电力电子器件做了简明扼要的介绍；书中对于常见的电源模块（如 DC/DC 变换单元，DC/AC 变换单元及 AC/DC 车载充电模块等）的基本功能、控制策略和设计过程等也进行了必要的阐述。

　　本书作为肇庆学院重点资助的学科教材，为满足该校车辆工程专业学科的教学需求，考虑到车辆专业学生在电子、电气相关专业学科的基础知识有限，所以在内容的选取上以对基本原理和基本电路的介绍为主，并辅以一些基础性奠定了坚实的基础。

与此同时，研究生周虎、张福东、郑丽娜、李行也积极参与了相关章节的编写和校对，在部分章节的编写过程中，也引用了已经毕业的研究生王慧斌、杨艳男等同学的相关论文。内蒙古工业大学的研究生任德华、吴成柯也编写了相关章节。这本书凝集了这些研究生的辛勤劳动。

书稿在交付过程中，北京交通大学出版社的贾慧娟老师对本书的编辑与出版进行了专业、细致的指导。

在成书过程中，东方电气的鄢治国博士、长江汽车研究院的龚群英先生、北京福田欧辉研究院的王雷和魏长河博士、中兴通信动力产品研发中心的马广积主任和刘辉工程师也都给予了耐心、细致的专业指导，在此一并表示衷心的感谢。

同时感谢肇庆学院车辆工程专业的张福东老师对本书出版付出的辛勤劳动。

鉴于编者学识有限，对于电动汽车的认识和实践尚有不足和欠缺，加之在编写和成书期间，不断有新的技术涌现及获得突破，因此书中内容也有一定程度的滞后，难免会出现一些谬误及不当之处，因此我们几个编者诚惶诚恐，欢迎广读者提出宝贵意见及批评指正，我们将在日后对本书进行修订。

刘 杰
2023 年 2 月 8 日

目 录

I

第1章

绪 论

汽车产业是人类工业文明的产物，极大地改变了人类的生活和行为方式并加速着人类文明的发展。汽车已经成为了人们生活中必不可少的交通工具，但随着汽车工业的不断发展，全球汽车保有量的不断攀升，汽车对世界经济和能源环境的负面影响也不断加剧，环境污染及交通事故问题日益突出。为此汽车产业需要在新能源化、智能化及无人化等方面做出更长远的探索。电动汽车将会得到进一步推广，并逐步走入人们的日常生活。

1.1 电动汽车概述

1.1.1 现代交通运输对环境的影响

2010年以来中国汽车市场井喷式增长，截至2016年12月底，中国机动车保有量达到2.9亿辆。其中汽车保有量1.94亿辆。仅次于美国的3.1亿辆，位居世界第二。如此迅猛的汽车发展趋势，已经对全球人类的生活环境形成巨大负面影响，主要影响表现在如下几个方面。

1. 全球变暖

大量数据和现象表明，未来50～100年，人类将完全进入一个变暖的世界。由于人类活动的影响，导致大气中温室气体和硫化物的浓度增加过快，有科学家预测，未来100年内全球平均地表温度将上升1.4～5.8℃，到2050年，我国的平均气温可能上升2.2℃。

全球变暖是温室效应的结果，而温室效应是由二氧化碳和其他温室气体（如大气中的甲烷）所引发的。这些气体截获了由地面反射的阳光，相当于在大气中截留了能量，并使之升温。温度升高会对地球生态系统造成破坏，并引发影响人类生存的许多自然灾害，进而使气候变化的风险加剧。

近几十年的观测表明，人类活动是造成气候变暖的主要原因。特别是近年来，人类社会对能源的大量消耗带来了越来越严重的温室气体排放问题。二氧化碳是碳氢化合物和煤等化

1

石燃料燃烧的生成物,是全球最主要的温室气体,是造成气候变化的主要因素。虽然二氧化碳可被植物吸收,并由海洋以合成碳酸盐的方式收集,但这些自然同化过程的能力是有限的,不可能消除所有排放到大气中的二氧化碳,其结果就是在大气中形成了二氧化碳的累积。

据国际能源机构(International Energy Agency,IEA)估计,全球汽车二氧化碳总排放量将从 1990 年的 29 亿 t 增加到 2020 年的 60 亿 t。由此可见汽车对地球环境造成的巨大影响。

控制能源消费和节约能源是减少二氧化碳排放量的重要途径。在工业发达国家,人均能源消费指数为 1~3 不等,这表明能源节约的余地是很大的。与此同时,还可以在保持适当的能源消费水平的前提下,用那些不会产生温室效应的替代能源来取代会造成污染的能源。

为了减少汽车对全球气候变暖的影响,削减二氧化碳等温室气体的排放,汽车应尽量采用小排量发动机和带有稀薄燃烧技术的发动机,以最大限度地提高能源利用效率。为了减少汽车的二氧化碳排放量,各国开始制定并实施汽车二氧化碳排放法规。2008 年,欧盟要求轿车二氧化碳排放量低于 140 g/km(汽油车对应的油耗要在 6L/100 km 以下);在 2012 年,这一限值为低于 120 g/km;至 2020 年,则应低于 100 g/km。我国也在大力发展一系列先进技术,包括电动汽车、混合动力汽车和以天然气为燃料的内燃机车辆。预计到 2030 年,我国的汽车二氧化碳排放总量有望降低 45%。

2. 空气污染

空气污染是指一些危害人体健康及周边环境的气体、固体或液体悬浮物对大气层所造成的污染。汽车释放出的一氧化碳、碳氢化合物、氮氧化合物、二氧化碳、固体悬浮颗粒、铅及硫氧化合物等都会对空气造成污染。在很多大都市的空气污染物和烟雾混合物中,燃油车的排放物所占的比重已经超过 50.7%。尽管车用内燃机在不断改进以降低排放,但燃油车数量增加所带来的影响远远大于单台车辆降低排放所取得的效果。因此,由燃油车所造成的空气污染物的总量仍在以令人担忧的速度持续增加。

根据有关专家的研究,北京市的 $PM_{2.5}$ 污染物中大多是直径小于 1 微米(也称为 PM_1)的粒子。PM_1 的最大组分为有机碳气溶胶,约占 40%;第二大组分是硫酸盐气溶胶,占 16%,主要来自燃煤;而第三大组分为硝酸盐气溶胶,约占 13%,这一部分物质既有机动车燃油的影响,也有燃煤的影响。主要来自城市居民活动和城郊农业生产等排放的氨气也很容易形成更多的硫酸盐和硝酸盐。在北京市的 PM_1 中,机动车尾气排放的贡献率约为 23%。

3. 酸雨

酸雨是由空气中的二氧化硫(SO_2)和氮氧化物(NO_2)等酸性污染物所引起的 pH 值小于 5.6 的雨水、冻雨、雪、雹、露等酸性降水。

从 1990 起至 2016 年止,我国二氧化碳累年排放量约为 80 亿 t,超过美国,跃居世界首位。酸雨污染已成为我国非常严重的一个环境问题。目前,我国长江以南的四川、贵州、广东、广西、江西、江苏、浙江等省份已经成为世界三大酸雨区之一,酸雨区已占我国国土面积的约 40%。

4. 资源、能源短缺

由于人类无计划、不合理地大规模开采,资源和能源短缺问题已经在世界上大多数国家甚至全球范围内出现。为了尽可能解决传统汽车工业带来的种种问题，增强世界汽车工业的可持续发展能力，适应全球经济发展趋势，世界各国政府、学术界、工业界都在加大对电动汽车开发和投入的力度，加快电动汽车发展的步伐。

电动汽车可以部分或者全部地利用电能驱动。由于电能可以通过其他形式的能量转换获得，如水能（水力发电）、内能（俗称热能、火力发电）、原子能、风能（风力发电）、化学能（电池）及光能（光电池、太阳能电池等）等，因此可以减少石油资源的使用量，而且这些新能源不会产生有害的排放和温室气体。电动汽车还可以充分利用晚间用电低谷时电网中富余的电力充电，使发电设备在夜间也得到充分利用，大大提高了其经济效益。有研究表明，同样的原油经过粗炼，然后送至电厂发电，再充入电池，最后由电池驱动汽车，其能量利用效率比传统的经过精炼变为汽油，再由汽油机驱动汽车高。

电动汽车的有害排放物很少甚至可以实现零排放，减小了对环境的污染。在全球范围内，由电动汽车产生的有害排放物比燃油车少得多。另外，电动汽车的使用还为通过集中处理进一步减少空气污染物的排放提供了一种可能。在发电过程中会产生相应的排放物，通过集中处理的方法，这些污染物很容易被收集起来并采取相应的过滤或无害化措施。但燃油车就无法采用这种集中处理的方法。

此外，电动汽车还有一个明显的优势，就是基本不会产生噪声污染。燃油车的发动机和复杂的机械传动装置会对环境产生严重的噪声污染，而电动汽车由于采用电动机驱动，电动机工作时的噪声很小，在此基础上若进一步通过有效的控制手段甚至可以使电动车辆实现无声运行，从而大大减轻对环境的噪声污染。

1.1.2　电动汽车的种类及技术特点

现代电动汽车（electric vehicles，EV）是在现代控制理论、电力电子技术、现代化学基础理论等基础上发展起来的，它是以化学电池、燃料电池、飞轮储能装置或超级电容等为动力源，全部或部分由电动机驱动，集中了机、电、化等各个学科领域中的高新技术，是汽车、电力拖动、功率电子、自动控制、化学能源、计算机、新能源、新材料等工程技术中最新成果的集成产物。

目前，按照技术状态和车辆驱动原理的不同，电动汽车可划分为纯电动汽车，燃料电池电动汽车和混合动力电动汽车三种类型。

1. 纯电动汽车

纯电动汽车是一种仅由车载能源（包括动力蓄电池、超级电容、飞轮电池等）作为储能动力源的汽车，图1-1所示为纯电动汽车的典型结构。

由于纯电动汽车电驱动特性的多样性，纯电动汽车可以有多种动力系统架构，图1-2为纯电动汽车几种常见的结构形式。

（1）图1-2（a）中，电动机、固定速比的变速器和差速器一起构成了纯电动汽车的动力系统。该动力系统结构利用电动机低速阶段恒扭矩和在大范围转速变化中所具有的恒功率特性，采用固定速比的减速器替换传统内燃机汽车多速比的减速器。基于这一替换，动力系统对离合器的要求也相应降低，从而可以取消离合器，该结构的优点是可以减小机械传动装置的体积和质量，简化驱动系统的控制，但该系统结构的缺点是无法对变工况下电动机工作点的效率

3

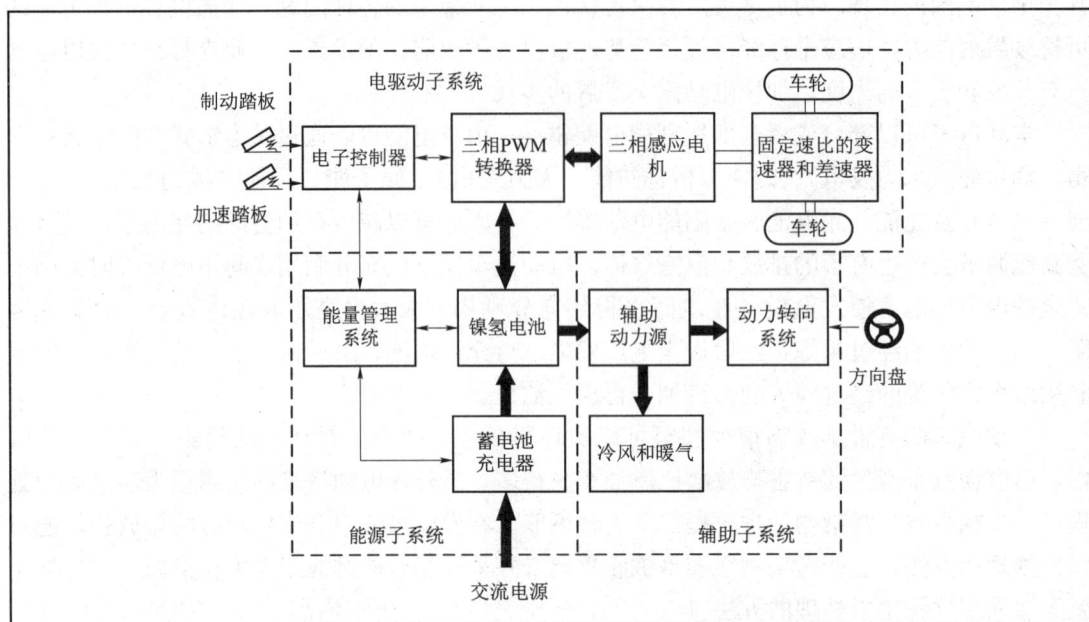

图 1-1　纯电动汽车的典型结构

进行优化，同时为满足车辆加速/爬坡和高速工况要求，通常需要选择较大功率的电机。

（2）图 1-2（b）中，电动机替代了传统汽车中的内燃机，并与离合器、变速器及差速器一起构成了类似传统内燃机汽车的动力驱动系统。电动机输出驱动力，通过离合器可以实现电动机与驱动轮的断开或连接，变速器提供不同的传动比，以变更转速-功率曲线，匹配载荷需求，差速器用于实现车辆转弯时两侧车轮以不同的转速驱动。

（3）图 1-2（c）中，电动机、固定速比的减速器和差速器进一步集成，组合成一体化的单一部件，并与车轮的驱动半轴直接相连，驱动系统进一步简化和小型化。该结构是目前的纯电动汽车中较为常见的一种驱动形式。

（4）图 1-2（d）中，机械差速器被取消，由两个电动机分别通过固定速比的减速器驱动各自侧的车轮，在车辆转弯时，靠电子差速器控制电动机以不同的转速运转，从而实现车辆的正常转弯。

（5）图 1-2（e）中，驱动电机和固定速比的减速器（行星齿轮）被安装在车轮中，这种驱动系统也称为轮毂式驱动系统，这样可以进一步简化驱动系统，创造出更大的车内空间。该驱动系统中固定速比的减速器的主要作用是降低电动机的转速并增大驱动转矩。

（6）图 1-2（f）所示的结构完全舍弃了电动机和驱动轮之间的机械连接装置，由电动机直接驱动车轮，电动机的转速控制等价于轮速控制。这样的驱动结构对电动机提出了特殊要求，如车辆在加速或减速时要具有高转矩特性，因此一般选用低速外转子型电动机。

此外，还有一种特殊的纯电动汽车动力驱动结构——双电动机四轮驱动系统，其结构如图 1-3 所示。车辆的前轮和后轮都是由电动机通过差速器来驱动，在不同的工况下可以使用不同的电动机来驱动车辆，或按照一定的扭矩分配比例联合使用两个电动机共同驱动车辆，从而使驱动系统的效率达到最大。

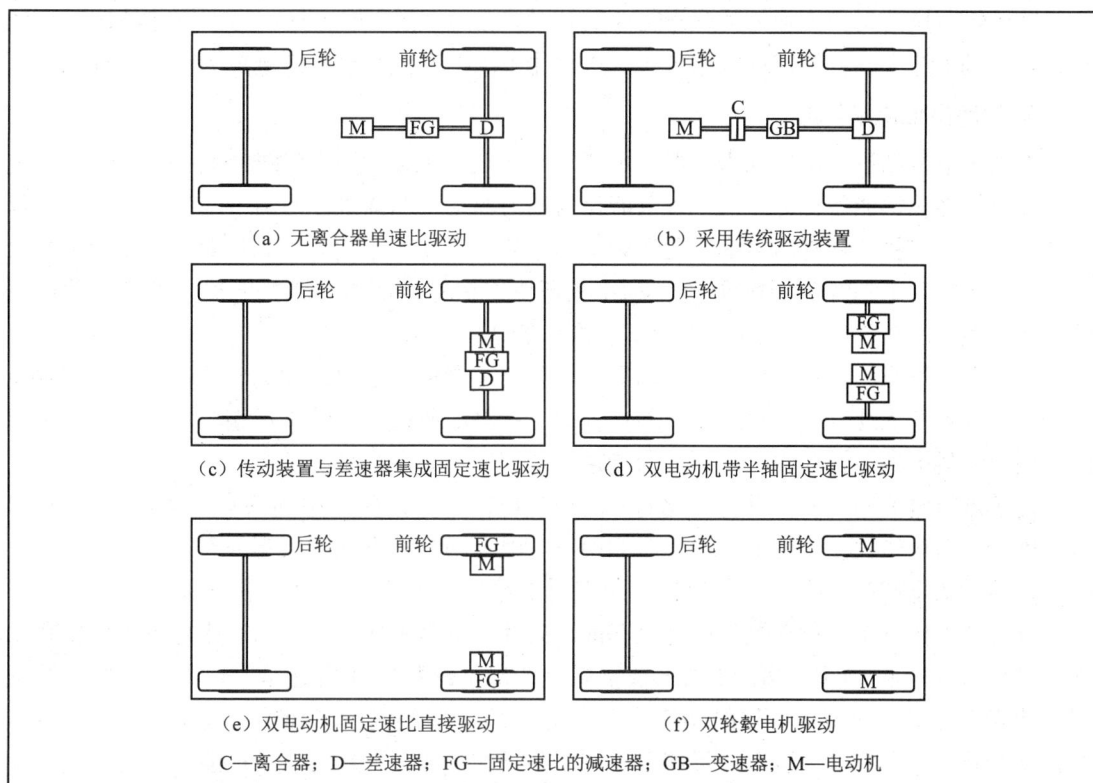

（a）无离合器单速比驱动 　　（b）采用传统驱动装置

（c）传动装置与差速器集成固定速比驱动 　　（d）双电动机带半轴固定速比驱动

（e）双电动机固定速比直接驱动 　　（f）双轮毂电机驱动

C—离合器；D—差速器；FG—固定速比的减速器；GB—变速器；M—电动机

图 1-2 纯电动汽车几种常见的结构形式

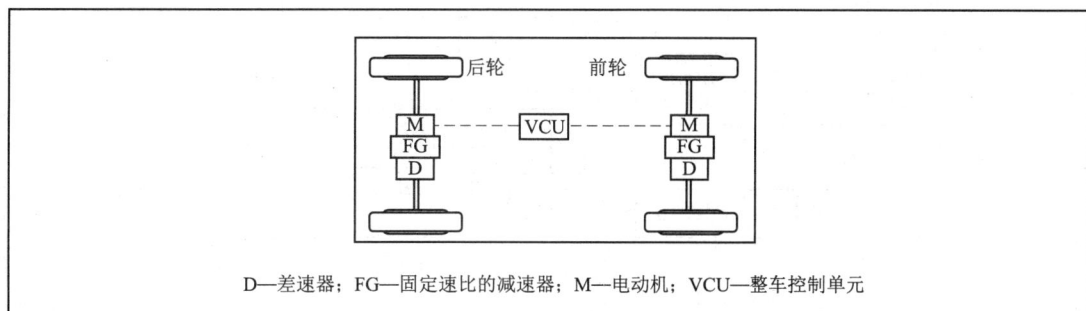

D—差速器；FG—固定速比的减速器；M—电动机；VCU—整车控制单元

图 1-3 双电动机四轮驱动系统的结构

纯电动汽车主要由车载能源、能源管理系统、驱动电动机和驱动系统、车身和底盘，以及安全保护系统等构成。车载能源通过功率变换装置向电动机提供电能并驱动其运转，电动机经传动装置带动车轮旋转从而驱动汽车运动。车载能源目前主要采用动力蓄电池，主要有铅酸电池、镍氢电池、镍镉电池、钠硫电池、锂离子电池和锌空气电池等。

纯电动汽车是电动汽车研发的技术基础，其具有零排放、低噪声、结构简单、技术成熟等优点，只要有电力供应的地方就能够充电运营。但由于目前蓄电池单位重量储存的能量太少，又没形成规模经济，故购买价格较贵。蓄电池的优势在于应用成本较低，甚至可以达到传统汽车的 1/3，具体应用成本取决于电池的寿命及当地的油、电价格等因素。

美国特斯拉公司作为纯电动汽车行业的翘楚，截至 2017 年 4 月，其市值已经达 500 亿美元，超过了绝大多数的传统汽车公司，这意味着纯电动汽车已越来越成为业界主流。

2. 燃料电池电动汽车

燃料电池电动汽车以氢气为燃料，由氢气与大气中的氧气在燃料电池中发生化学反应，并通过电极将化学能转化为电能，以电能作为动力驱动汽车前进。燃料电池的化学反应过程不会产生有害产物，具有高效率、无污染、零排放、无噪声等优势。燃料电池的能量转换效率比内燃机要高 2~3 倍，因此从能源利用和环境保护等方面看，燃料电池汽车是一种理想的车辆类型。图 1-4 是一种燃料电池电动汽车的结构简图。

燃料电池汽车的基本结构按照驱动形式可分为纯燃料电池驱动和混合驱动两种；按照能量来源可分为车载纯氢和燃料重整两种；根据燃料电池所提供的功率占整车总需求功率比例的不同，燃料电池混合动力汽车可分为能量混合型和功率混合型两种。

由于燃料电池必须使用反应催化剂才能产生电能，而催化剂中的稀有金属铂价格昂贵，储量稀少，因此研发新型的催化剂是影响燃料电池电动汽车发展的关键因素。

目前，从全球范围看，日本和韩国的燃料电池研发水平处于全球领先地位，尤其是丰田、日产和现代汽车公司在燃料电池汽车的耐久性、寿命和成本等方面逐步超越了美国和欧洲。2013 年 11 月，丰田在第 43 届东京车展上展出了燃料电池概念车，作为技术核心的燃料电池组实现了当时 3 kW/L 的功率密度，为当时全球最高。2016 年，丰田与日野合作，开拓生产新一代燃料电池客车。目前丰田汽车公司在扩大混合动力汽车产能的同时，重点针对燃料电池汽车的产业化进行准备。

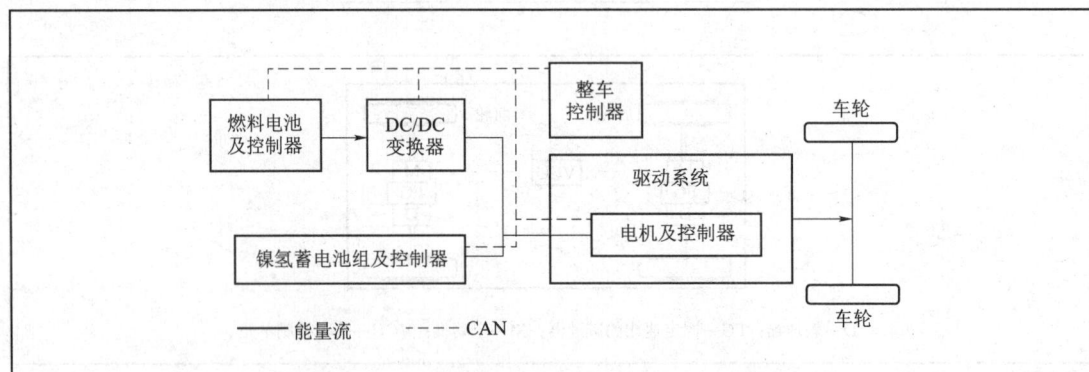

图 1-4　一种燃料电池电动汽车的结构简图

3. 混合动力电动汽车

从狭义上讲，混合动力电动汽车是指同时装备两种动力源——热动力源（由传统的汽油机或者柴油机产生）与电动力源（电池与电动机）的汽车。通过在混合动力电动汽车上使用电机，可以使动力系统按照整车的实际运行工况要求灵活调控，而发动机保持在综合性能最佳的区域内工作，从而降低油耗与排放。混合动力电动汽车也可以被认为是既有蓄电池提供电力驱动，又装有一台相对小型的内燃机的汽车。混合动力汽车是在纯电动汽车由于技术及成本等原因尚无法大规模推广时而开发的一种折中车辆类型。

根据国际机电委员会下属的电力机动车技术委员会的建议，混合动力电动汽车是指由两种和两种以上的储能器、能源或转换器作为驱动能源，其中至少有两种以上能提供电能的车辆。根据这一定义，混合动力电动汽车可以分为多种形式，为了避免混淆，业内通常用内燃机和蓄电池动力混合的车辆来代表混合动力电动汽车，而将燃料电池与蓄电池的混合使用的车型称为燃料电池电动汽车，将蓄电池与电容器动力混合的车辆称为超级电容器辅助动力电动汽车等。

1）串联式混合动力汽车

串联式混合动力系统如图 1-5（a）所示。其发动机输出的机械能首先通过发电机转化为电能，转化后的电能一部分用来给蓄电池充电，另一部分经由电动机和传动装置驱动车轮。尽管串联式混合动力系统的结构简单，但由于需要发动机、发电机和电动机 3 个驱动装置，因而该种混合方式的车辆的效率通常较低。

2）并联式混合动力汽车

并联式混合动力系统如图 1-5（b）所示。其采用发动机和电动机两套独立的驱动系统驱动车轮。发动机和电动机通常通过不同的离合器来驱动车轮，可以采用发动机单独驱动、电动机单独驱动或者发动机和电动机混合驱动 3 种工作模式，当发动机提供的功率大于车辆所需的驱动功率或者当车辆制动时，电动机工作于发电机状态，给蓄电池充电。与串联式混合动力相比，它只需要两个驱动装置，即发动机和电动机，具有更高的效率。而且，在蓄电池放完电之前，如果要得到相同的性能，并联式系统中发动机和电动机的尺寸要小于串联式。

3）混联式（串并联）混合动力汽车

混联式混合动力系统如图 1-5（c）所示。在结构上综合了串联式和并联式的特点。与串联式相比，它增加了机械动力的传递路线；与并联式相比，它增加了电能的传输路线。尽管综合了串、并联式系统的优点，但其结构复杂，成本高。然而，随着控制技术和制造技术的发展，一些新开发的混合动力电动汽车更倾向于选择这种结构。

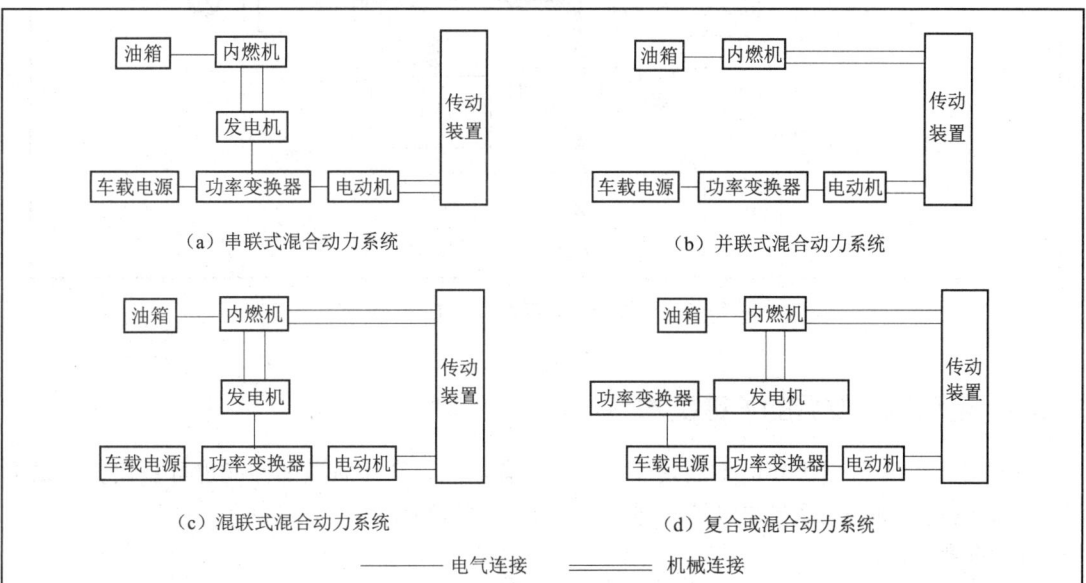

（a）串联式混合动力系统 （b）并联式混合动力系统

（c）混联式混合动力系统 （d）复合或混合动力系统

——— 电气连接 ═══ 机械连接

图 1-5 几种不同类型的混合动力电动汽车的结构

4）复合式混合动力汽车

复合式混合动力系统如图1-5（d）所示。其结构与混联式相似，二者的主要区别为复合型中的电动机允许功率流双向流动，而混联式中的发电机只允许功率流单向流动，双向流动的功率流可以有更多的工作模式。复合式混合动力电动汽车同样具有结构复杂、成本高的缺点，不过，现在一些新型的混合动力电动汽车也采用了这种双轴驱动的复合式系统。

除去这3种主要的混合动力电动汽车类型，还有几种运行模式介于这3者之间的混合动力电动汽车类型，包括增程式电动汽车（或称为在线充电式电动汽车）、外接充电型混合动力电动汽车和双模电动汽车。增程式电动汽车通常在纯电池电动汽车模式运行，只有在连续行驶里程不足时，发动机和发电机集成的动力驱动系统会燃烧汽油、生物柴油或乙醇等燃料带动发电机发电，为电动机提供能量驱动车辆行驶，使车辆运行在串联式混合动力模式，图1-6所示为一种增程式电动汽车的结构形式。外接充电型混合动力电动汽车在短途行驶时主要消耗存储于蓄电池中的电能，而在行驶里程较长时则运行在以内燃机为主的混合动力模式下。因此，车辆通常采用并联式或者混联式，而且多为重度混合型；同前两种类型的电动汽车相比，双模电动汽车允许驾驶者采取更加自主的决策，在储蓄电量允许的条件下，驾驶者可以根据实际路况和动力性能的要求通过按键在纯力驱动和混合动力驱之间进行切换，以求满足对于排放标准、动力性能和驾驶体验等的不同要求。

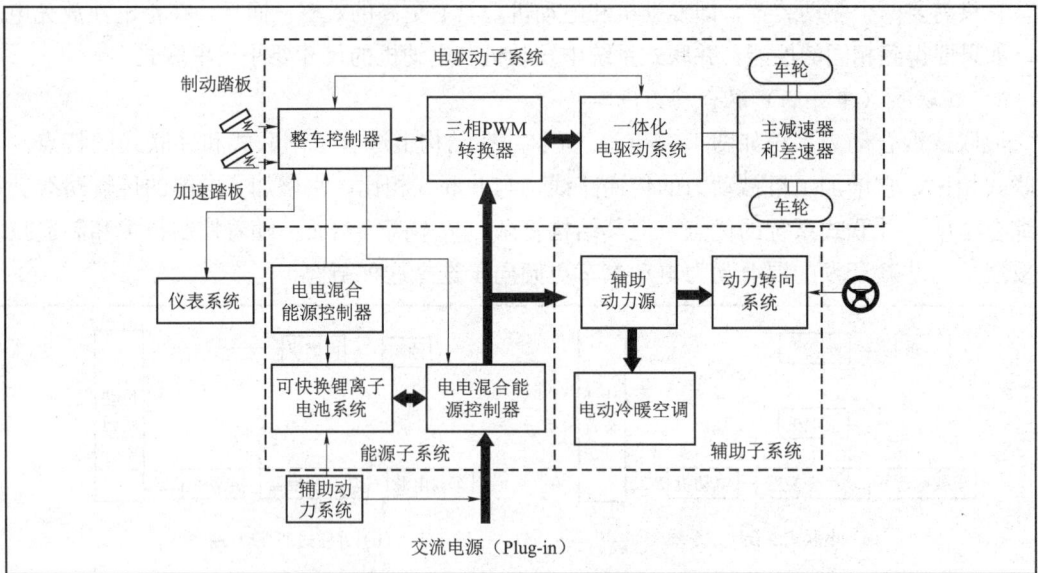

图1-6 一种增程式电动汽车的结构形式

1.1.3 电动汽车发展的关键技术

现代电动汽车经过近年的不断发展，技术日渐成熟，产品质量和性能也日益完善，以下几个方面的技术则是关系到电动汽车进一步发展的关键技术。

1）车身设计

在设计电动汽车时，影响整车整体性能（如续航里程、爬坡能力、加速能力及最高车速等）的参数需要进一步改进，包括减轻整车的重量、降低风阻系数和减小滚动阻力等。

2）电机驱动

现代电机的高转矩、低转速和恒功率、高转速的工作特性可以通过电子控制来获得，从而使电动汽车的驱动系统更加灵活多样，可采用单电机或多电机驱动，也可选用或不用变速器；可选用或不用差速器，也可选用轴式电机或轮边电机等。早期的电动汽车都采用直流电机驱动系统，但直流电机存在换向器和电刷等部件需定期维护的缺点。目前，随着技术的发展，出现了许多先进的电机驱动技术并展现出优于直流电机的性能，它们在效率、功率密度、再生能量回馈、坚固性、可靠性和免维护性等方面具有明显的优势。

3）能源及管理

任何一种蓄电池都不可能同时满足对于比能量、比功率和价格的要求。目前锂离子电池和锂聚合物电池等锂基电池已在现代电动汽车中得到了广泛的应用；超级电容器和超高速飞轮由于其具有的高比功率也将有希望用于电动汽车；而燃料电池能从根本上解决电动汽车续航里程短的问题，被公认为是目前电动汽车最重要的能源之一。

可采用多能源系统即混合动力系统提供动力。对于采用两种能源的混合动力汽车而言，可以通过设计和选择使其中一个能源具有高的比能量，而另一个能源具有高的比功率。有蓄电池和蓄电池相结合的混合动力类型，也有采用蓄电池和超级电容器，蓄电池和超高速飞轮及燃料电池和蓄电池相结合的混合动力类型。内燃机和蓄电池结合是目前混合动力的主要形式，其中燃油的高比能量能保证汽车具有足够长的行驶里程，而蓄电池的高比功率则有利于提高汽车的加速性能并减少废气排放。

4）系统优化

电动汽车系统是一个涉及多学科技术的复杂系统，电动汽车的性能受多学科相关因素的影响，通过系统优化可以改进电动汽车的性能和降低车辆的成本。计算机仿真是一项电动汽车开发中很重要的技术，它有利于制造商减少开发新产品的时间，降低成本，并能迅速进行概念评价。

1.2 电动汽车用电机驱动系统

1.2.1 电机驱动系统的作用及要求

电机驱动系统作为电动汽车的核心技术之一，起着驱动车辆前进并回收制动能量的作用。在纯电动汽车和燃料电池汽车上，电机驱动系统作为车辆唯一的驱动力来源，提供了车辆行驶所需的全部驱动力，保证车辆的行驶动力和平顺性等性能，其作用相当于传统汽车的发动机系统。此外，由于电机驱动系统能够工作在回馈制动状态，所以该系统还具备了传统内燃机系统所无法实现的能量回馈功能，即车辆制动时，电机驱动系统在能够将车辆的动能通过驱动系统的发电特性转换为电能存储到车载电源系统中；在混合动力汽车中，电机驱动系统的作用根据动力驱动型式的不同而略有差别，但都包括动力供应、平衡发动机功率和回馈能量3种主要作用。

1.2.2 电机驱动系统发展现状与趋势

从全球范围来看，表面式永磁同步电机于 20 世纪 80 年代开始进入商品化，20 世纪 90 年代以来，人们又研制开发出了开关磁阻电机、内置式永磁同步电机及最新的同步磁阻电机，并相继进入市场，在电动汽车与混合动力汽车上获得应用。

1. 各国电机驱动系统的发展现状

1) 日本

2009 年，日本设立了"下一代汽车"的开发项目及实施目标，为促进纯电动汽车、混合动力汽车等的发展，提出要在 2020 年使"下一代汽车"的数量达到 1 350 万辆，到 2050 年达到 3 440 万辆。

近几年来，日本企业在批量生产的电动汽车上以采用永磁同步电机为主流。其主要优点是效率比交流感应电机高，体积小，但价格较贵。同时，日本在电驱动系统的集成化研究方面（尤其是混合动力总体驱动技术方面）取得了显著的成效。丰田汽车公司于 1997 年 12 月推出第一款量产的混合动力汽车 Prius。丰田汽车于 1992 年起开始研发纯电动汽车，于 1997 年推出 RAV4 EV 汽车，在 2001 年推出了 FCHV 系列电池电动汽车，于 2009 年研发出了第三代 Prius 混合动力汽车。丰田公司在 2014 年推出了氢燃料电池车 MIRAI。MIRAI 的续航里程达到 650 km。2015 年 6 月，由丰田汽车推出了自主研发的纯电动汽车凌志 i1，凌志 i1 电动汽车如图 1-7 所示，其续航里程可达 150 km，加速性能优越，0～50 km/h 的加速时间仅需 3.67 s。

图 1-7 凌志 i1 电动汽车

在电机驱动结构上，丰田公司将行星变速机构、电动机、发电机及发动机进行了一体化设计，在有限的空间内完成了整个系统的设计与制造。

如图 1-8 所示，第三代 Prius 混合动力车采用集成化电机与减速器驱动系统。

在控制系统的设计上，丰田公司将驱动电机控制器和发电机控制器系统进行了整合设计，采用了共母线技术。同时，该系统可根据需要将电动机和发电机的电源电压进行无级升压，由一般情况下的 DC 201.6 V 升至最大 DC 650 V，提高了整车电能的利用率。这意味着小电流可提供大的电力供给，发挥高输出电动机的性能，提高系统整体的效率。为了能够为整车进行可靠的低压供电，该系统同时集成了一个将镍氢蓄电池和发电机发出的 201.6 V 的直流电流降压至 12 V 的 DC/DC 直流供电系统，以供车辆的辅助设备、ECU（电子控制单元）等使用。Prius 的集成化逆变器系统如图 1-9 所示。

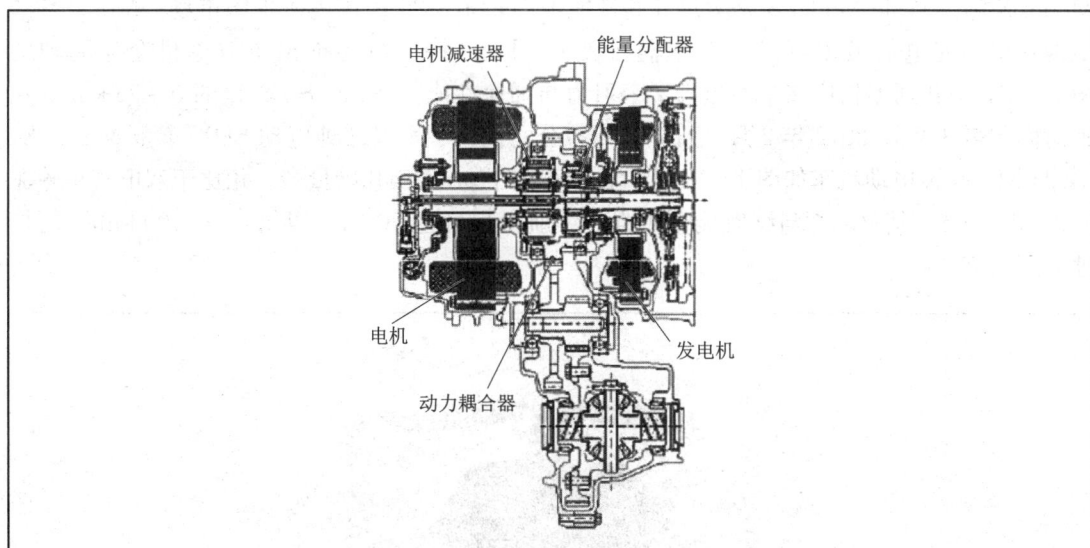

图 1 - 8　Prius 的集成化电机与减速器驱动系统

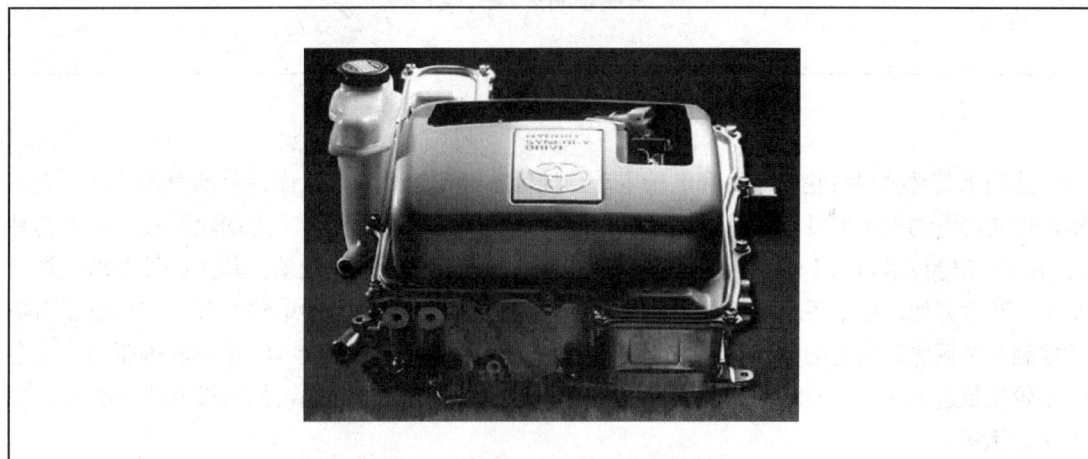

图 1 - 9　Prius 的集成化逆变器系统

2）欧美

近年来欧洲和美国开发的电动汽车多采用交流感应电机，其主要优点是价格较低，性能可靠；缺点是起动转矩小。同时欧美在轮毂电机驱动、集成化电驱动方面也进行了卓有成效的设计研究工作。

美国是世界上较早开展电动汽车研究的国家。自 19 世纪末 20 世纪初电动汽车由欧洲引入后，电动汽车在美国得到了迅速发展。特别是最近十几年来，美国在电动汽车的研制和开发上都取得了很大的进步。美国政府先后出台了新一代汽车伙伴计划，PNGV 计划、自由车计划、EV 电池利用项目及 AVP 等计划。

目前，美国企业在电动汽车研制开发中处于领先的公司是特斯拉。特斯拉汽车公司成立于 2003 年，生产的几大车型包含 Tesla Model S、双电机全轮驱动型 Model S 及 Tesla

Model X 等。Tesla Model S 是全尺寸高性能电动轿车，2014 年进入中国市场。Model S 的电池在单次充电后最多可以驱动车辆行驶 480 km。特斯拉还推出了双电机全轮驱动的 Model S，与普通型相比该车型提升了牵引力与加速性能。Model S P85D 的 0～96 km/h 加速时间仅需 3.2 s。2012 年 2 月 9 日，特斯拉公司发布了全尺寸纯电动 SUV 车型 Model X，Tesla Model X 电动汽车如图 1-10 所示，该车型于 2014 年开始量产。相比于双电机全轮驱动的 Model S，其驱动力与续航能力更强，续航里程可达 500 km 以上，0～100 km/h 的加速时间仅需 3 s。

图 1-10　Tesla Model X 电动汽车

法国米其林公司将轮毂电机和电子主动悬挂等整合到轮毂内，从而使得动力传动链大大缩短，也使得电动汽车的设计变得更加简单，该技术被米其林公司称为"主动轮"技术，米其林公司的主动轮技术如图 1-11 所示。主动轮技术可以使各车轮独立驱动，其优点是能简化传动系统，布置方便。由于每个电机可以单独控制，能实现车轮驱动力的单独调节、施加横摆力矩的控制及车辆底盘系统的电子控制，改善车辆的驱动性能和行驶性能。但轮毂电机驱动系统会使车轮质量过大，对于整车动力性能造成影响，还可能带来其他问题，如电机散热、防水、防尘难度大等。

图 1-11　米其林公司的主动轮技术

驱动系统在实际应用中，仍以传统的集中驱动方式为主流，而永磁电机由于其优点突出，在日本的纯电动汽车与混合动力汽车上得到了更多应用。从成本角度来看，采用集中驱动可以尽可能沿用基型车的车身和悬架而降低成本，往往比采用轮毂电机驱动系统具有更低的成本。

德国于 1971 年成立了城市电动车交通公司，积极组织与开发电动汽车。奔驰和大众共同出资成立了德国汽车的科技研发机构。2010 年，德国登记在册的电动汽车约有 2 300 辆，到 2020 年，德国计划有 100 万辆电动汽车上市。

宝马公司（BMW）对电动汽车的研究始于 1969 年。近年来，BMW 集团不断投入技术和资金用于电动汽车的研发。宝马开发的电动汽车主要有 MINIE、BMW Active E、BMW i 等。BMW Active E 概念车在 2011 年首次亮相，于 2014 年全面上市。BMW Active E 采用永磁同步电机和由 BMW 独立研发的全新动力传动系统，能在 9 s 内从 0 加速到 100 km/h，在日常驾驶中，能实现 160 km 的续航能力。采用 e Drive 技术的 BMW i3 概念车由纯电力驱动，满足绿色低碳交通要求，体现了城市交通的智能化。BMWi3 电动汽车（见图 1 - 12）于 2014 年推出上市，该车 0～60 km/h 的加速时间不到 4 s，0～100 km/h 加速时间约为 8 s，每次充满电最远可行驶 257 km，最高速度为 160 km/h。

图 1 - 12　BMW i3 电动汽车

3）中国

在国家政策的支持和推动下，中国驱动电机技术发展较快。目前，比较常见的是永磁电机和异步电机。部分企业、研究单位和高校还对一些新原理的电机系统进行了探索，如基于双机械端口电机的电力无极变速系统（EVT）、混合励磁电机系统等。我国在一些驱动电机的共性基础技术上（如满足各种整车封装需求的电机转子位置传感器、绝缘材料和永磁材料技术）取得了突破，并在已经投入运行的电动汽车上得到了良好应用。

虽然我国驱动电机新技术层出不穷，并在一些关键技术上取得了突破，但总体而言，我国驱动电机的产业化进程较慢。做出样机的企业较多，虽然有的企业也进行了台架试验和装车，但能够实现批量供货的企业较少。

我国是电机制造及应用大国，有较好的工业基础。但电动汽车用电机的起步时间不长，因此尚需从汽车应用的角度入手，整车厂与电机厂共同携手研究，以制造出满足汽车行驶需求的专用电机。我国人力资源丰富，具有丰富的稀土资源，为电机业的发展提供了很好的环境。我国的车用电机产业在全球资源整合的条件下具有明显的优势，相对较易进入全球分工体系。

2009 年，国务院出台的《汽车产业调整和振兴规划》中提出了电动汽车战略，首次针对电动汽车提出了更明确的发展要求，为我国电动汽车行业的快速崛起提供了政策支持和保障。在国家政策颁布以后，各大汽车企业都开始响应国家的号召，制定了相应的符合国家政策的发展规划与具体实施方案。到 2011 年末，我国共有 75 家汽车制造商的 361 个车型纳入了《节能与电动汽车示范推广应用工程推荐车型目录》。2012 年，在一系列政策及措施的推动下，电动汽车市场出现转机。据中国汽车工业协会统计，2012 年一季度汽车整车企业节能与电动汽车产量为 8 626 辆，其中，纯电动汽车 1 655 辆、混合动力车 1 300 辆、代用燃料车 5 671 辆。电动汽车总销售量为 10 202 辆，其中，纯电动汽车 1 830 辆、混合动力车 1 499 辆、代用燃料车 6 873 辆。2012 年一季度的产销量即超过了 2010 年全年总量，并且私人购买的比例较 2011 年有了明显提高。

目前，国内电动汽车生产研发处于领先水平的企业是比亚迪公司。比亚迪近几年的产品主要有 E6 先行者、DENZA、比亚迪·秦和比亚迪·唐。比亚迪 E6 先行者于 2011 年在深圳正式进入市场，采用永磁同步电机，其续航里程为 300 km。DENZA 的最高时速为 150 km/h，续航里程为 335 km，充电时间为 3～6 h。比亚迪·秦为比亚迪股份有限公司自主研发，采用永磁同步电机，能在纯电动和混合动力两种模式下进行切换。该车于 2012 年北京车展首次亮相，电池总电压为 500 V，加速性能良好，其 0～100 km/h 的加速时间为 5.9 s，最高时速为 185 km/h。该车型于 2013 年 12 月上市。

比亚迪·唐于 2014 年正式亮相北京车展，是一款混合型动力型 SUV，比亚迪·唐 0～100 km/h 的加速时间仅需 4.9 s，最高时速为 180 km/h。该车在纯电状态下以中速运行时，续航里程可达 80 km。该车已于 2015 年 1 月正式上市。

目前，我国对于电动汽车用电机驱动系统的研究进步较大，我国电动汽车用电机驱动系统在基本功能和性能方面已接近国际先进水平，但产品对汽车使用环境的适应性仍有不足，产业化还存在较多瓶颈。我国在稀土永磁电机领域具有明显的竞争优势（主要由于我国稀土资源丰富），然而产品的可靠性、耐久性和工艺水平仍需要进一步提升。更为重要的是，我国在电力电子模块等关键零部件领域的开发与供货能力尚较弱。

2. 电机驱动系统的发展趋势

从国际研发的方向来看，由于受到车辆空间限制和使用环境的约束，要求车用电机驱动系统具有更高的性能、体积质量比密度更高、耐受环境温度的范围更高（冷却液入口温度＞105 ℃），能经受高强度的振动及成本更低等。为满足以上严格甚至苛刻的要求，车用电机驱动系统技术的发展趋势可以归纳为永磁化、数字化和集成化。永磁同步驱动系统以其高功率密度、高效等优势，成为了发展电动汽车电驱动系统必须着重研究的关键技术之一。

1）永磁化

在电动汽车电驱动系统的发展过程中，异步电机驱动系统得到了非常广泛的应用。但随着电动汽车电驱动系统技术要求的不断提高，永磁同步驱动系统（PMSM）在国内外电动汽车上的应用逐渐增多。国家"十二五"计划对电动汽车电机驱动系统提出了系统高效区（效率高于 80% 的工作区）>75%、最高效率≥94%、功率密度≥2.7 kW/kg 等技术指标要求。表 1-1 是目前国外车载驱动电机的类型。

表 1-1 目前国外车载驱动电机的类型

电机类型	异步感应电机（数量/百分比）	永磁电机（数量/百分比）		磁阻电机（数量/百分比）	总计
		PMSM	BLDC		
采用该型电机的车型的数量	3	16	4	0	23
所占百分比/%	13	69.6	17.4	0	100

从表 1-1 可以看出，永磁电机在国外电动汽车驱动系统中占有绝对的优势，比例高达 87%。由此可见，永磁电机驱动系统是电动汽车电机驱动系统的主要发展趋势。

永磁电机具有效率高、比功率较大、功率因数高、可靠性高和便于维护的优点。采用矢量控制的变频调速系统可使永磁电动机具有宽广的调速范围。因此，电机的永磁化成为电机驱动技术的重要发展方向之一。永磁电机是电动汽车尤其是轿车的主流动力装置，永磁磁阻式比表贴式更适合电动汽车应用。

2）数字化

数字化也是未来电机驱动技术发展的必然趋势。数字化不仅包括驱动控制的数字化，驱动到数控系统接口的数字化，而且还应该包括测量单元的数字化。随着微电子学及计算机技术的发展，高速、高集成度、低成本的计算机专用芯片及 DSP 等的问世及商品化使得全数字的控制系统成为可能。用软件最大程度地代替硬件，除能够完成要求的控制功能外，还可以具有保护、故障监控、自诊断等其他功能。因此，全数字化是电动汽车控制乃至交流传动系统的重要发展方向之一。

3）集成化

电机驱动系统的集成化主要包括两个方面。一方面是指电机与发动机的集成或电机与变速箱的集成，电机驱动技术向着集成化的方向发展有利于减小整个系统的重量和体积，并可以有效地降低系统的制造成本；另一方面是电力电子的集成，包括功能集成（多逆变+DC/DC 变换+电池管理+整车控制）和物理集成（功率模块、驱动电路、无源器件、控制电路、传感器、电源等），以及应用 Trench+FS IGBT 等新器件，基于单片集成、混合集成和系统集成技术达到的高度集成。此外，车用电机驱动系统的发展趋势还体现在以下方面：

① 采用沟槽栅与场终止技术的 IGBT 芯片，不仅面积更小，单片还可实现 600 V/200 A 的承载能力，提高了功率密度；

② 600 V/1 200 V 的碳化硅（SiC）二极管的应用逐步商业化，其耐压能力为硅基（Si）二极管的 10 倍，导热性为硅基（Si）二极管的 3 倍，反向恢复损耗可减小 66%；

③ 多芯片并联静态均流技术及低 EMI 回路；

④ 功率器件散热技术发展迅速，直接冷却和双面冷却技术进一步降低了模块热阻；

⑤ IGBT 模块可以根据系统需求定制设计，如丰田公司 Prius 2010 控制器的一个 IGBT 模块包括六个逆变半桥，1 个 boost 半桥；

⑥ 电池组供电+逆变回路的情况下，可选取容值较小，体积小，纹波电流较大，低感

的膜电容；

⑦ 金属化聚丙烯膜场强可达到 $200\ V/\mu m$ 及以上，采用了自我保护的喷涂电极技术；

⑧ 膜电容与叠层母排一体化的组件技术成为发展趋势，可减少50％的换流回路杂散电感；

⑨ 105 ℃以上高温膜的商业化仍是世界难题，对集成热管理提出了更高要求；

⑩ 根据系统需求，自上而下分解各部件，进行详细设计，避免过设计，如 Prius2004 采用 850 V/200A IGBT 与 FRD；

⑪ 通过仿真技术，优化功率主回路互连方案，实现电、磁、机和热性能的综合最优解，如膜电容组建与 IGBT 互连应充分考虑寄生电感、动力端子温升、机械震动的影响；

⑫ 散热技术发展迅速，有效地降低了定制型 IGBT 与定制膜电容组件等重要部件的温升，提高了系统的功率密度和寿命；

⑬ 电路板功能的划分紧凑可靠，减小线束，提高集成度；

⑭ 动力出线与电流传感器集成设计，提高集成度；

⑮ 壳体等机械部件采用压铸模设计，简化组装工艺，适应大规模生产。

1.3　电动汽车驱动电机的要求

驱动电机作为电动汽车动力系统的核心部件在很大程度上决定了电动汽车动力性能的好坏和续航里程的长短。相比传统汽车，电动汽车的能量通过柔性的电缆传输，驱动电机和变速器的布置也可以有多种形式，还可省去联轴器和传动轴等装置，因此驱动系统的结构也较为简单。

电机驱动系统一般由驱动电机、控制系统（包括控制器和传感器）、减速及传动装置和车轮等组成，是电动汽车的关键总成之一。电机驱动系统通过接收控制系统发来的命令，将动力电池的能量转变为电机的机械能，再经由传动系统将动力传递到车轮上，保证车辆正常行驶。发展电动汽车的最终目的是为了替代当前的燃油车，在性能上要保证车辆能够在频繁起停加减速等工况下正常使用，以及乘坐的舒适性和恶劣环境下的通过性等，因此对于电动汽车的驱动系统有较高的要求。

（1）电动汽车用电机应具有简单耐用、过载能力强、加速性好、转矩的动态响应快等特点。

（2）电动汽车用电机要能实现对转矩和功率快速平滑的响应且能满足恒转矩区和恒功率区的调速。能在起步、爬坡等低速范围运行时输出较大的恒定转矩；在额定转速以上运行时，能以恒功率输出，以满足超车加速等高速行驶要求。电机还应具有较宽的调速范围。若电机具有良好的自动调速功能，则可以减轻司机的操纵强度，达到与内燃机汽车相同的加速踏板响应效果。

（3）电动汽车用电机应具有再生制动功能。可以在汽车减速或下坡时，回收制动能量并储存在动力电池中，提高整车的能量利用率，增加车辆的续航里程。

（4）为满足减少系统损耗和延长续航里程的要求，电动汽车用电机驱动系统的效率应尽量达到最优。而且电机应有较高的瞬时功率和功率密度，以满足高速行驶的需要。

（5）电动汽车用电机要求可靠性好，以适应在恶劣环境下的长期工作；便于使用与维修；尺寸和重量小，便于整车布置；价格便宜，利于批量应用。

目前，根据电动车所装备的电机类型，驱动系统一般可分为直流电机驱动系统和交流电机驱动系统两种，表 1－2 为几种主流的电动汽车车用电机的性能比较。直流电动机的低速恒转矩和高速恒功率的特性非常适合汽车对转矩的要求并且结构简单，控制技术成熟，因此也是最早用于电动汽车的电机，如日本东京大学研制的 UOT 电动汽车就采用了直流串励电动机。但直流电动机存在效率低下、体积和质量较大、可靠性较差、其电刷和换向器要经常维护、不适用于高速运转的场合，换向装置工作时易产生火花而对其他电子器件造成影响等缺点，基本上已被永磁同步电机、无刷直流电机和感应电机等交流电机取代。

表 1－2 几种主流的电动汽车车用电机的性能比较

	直流电机	交流异步电机	交流永磁电机	开关磁阻电机
功率密度	低	中	高	较高
峰值效率/%	85～89	90～95	95～97	>97
负载效率/%	80～87	90～92	85～97	78～86
可靠性	一般	好	好	优
坚固性	差	好	一般	优良
重量及外形尺寸	重，大	中，中	轻，小	轻，小
操作性	最好	好	好	好
转速范围	最小	较大	一般	最大
成本/［美元/kW］	10	8～10	10～15	6～10
维护性	差	好	好	好
综合性能	差	较好	好	好

相比较而言，交流感应电机（也称交流异步电机）效率高、调速范围宽、可靠性好、便于维护、体积和质量小、价格便宜，是目前在电动汽车上得到广泛应用的电机。美国的电动汽车普遍采用感应电机驱动，如克莱斯勒（Chrysler）公司生产的 EpicVan、福特（Ford）公司生产的 Ranger EV、通用汽车公司生产的 IMPACT 和 EV1 电动汽车等。还有德国大众的 Golf IV 电动汽车、我国的胜利 SL6700DD 电动客车、郑州宇通 ZK6820HG 电动轻型客车等也采用了感应电机。

第 2 章

电动 汽车电驱动基础理论

2.1　电动汽车的构造与工作原理

　　电动汽车的总体结构与传统汽车基本上是一致的，但在动力驱动系统、能源系统等关键总成部件上则有着很大的区别。传统汽车一般采用内燃机作为车辆的唯一动力源，通过传动系统将动力输出到车辆的驱动轮上。而电动汽车可以采用电驱动系统，或者电驱动与内燃机的混合动力系统作为车辆的动力源，同时，车辆在采用电驱动系统时，可以根据驱动系统的特点和车辆的特点采用单个、两个或者多个驱动装置来驱动车辆。此外，电机驱动系统的动力传输路线相对于传统汽车而言会更加灵活。图 2-1 为某种电动汽车的剖面图。

图 2-1　某种电动汽车的剖面图

传统汽车一般由发动机、底盘、车身和电气设备 4 个基本部分组成，其中发动机是唯一的动力源。底盘的作用是支承、安装发动机及各部件、总成，形成汽车的整体结构，并接受发动机的动力，使汽车产生运动，保证正常行驶。底盘由传动系、行驶系、转向系和制动系四部分组成。车身安装在底盘的车架上，用以容纳驾驶员、旅客乘坐或装载货物。轿车、客车的车身一般是整体结构，货车车身一般是由驾驶室和货箱两部分组成。汽车车身结构主要包括车身壳体、车门、车窗、车前钣制件、车身内外装饰件和车身附件、座椅及通风、暖气、冷气、空气调节装置等。在货车和专用汽车上还包括车箱和其他装备。电气设备由电源和用电设备两大部分组成。电源包括蓄电池和发电机。用电设备包括发动机的起动系、汽油机的点火系和其他用电装置。

尽管电动汽车的大多数参数是从发展成熟的燃油汽车体系中借鉴的，但电动汽车有其本身独有的结构特征和技术参数。

电动汽车系统可分为 3 个子系统，分别为电力驱动子系统、能源管理子系统和辅助控制子系统，电动汽车的基本构成如图 2-2 所示。

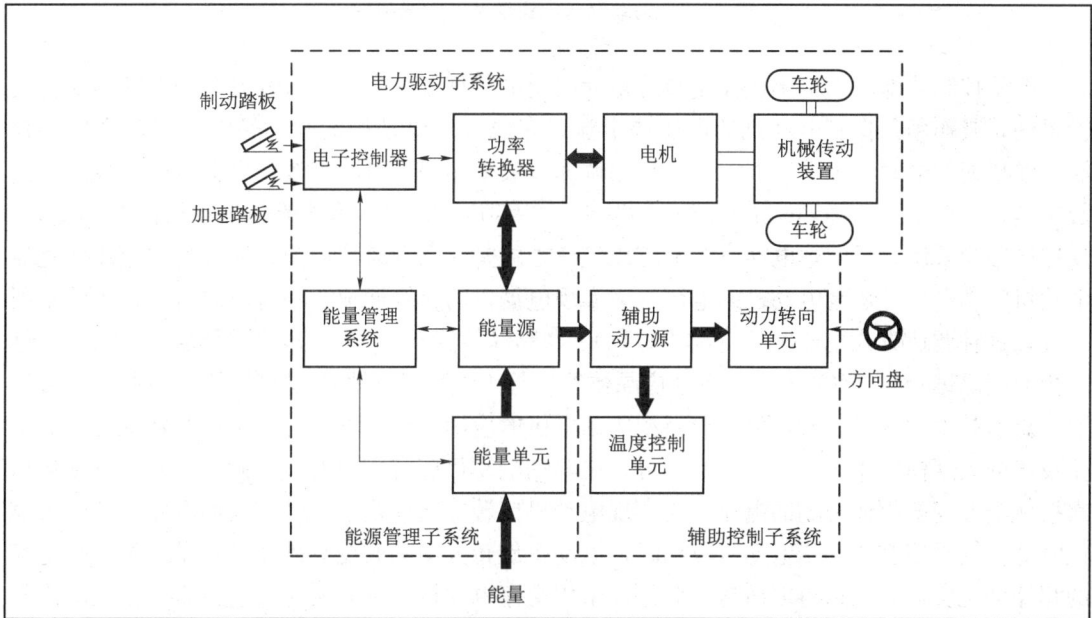

图 2-2　电动汽车的基本构成

1. 电力驱动子系统

电力驱动子系统由电控单元、功率转换器、电机、机械传动装置和驱动车轮组成。电子控制器发出相应的控制指令来控制功率转换器中功率装置的通断，功率转换器的功能是调节电机与电源之间的功率流。

驱动电机的作用是将电源的电能转化为机械能，通过传动装置或直接驱动车轮。早期的电动汽车上广泛采用直流串励电动机，这种电动机具有"软"的机械特性，与汽车的行驶特性非常适应。但直流电动机由于存在换向火花，比功率较小、效率较低，维护保养工作量大等缺点，随着电机及其控制技术的发展，正在逐渐被直流无刷电动机、开关磁阻电动机和交流异步电动机所取代。图 2-3 为电动汽车电驱动系统的效果图。

图 2-3　电动汽车电驱动系统的效果图

　　电子控制器即电动机调速控制装置是为实现电动汽车的变速和行驶方向的变换等功能而设置的，其作用是控制电动机的电压或电流，完成对于电动机的驱动转矩和旋转方向的控制。在早期的电动汽车上，直流电动机的调速一般采用串接电阻或改变电动机磁场线圈的匝数来实现。但由于这种调速是有级的，并且会产生附加的能量消耗或使电动机的结构复杂，现在已很少采用。目前，电动汽车上应用较广泛的是晶闸管斩波调速，通过均匀地改变直流电动机的端电压，控制电动机的电流，来实现电动机的无级调速。随着电力电子技术的不断发展，这种调速方式也逐渐被应用了 GTO（联断晶体管）、GTR（电力晶体管）、IGBT（绝缘栅双极晶体管）、MOSFET（场效应晶体管）等更先进的电力电子器件的斩波调速装置所取代。从技术的发展来看，伴随着新型驱动电机的应用，电动汽车的调速控制转变为直流逆变技术的大规模应用正成为必然的趋势。在驱动电动机旋转方向变换控制中，直流电动机依靠接触器改变电枢或磁场的电流方向实现电动机旋转方向变换，但会使控制电路复杂、可靠性降低。当采用交流异步电动机驱动时，电动机旋转方向的改变只需变换定子磁场三相电流的相序即可实现，电路得以简化。此外，采用交流电动机及变频调速控制技术可使电动汽车的制动能量回收控制更加方便，控制电路更加简单。

　　电动汽车用的功率变换器一般用于 DC/DC 转换或 DC/AC 转换。DC/DC 转换器又称为直流斩波器，用于直流电动机驱动系统。两象限直流斩波器能将蓄电池的直流电压转换为可变的直流电压，并能将再生制动能量进行反向转换。DC/AC 转换器通常称做逆变器，用于交流电动机驱动系统，它将蓄电池的直流电转换为频率和电压均可调的交流电。电动汽车一般使用电压输入式逆变器，其结构简单，并能进行双向能量转换。

　　电动汽车传动装置的作用是将电动机的驱动转矩传递给汽车的驱动轴。因为电动机可以带负载启动，所以电动汽车无须传统内燃机汽车中的离合器。并且由于驱动电动机的旋转方向可以通过电路控制实现变换，因此，电动汽车也无须内燃机汽车变速器中的倒挡。当采用电动机无级调速控制时，电动汽车还可以省去传统汽车的变速器。在采用电动轮驱动时，电动汽车可以省去传统内燃机汽车传动系统中的差速器。

2. 能源管理子系统

能源子系统包括电源、充电系统和能量管理系统等。电源为电动汽车的驱动电动机提供电能，电动机将电源的电能转化为机械能，通过传动装置或直接驱动车轮。电源是制约电动汽车发展的主要因素。电动汽车的电源应具有高比能量和高比功率等性能，以满足汽车对于动力性和续航里程的要求。其中，比能量定义为单位质量的电池（或动力电池组）所能输出的能量，单位为 W·h/kg 或 kW·h/kg；比功率为单位质量的电池所具有电能的功率，单位为 W/kg 或 kW/kg。另外，电动汽车的电源还应具有与汽车使用寿命相当的循环寿命、效率高、成本低和免维护等特点。早期电动汽车上应用最广泛的电源是铅酸蓄电池，但随着电动汽车技术的发展，铅酸蓄电池由于比能量较低、充电速度较慢、寿命较短逐渐被其他类型的蓄电池所取代。目前正在发展的电源主要有钠硫电池、镍铬电池、镍氢电池、锂电池、燃料电池、飞轮电池等。这些新型电源出现与应用为电动汽车的发展开辟了广阔的前景。特别是性价比较高的磷酸铁锂电池的面世，为电池成本的下降和性能的提高奠定了坚实的技术物质基础。能量管理系统主要负责监测电源的使用情况及控制充电机向蓄电池充电，并与电控系统一起控制再生制动及其能量的回收。

3. 辅助控制子系统

辅助控制子系统包括辅助动力源、动力转向系统、导航系统、空调器、照明及除霜装置、刮水器、收音机、音响等。其中，辅助动力系统为电动汽车各辅助系统提供不同等级的电压，并提供必要的动力。这些辅助设备可以提高汽车的操纵性和乘员的舒适性。

2.2　电动汽车的动力学

电动汽车在总体结构上既与传统汽车有类似的方面，又在传动形式上与传统汽车有着较大的差别。传统汽车的驱动理论可以用来分析电动汽车的电驱动，但同时要注意二者之间的区别。

汽车的动力性是指汽车在良好路面上直线行驶时，由汽车受到的纵向外力决定的、所能达到的平均行驶车速。

汽车动力性的具体评价指标包括：

① 最高车速；

② 加速时间（原地起步加速时间、超车加速时间）；

③ 最大爬坡度。

2.2.1　电动汽车受力的分析

图 2-4 为车辆驱动轮的受力情况示意图，电动汽车电机输出轴上的输出转矩为 M，经过减速齿轮传动，传到驱动轴上的转矩为 M_t，使驱动轮与地面之间产生相互作用，车轮与地面作用有一圆周力 F_0，同时，地面对驱动轮产生反作用力 F_t。F_t 与 F_0 大小相等方向相反，F_t 方

向与驱动轮前进方向一致，是推动汽车前进的外力，定义为电动汽车的驱动力。

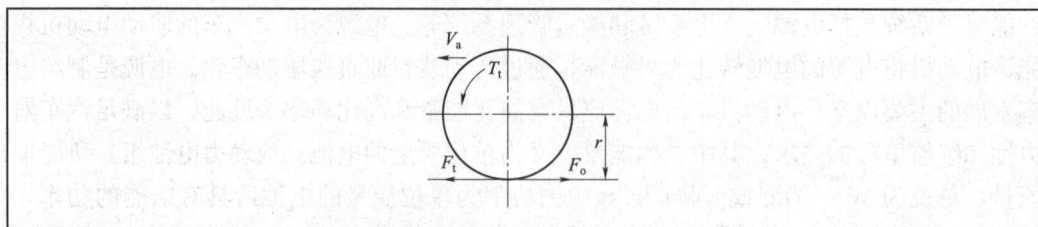

图 2-4　车辆驱动轮的受力情况示意图

由力的平衡关系可知

$$M_t = M i_d i_0 \eta \tag{2-1}$$

$$F_t = \frac{M_t}{r} = \frac{M i_g i_0 \eta}{r}$$

式中，i_d 为变速器传动比；i_0 为主减速比；η 为传动系统的机械传动效率；r 为轮胎半径，m；M_t 为驱动转矩，（N·m）。

图 2-5 为作用于上坡行驶的车辆上的各种力，地面坡度角为 α。作用于驱动轮的轮胎和路面之间接触面上的总牵引力 $\sum F_t$ 推动车辆向前运动。该作用力由动力装置的转矩产生，并通过传动装置的传递最终驱动车轮。

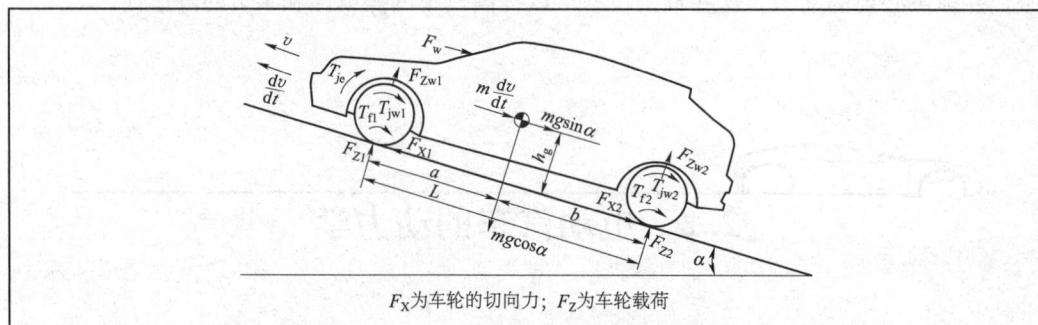

F_X 为车轮的切向力；F_Z 为车轮载荷

图 2-5　作用于上坡行驶的车辆上的各种力

车辆在运动时将受到阻碍其运动的阻力作用。该阻力与车辆的运动方向相反，通常包括轮胎滚动阻力 F_r（表现为图 2-5 中的滚动阻力矩 T_{f1} 和 T_{f2}）、空气阻力 F_w、爬坡阻力 F_g（图 2-5 中的 $mg\sin\alpha$）和加速阻力 F_j（图 2-5 中的 $m\dfrac{\mathrm{d}v}{\mathrm{d}t}$）。因此，汽车行驶的总阻力为

$$\sum F = F_r + F_w + F_g + F_j$$

在上述诸阻力中，滚动阻力 F_r 和空气阻力 F_w 是在任何条件下都存在的，而爬坡阻力 F_g 和加速阻力 F_j 仅在一定的行驶条件下存在，在水平道路上等速行驶时则没有坡度阻力和加速阻力。

依据牛顿第二运动定律，车辆的加速度可描述为

$$\frac{\mathrm{d}v}{\mathrm{d}t} = \frac{\sum F_t - \sum F}{\delta M} \tag{2-2}$$

式中，v 为车辆速度，m/s；$\sum F_t$ 为车辆的总牵引力，N；$\sum F$ 为总阻力，N；M 为车辆的总质量，kg；δ 为车辆动力系中表征旋转组件效应的质量系数。

式（2-2）表明车辆的速度和加速度取决于牵引力、阻力和车辆的质量。

1. 滚动阻力

车辆在硬质地面上行驶时，轮胎的滚动阻力基本源自于轮胎材料的滞变作用。它是在轮胎滚动时，由于轮胎胎壳挠曲所产生的作用所导致的地面反作用力的不对称分布。如图 2-6（a）所示，接触面前半部分的压力大于后半部分，这一现象导致了地面反作用力向前偏移，该向前偏移的地面反作用力 F_z 和作用于车轮中心、铅垂方向的载荷产生了一个抵制车轮转动的转矩。

如图 2-6（b）所示，汽车在松软地面上行驶时，还要考虑到轮胎陷进路面形成轮辙的情况，此时轮胎胎壁还受到附加的摩擦力。所以与硬质路面相比，车辆在松软地面上行驶时的滚动阻力显著增大。

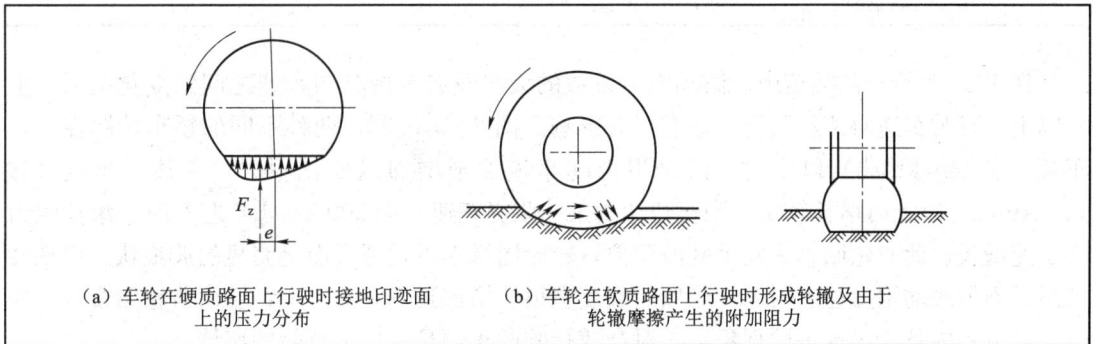

（a）车轮在硬质路面上行驶时接地印迹面　　　　（b）车轮在软质路面上行驶时形成轮辙及由于
　　　上的压力分布　　　　　　　　　　　　　　　　　　轮辙摩擦产生的附加阻力

图 2-6　不同路面上轮胎的变形与受力

此时，地面的反作用力几乎完全偏移至接触面的前半部分。由合成的地面反作用力向前偏移所产生的转矩被称为滚动阻力矩 T_r，可表达为

$$T_r = F_z e \tag{2-3}$$

式中，e 为偏移的距离。

为保持车轮转动，作用于车轮中心的力 F 应与滚动阻力矩相平衡，即此力应为

$$F = \frac{T_r}{r} = \frac{F_z e}{r} = F_z f_r \tag{2-4}$$

式中，r 为轮胎的半径；f_r 为滚动阻力系数，$f_r = \dfrac{e}{r}$。

这样，滚动阻力矩可通过这一等效力 F 表示，即定义滚动阻力 F_r 为

$$F_r = F_z f_r \tag{2-5}$$

式中，F_z 为作用于滚动车轮中心的铅垂方向的载荷。

当车辆运行在有坡度的路面上时，铅垂方向的载荷 F_z 应由与路面正交的分量所代替，即

$$F_r = F_z f_r \cos \alpha \tag{2-6}$$

式中，α 为路面的倾斜角。

滚动阻力系数 f_r 取决于轮胎的材料、结构、温度、充气压力、外轮胎面的几何形状、路面粗糙度、路面材料和路面上有无液体等因素，各种不同类型路面下的滚动阻力系数列于表 2-1。近年来，为节省材料，已有公司开发了用于轿车的低阻力轮胎，其滚动阻力系数小于 0.01。

表 2-1　各种不同类型路面下的滚动阻力系数

路面状况		滚动阻力系数	路面状况	滚动阻力系数
良好沥青或混凝土路面		0.010～0.018	泥泞土路（雨季或解冻期）	0.100～0.250
一般沥青或混凝土路面		0.018～0.020	干砂	0.100～0.300
碎石路		0.020～0.030	湿砂	0.060～0.150
良好的卵石路面		0.035～0.050	结冰路面	0.015～0.030
压紧土路	干燥的	0.025～0.035	压紧的雪路	0.030～0.050
	雨后的	0.050～0.150		

在表 2-1 给出的数值中，滚动阻力系数的大小没有考虑其与车速之间的变化关系。但实际上，行驶车速对滚动阻力系数有很大影响。图 2-7 说明，两种不同的轿车轮胎在一定车速（如 140 km/h）以下时，滚动阻力随车速逐渐增加但变化不大；在某一车速（如 140 km/h）以上时增长较快。当车速达到某一临界车速（如 200 km/h）左右时，滚动阻力将迅速增长，此时轮胎容易发生驻波现象，轮胎周缘不再是圆形而呈明显的波浪状。出现驻波后，不但滚动阻力显著增加，轮胎的温度也很快增加到 100 ℃ 以上，胎面与轮胎帘布层脱落，几分钟内就会出现爆胎现象，这对高速行驶的车辆是一件很危险的事情。

轮胎的结构和橡胶的品种也对滚动阻力有影响。图 2-8 给出了几种不同轿车轮胎的滚动阻力系数随车速与充气压力而变化的曲线。可以看出，轮胎充气压力对滚动阻力系数数值的影响很大。当气压降低时，滚动阻力系数的数值迅速增加。这是因为气压降低时，轮胎在滚动中变形增大，迟滞损失增加。从图 2-8 中还可以看出，子午线轮胎的滚动阻力系数较低。

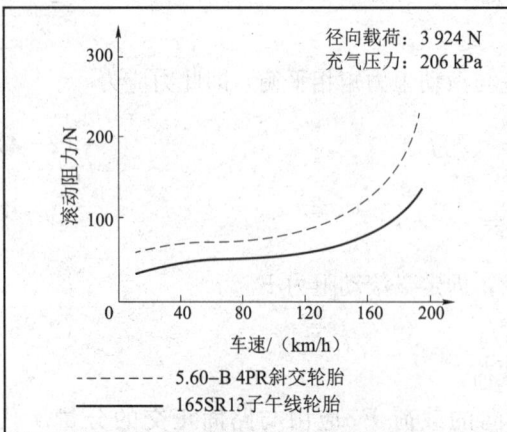

图 2-7　滚动阻力与车速关系

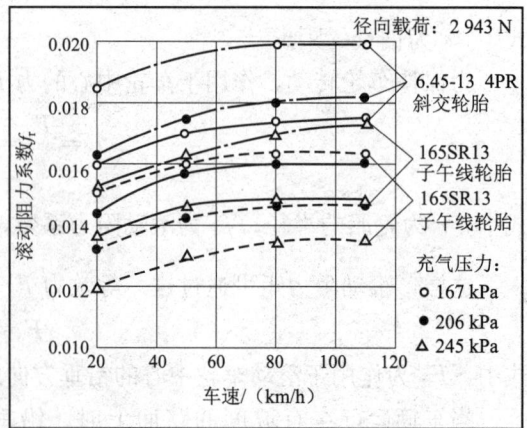

图 2-8　滚动阻力系数与车速和轮胎压力的关系

基于实测结果，对于车轮在硬质路面上的滚动阻力系数的计算，已有许多经验公式被提出。如在混凝土路面上，轿车轮胎的滚动阻力系数可按以下公式计算

$$f_r = f_0 + f_s \left(\frac{V}{100} \right)^{2.5} \tag{2-7}$$

式中，V 为车速，km/h。

其中，f_0 和 f_s 取决于轮胎的充气压力。

在车辆性能的计算中，可认为滚动阻力系数是速度的线性函数。对于混凝土路面上行驶的轿车，可采用如下适合于一般充气压力范围的计算公式。

$$f_r = 0.01 \times \left(1 + \frac{V}{100} \right) \tag{2-8}$$

2. 空气阻力

根据空气动力学原理，汽车在行驶过程中受到的空气作用力在行驶方向上的分力被称为空气阻力，空气阻力又分为压力阻力和摩擦阻力两部分。

(1) 压力阻力。作用在汽车外表面上的法向压力的合力在行驶方向的分力。压力阻力又分为形状阻力、干扰阻力、内循环阻力和诱导阻力四部分。形状阻力占压力阻力的大部分比重，与车身主体形状有很大关系；干扰阻力是车身表面突起物（如后视镜、门把、引水槽、悬架导向杆、驱动轴等）引起的阻力；内循环阻力为发动机冷却系、车身通风等所需的空气流经车体内部时构成的阻力；诱导阻力是空气升力在水平方向上的投影。

(2) 摩擦阻力。当远离车辆的空气保持静止时，则靠近车辆外壳的空气以近乎车速运动，两者之间的空气分子在宽速度范围下相对运动。两个空气分子之间的速度差异便产生了摩擦力，这就导致了空气阻力中的第二个分量即摩擦阻力。

在一般轿车中，这几部分阻力的大致比例为：形状阻力占 58%，干扰阻力占 14%，内循环阻力占 12%，诱导阻力占 7%，摩擦阻力占 9%。

空气阻力是车速 V、车辆迎风正面的面积 A_f、空气密度 ρ 和车辆形状的函数，可表达为

$$F_w = \frac{1}{2} \rho A_f C_D (V + V_w) \tag{2-9}$$

式中，C_D 为车辆形状特征的空气阻力系数；V_w 为在车辆运行方向上的风速分量，其取向与车速方向相反时为正值，与车速方向相同时则为负值。

式 (2-8) 表明，空气阻力与 C_D 及 A_f 成正比。一般情况下，由于 A_f 受车内空间的限制不宜改变，所以降低 C_D 是降低空气阻力的主要手段。20 世纪 50—60 年代初，轿车的空气阻力系数 C_D 维持在 0.4～0.6，自 20 世纪 90 年代起已降到 0.3 左右。现代车身空气动力学的工程师认为，降低轿车车身的 C_D 值应从下列几点着手。

① 车身前部：发动机盖应向下倾，面与面交接处尽量圆滑，过渡平缓；
② 整车：整个车身应向前收缩 1°～2°，俯视形状为腰鼓式；
③ 汽车后部：最好采用舱背式或直背式，后部增加扰流板；
④ 车身底部：所有零部件应在车身下平面内且较平整，盖板应向后逐步升高；
⑤ 冷却进风系统：精心选择并改进通风进口和出口的位置。

3. 爬坡阻力

如图 2-9 所示，当车辆爬坡或下坡时，其重量将产生一个始终指向下坡方向的分力。这一分力起着阻碍（上坡时）或辅助（下坡时）向前运动的作用。在车辆性能分析中，现仅考虑上坡时的运行状态。由路面坡度所产生的力通常称为爬坡阻力，即

$$F_g = Mg\sin\alpha \qquad (2-10)$$

式中，M 为车的质量；α 为路面坡度角。

为简化计算，当路面倾斜角较小时，通常采用坡度代替。

坡度定义为

$$i = \frac{H}{L} = \tan\alpha \approx \sin\alpha \qquad (2-11)$$

式中，H 为坡面垂直高度；L 为坡面的水平距离。

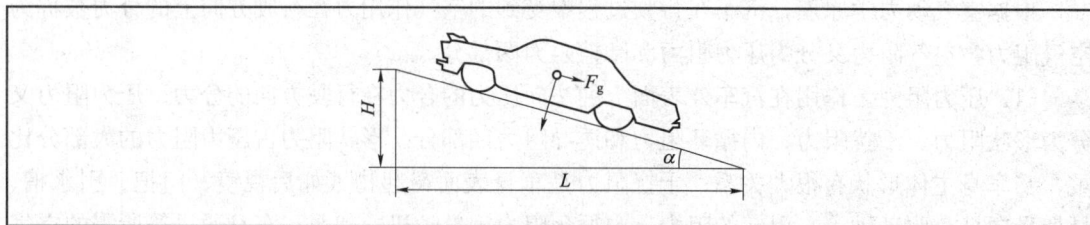

图 2-9 爬坡阻力示意图

同时，轮胎的滚动阻力和爬坡阻力一起构成了路面阻力，即

$$F_{rd} = F_f + F_g = Mg(f_r\cos\alpha + \sin\alpha) \qquad (2-12)$$

当路面倾斜角较小时，路面阻力可简化为

$$F_{rd} = F_f + F_g = Mg(f_r + i) \qquad (2-13)$$

令 $f_r + i = \psi$，ψ 为路面阻力系数，则有

$$F_{rd} = Mg\psi \qquad (2-14)$$

式中，f_r 为滚动阻力系数；F_g 为爬坡阻力；i 为坡度；F_f 为滚动阻力。

4. 加速阻力

汽车在加速行驶时，其质量对于加速运动的惯性力就是加速阻力 F_j。汽车的质量分为平移质量和旋转质量两部分，加速时，不仅平移质量产生惯性力，旋转质量也要产生惯性力偶。为了便于计算，一般把旋转质量的惯性力偶矩转化为平移质量的惯性力，对于固定传动比的汽车，常以系数 δ 作为计入旋转质量惯性力偶矩后的汽车旋转质量换算系数，因而汽车的加速阻力可写为

$$F_j = \delta M\frac{dv}{dt} \qquad (2-15)$$

式中，δ 为汽车旋转质量的换算系数，$\delta > 1$；M 为汽车的质量；$\frac{dv}{dt}$ 为行驶加速度。δ 主要与飞轮的转动惯量、车轮的转动惯量及传动系的传动比有关，根据相应公式推导为（推导过程略）

$$\delta = 1 + \frac{1}{M}\frac{\sum I_w}{r^2} + \frac{1}{M}\frac{I_f \cdot i_g^2 \cdot i_0^2 \cdot \eta_r}{r^2} \tag{2-16}$$

式中，I_w 为车轮的转动惯量；I_f 为飞轮的转动惯量；r 为车轮半径；i_g 为变速器的传动比；i_0 为主减速器的传动比。

2.2.2　动力学方程

车辆的纵向受力情况如图 2-5 所示，作用在两轴车辆上的主要外力包括前、后车轮的滚动阻力 F_{rf} 和 F_{rr}（它们分别产生滚动阻力矩 T_{rf} 和 T_{rr}）。空气阻力 F_w、爬坡阻力 F_g 和分别作用于前、后车轮的牵引力 F_{tf} 和 F_{tr}。对后轮驱动的车辆而言，F_{tf} 为零，而对前轮驱动的车辆，则 F_{tr} 为零。

车辆纵向运动的动力学方程可表达为

$$M\frac{dv}{dt} = (F_{tf} + F_{tr}) - (F_{rf} + F_{rr} + F_w + F_g) \tag{2-17}$$

式中，$\dfrac{dv}{dt}$ 为车辆沿纵向的线加速度；M 为车辆的质量。

式（2-17）中等号右边的第一项为总牵引力，第二项为总阻力。

若想得知轮胎与地面接触面所能支持的最大牵引力，必须确定前、后车轴上铅垂方向的载荷。通过累加作用于轮胎与地面接触面中心点上的所有力矩，可得前轴上铅垂方向的载荷 W_f 为

$$W_f = \frac{MgL_b\cos\alpha - \left(T_{rf} + T_{rr} + F_w h_w + Mgh_g\sin\alpha + Mh_g\dfrac{dV}{dt}\right)}{L} \tag{2-18}$$

式中，h_g 为车辆重心的高度；F_w 为空气阻力；$T_{rf} + T_{rr}$ 为滚动阻力矩；h_w 为空气阻力作用点高度；L 为坡面的水平距离。

同理，可得作用于后轴上的铅垂方向的载荷 W_r 为

$$W_f = \frac{MgL_a\cos\alpha + \left(T_{rf} + T_{rr} + F_w h_w + Mgh_g\sin\alpha + Mh_g\dfrac{dV}{dt}\right)}{L} \tag{2-19}$$

对于轿车，假设空气阻力作用点高度 h_w 近似于车辆重心的高度 h_g，则式（2-18）和式（2-19）可简化为

$$W_f = \frac{L_b}{L}Mg\cos\alpha - \frac{h_g}{L}\left(F_w + F_g + Mgf_r\frac{r_d}{h_{fg}}\cos\alpha + M\frac{dV}{dt}\right) \tag{2-20}$$

和

$$W_f = \frac{L_a}{L}Mg\cos\alpha + \frac{h_g}{L}\left(F_w + F_g + Mgf_r\frac{r_d}{h_{fg}}\cos\alpha + M\frac{dV}{dt}\right) \tag{2-21}$$

式中，r_d 为车轮的有效半径。由式（2-6）、式（2-9）、式（2-10）和式（2-17）可改写式（2-20）和式（2-21）为

$$W_f = \frac{L_b}{L}Mg\cos\alpha - \frac{h_g}{L}\left[F_t - F_r\left(1 - \frac{r_d}{h_g}\right)\right] \tag{2-22}$$

和

$$W_f = \frac{L_a}{L}Mg\cos\alpha + \frac{h_g}{L}\left[F_t - F_r\left(1-\frac{r_d}{h_g}\right)\right] \quad\quad (2-23)$$

式中，F_t 为车辆的总牵引力，$F_t = F_{tf} + F_{tr}$；F_r 为车辆的滚动阻力；L_a 为车辆在重心前部的水平长度；L_b 为车辆在重心后部的水平长度。

式（2-22）和式（2-23）等号右边的第一项分别是当车辆静止在水平地面上时作用在前、后车轴上的静载荷；第二项分别为其铅垂方向载荷的动态分量。

轮胎与地面接触面所能支持的最大牵引力（大于该最大牵引力的任意少量的变化将引起轮胎在地面上的空转），其通常以铅垂方向载荷与路面附着系数 μ 的乘积的形式给出。因此，对于前轮驱动的车辆应有

$$F_{t,\max} = \mu W_f = \mu\left\{\frac{L_b}{L}Mg\cos\alpha - \frac{h_g}{L}\left[F_{t,\max} - F_r\left(1-\frac{r_d}{h_g}\right)\right]\right\} \quad\quad (2-24)$$

和

$$F_{t,\max} = \frac{\mu Mg\cos\alpha\,\dfrac{L_b + f_r(h_g - r_d)}{L}}{1 + \mu\dfrac{h_g}{L}} \quad\quad (2-25)$$

式中，f_r 为滚动阻力系数。而对于后轮驱动的车辆应有

$$F_{t,\max} = \mu W_f = \mu\left\{\frac{L_a}{L}Mg\cos\alpha - \frac{h_g}{L}\left[F_{t,\max} - F_r\left(1-\frac{r_d}{h_g}\right)\right]\right\} \quad\quad (2-26)$$

和

$$F_{t,\max} = \frac{\mu Mg\cos\alpha\,\dfrac{L_a + f_r(h_g - r_d)}{L}}{1 + \mu\dfrac{h_g}{L}} \quad\quad (2-27)$$

车辆行驶时，动力装置通过传动装置传递到驱动轮上的最大牵引力不应超过轮胎与地面间的附着力，即由式（2-25）或式（2-27）计算出的最大值，否则驱动轮将在地面上空转，导致车辆的不稳定。

2.2.3 汽车行驶的附着条件与附着率

汽车动力系统所确定的驱动力是决定汽车动力性的一个主要因素。驱动力越大，加速能力也越好，爬坡能力也越强，但是当车辆的实际牵引力超过轮胎与地面间附着力的限值时，驱动轮将在地面上空转。因此，汽车的动力性不仅受驱动力的制约，还受到轮胎与地面附着条件的限制。

地面对轮胎切向反作用力的极限值称为附着力，在硬路面上，它与驱动轮的法向反作用力 F_z 成正比，常写成

$$F_{X,\max} = F_\varphi = F_z \cdot \varphi \quad\quad (2-28)$$

式中，φ 为附着系数。由于作用在驱动轮上的转矩 T_t 引起的地面切向反作用力不能大于附着力，否则将发生驱动轮滑转现象，即对于后轮驱动的汽车有

$$\frac{T_t - T_{fr}}{r} = F_{Xr} \leqslant F_{Zr}\varphi \quad\quad (2-29)$$

这就是汽车行驶的附着条件。上式可写成

$$\frac{F_{Xr}}{F_{Zr}} \leqslant \varphi \tag{2-30}$$

式中，$\dfrac{F_{Xr}}{F_{Zr}}$ 为后轮驱动汽车驱动轮的附着率 $C_{\varphi r}$，则

$$C_{\varphi r} < \varphi \tag{2-31}$$

同理，对于前轮驱动汽车，其驱动轮的附着率不能大于地面附着率。

综上所述，汽车的附着力取决于附着系数和地面作用于驱动轮的法向反作用力。而附着系数则主要取决于路面种类、路面状况及行驶车速等。汽车在不同路面上行驶的附着系数如表 2-2 所示。

显然，当车辆行驶在潮湿、结冰、积雪或软土路面上时，轮胎与地面间的附着力就是车辆性能的主要制约因素。而在这样的路面情况下，作用于驱动轮的牵引转矩将使车轮在上述地面上发生显著滑移。因此，作用于驱动轮的最大牵引力取决于轮胎与地面间的附着力所能提供的纵向力，而不是发动机所能供给的最大转矩。

在良好铺砌的干燥路面上，由于轮胎的弹性导致轮胎滑移的可能性很小。而在各种不同类型的地面上，驱动轮的最大牵引力却与运动车轮的滑移率紧密相关。

表 2-2　汽车在不同路面上行驶的附着系数

路面种类	峰值附着系数	滑动附着系数
沥青或混凝土（干）	0.8~0.9	0.75
沥青（湿）	0.5~0.7	0.45~0.6
混凝土（湿）	0.8	0.7
砾石	0.6	0.55
土路（干）	0.68	0.65
土路（湿）	0.55	0.5~0.7
雪（压紧）	0.2	0.15
冰	0.1	0.07

轮胎的滑移率 s 通常定义为

$$s = \left(1 - \frac{V}{r\omega}\right) \cdot 100\% = \left(1 - \frac{r_d}{r}\right) \cdot 100\% \tag{2-32}$$

式中，V 为轮胎中心的平移速度；ω 为轮胎的角速度；r 为自由滑动轮胎的滚动半径；r_d 为轮胎的有效滚动半径（轮胎中心的平移速度与轮胎角速度之比）。

当车辆处于牵引工况下，其速度 V 小于 $r \cdot \omega$，因此，轮胎滑移率是一个 0~1.0 的正值。然而，车辆在制动期间，轮胎滑移则应被定义为

$$s = \left(1 - \frac{r\omega}{V}\right) \cdot 100\% = \left(1 - \frac{r}{r_d}\right) \cdot 100\% \tag{2-33}$$

因此，它也是一个 0~1.0 的正值。相应于一定滑移率的轮胎的最大牵引力通常表示为

$$F_X = F_Z \cdot \mu \tag{2-34}$$

式中，F_Z 为轮胎铅垂方向的载荷；μ 为牵引力系数，它是滑移率的函数。

牵引力与轮胎滑移率之间始终有图 2-10 所示的关系。在小滑移范围内（图 2-10 中的

OA 段），牵引力几乎线性地正比于滑移率，此时轮胎与地面并没有发生真正的相对滑动。当牵引力矩施加到轮胎时，在轮胎与地面接触的坑槽处形成了牵引力，同时轮胎压向前方，并在其与地面接触的坑槽处受到压缩，随之便在轮胎的侧壁产生相应的形变。随着车轮转矩和牵引力的逐渐增加，将导致部分轮胎与地面接触时产生滑移。在这种情况下，牵引力和滑移率之间的关系是非线性的，即图 2 - 10 中的 AB 段曲线。牵引力在滑移率为 15％～20％ 处达到峰值，这是因为负的动摩擦系数小于静摩擦系数，故牵引力在 B 点达到最大值后又逐渐降低，当滑移率超过此值并进一步增加时，将导致车辆不稳定的运行状态。由图 2 - 10 可见，牵引力从峰值迅速衰减至纯粹的滑移值。因此，对于正常的驱动工况，轮胎的滑移率必须限制在 15％～20％ 的范围内。

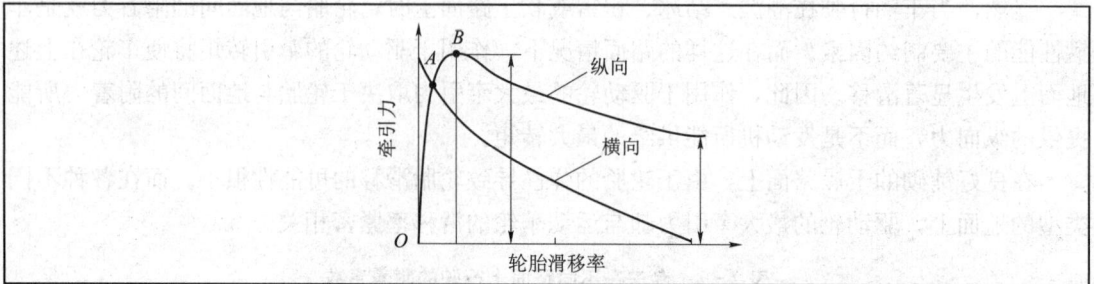

图 2 - 10　牵引力与轮胎滑移率间的变化关系

2.2.4　电动汽车的性能

1. 电动汽车的动力性能

电动汽车的动力性能仍然通过加速性能、爬坡性能和最高车速三个指标来评定。

选择的电动机功率应不小于车辆在平坦良好路面上以最高车速行驶时的阻力功率之和，即电动汽车以最高车速行驶的消耗的功率为

$$P_V = \frac{1}{\eta_t} \left(\frac{Mgf_r}{3\,600} V_{max} + \frac{C_D A_f}{76\,140} V_{max}^3 \right) \qquad (2-35)$$

根据 GB/T 18385—2005 的规定，电动汽车的最高车速有如下两项不同的标准特征值。

① 1 km 最高车速：电动汽车能够往返各持续行驶 1 km 以上距离的最高车速的平均值；

② 30 min 最高车速：电动汽车能够持续行驶 30 min 以上的最高平均车速。

电动汽车以某一车速爬上一定坡度消耗的功率为

$$P_g = \frac{1}{\eta_t} \left(\frac{Mgf_r}{3\,600} V + \frac{C_D A_f}{76\,140} V^3 + \frac{Mgi}{3\,600} V \right) \qquad (2-36)$$

式中，V 为电动汽车的行驶速度。

电动汽车在水平路面上加速行驶时消耗的功率为

$$P_j = \frac{1}{\eta_t} \left(\frac{Mgf_r}{3\,600} V + \frac{C_D A_f}{76\,140} V^3 + \frac{\delta Mg}{3\,600} \frac{dV}{dt} V \right) \qquad (2-37)$$

式中，δ 为汽车的旋转质量换算系数。

汽车的加速能力用汽车原地起步的加速能力和超车加速能力来表示。通常采用汽车加速过程中所经过的加速时间和加速距离作为评价汽车加速性能的指标。

$$\begin{cases} F_j = F_t - F_f = F_w \\ \dfrac{dv}{dt} = \dfrac{1}{\delta m} F_j \\ t = \displaystyle\int_{v1}^{v2} \dfrac{dt}{dv} dv = \int_{v1}^{v2} \dfrac{1}{a_j} dv \end{cases} \quad (2-38)$$

总之，电动汽车驱动电机的最大功率应能同时满足电动汽车对最高车速、加速时间及爬坡度的要求。所以电动汽车电机的额定功率为

$$P_e = \max\{P_V, P_g, P_j\} \quad (2-39)$$

若要满足车辆的爬坡性能要求，则电动汽车行驶方程

$$F_t = F_g + F_r + F_w \quad (2-40)$$

式中，F_g 为坡道阻力，$F_g = Mg\sin\alpha$；F_r 为滚动阻力，$F_r = Mgf_r\cos\alpha$；α 为坡道角度。

则车辆爬坡度的计算公式为

$$\alpha = \arcsin\frac{F_t - F_w}{Mg\sqrt{1 + f_r^2}} = \arctan f_r \quad (2-41)$$

根据电动机的转矩可以确定电动汽车的驱动力，利用电动机转速计算电动汽车行驶速度。电动机转速 n 与汽车行驶速度 v 之间的关系式为

$$v = 0.337 \frac{nr}{i_0 i_g} \quad (2-42)$$

式中，i_0 为主减速器的传动比；i_g 为变速器的传动比；r 为车轮半径。

电动汽车的驱动力 F_t 为

$$F_t = \frac{T_p i_g i_0 \eta_t}{r} \quad (2-43)$$

式中，η_t 为变速器到驱动轮的传动效率；T_p 为电动汽车输出转矩。

2. 电传动汽车的功率平衡

汽车行驶时，不仅驱动力与行驶阻力互相平衡，发动机功率与汽车行驶的阻力功率也总是平衡的。就是说，在汽车行驶的每一瞬间，发动机发出的功率始终等于机械传动损失的功率与全部运动阻力所消耗的功率，汽车运动阻力所消耗的功率包括滚动阻力功率 P_f、空气阻力功率 P_w、坡度阻力功率 P_i 和加速阻力功率 P_j。

将汽车行驶方程式进行单位换算后，整理出汽车功率平衡方程式（式中功率的单位为 kW）如下

$$P_M = \frac{1}{\eta}(P_f + P_w + P_i + P_j) \quad (2-44)$$

$$P_M = \frac{1}{\eta}\left(\frac{Gf\cos\alpha V_a}{3\,600} + \frac{G\sin\alpha V_a}{3\,600} + \frac{C_D A V_a^3}{76\,140} + \frac{\delta G V_a}{3\,600g}\frac{dV}{dt}\right)$$

在利用功率平衡图求取最高车速时，P_t 应取连续功率曲线上的点以求取加速度，在求取最大爬坡度和加速能力时，P_t 可以取持续 1~5 min 工作的功率曲线上的点。其计算公式如下

$$\frac{dv}{dt} = \frac{3\ 600g\eta}{\delta GV_a}\left[P_t - \frac{1}{\eta}(P_f + P_w)\right] \tag{2-45}$$

$$i = \frac{3\ 600\eta}{GV_o}\left[P_t - \frac{1}{\eta}(P_f + P_w)\right] \tag{2-46}$$

图 2-11 表示的是一款电动货车实际工况的功率平衡图，从图 2-11 中的一挡 2 倍过载电机功率曲线可以看出，车辆在以该曲线所示的工况运行时，能够满足对于瞬间加速和上大坡的需求。

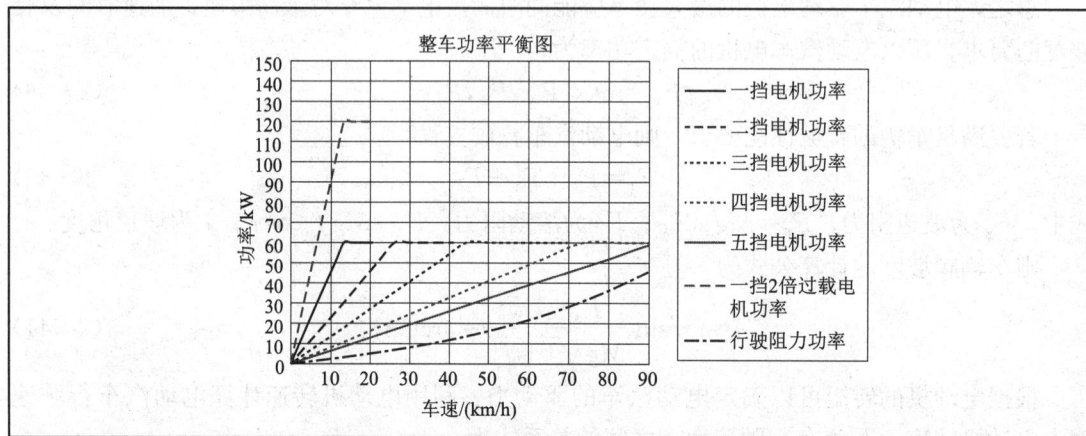

图 2-11　一款电动货车实际工况的功率平衡图

3. 电动汽车的制动性能

汽车的制动性能是指汽车能在短距离内停车且维持行驶方向的稳定性和下长坡时能维持一定车速的能力。车辆的制动性能显然是影响车辆安全的最重要特性之一，它直接关系到汽车的行驶安全，一些重大交通事故往往与制动失灵及制动距离太长有关。所以，具有良好的制动性能是汽车安全行驶的重要保障。影响汽车制动性能的因素主要有汽车的制动机构、人体机能及路面状况等。另外，车辆在市区运行时，大量的能量消耗在制动过程中，因此，越来越多的电驱动系统被引入车辆的牵引系，利用电驱动系统的再生制动功能可以增进车辆的效率，降低车辆的能耗。

1）制动力

制动片紧压在制动金属盘上时，在制动金属盘上产生摩擦力矩。该制动力矩使轮胎与地面在接触表面上产生制动力，可表示为

$$F_b = \frac{T_b}{r_d} \tag{2-47}$$

式中，T_b 为制动力矩；r_d 为车轮的有效半径；F_b 为制动力。

制动力随着制动力矩的增大而增大，当制动力达到轮胎与地面间的附着力所能支持的最大值时，即使制动力矩继续增大，制动力将不再增大。这一受制于附着力的最大制动力可表达为

$$F_{b,max} = \mu_b F_z \tag{2-48}$$

式中，μ_b 为轮胎与地面间的附着系数；F_z 为车轮的垂直载荷。

与牵引情况相似，附着系数随轮胎的滑移而变化，在轮胎滑移率为 15％～20％ 的范围

内达到最大值，而后稍呈衰减，直至降至 100% 的滑移处。

2）制动力分配

图 2-12 为平坦路面上车辆制动时的受力情况。与制动力相比，滚动阻力和空气阻力很小，因此在此忽略。j 为车辆制动时的负加速度，可表述为

$$j = \frac{F_{bf} + F_{br}}{M} \tag{2-49}$$

式中，F_{bf} 和 F_{br} 分别为作用于前后轮上的制动力。

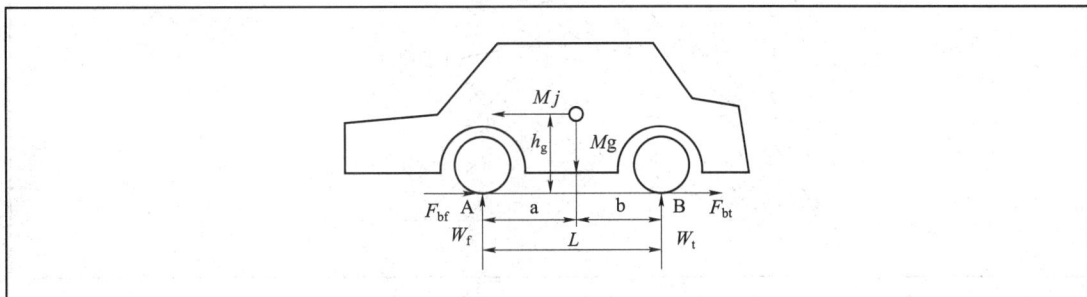

图 2-12　平坦路面上车辆制动时的受力情况

最大制动力受限于轮胎与地面之间的附着力，同时正比于作用在轮胎上铅垂方向上的负荷。因此，由制动力矩产生的实际制动力也应正比于铅垂方向上的载荷，其结果是前后轮同时获得了最大制动力。制动期间，载荷将从后轴转移到前轴。考虑前后轮与地面接触点 A 和 B 的力矩平衡关系，可得作用在前后轴铅垂方向上的载荷 F_{zf} 和 F_{zr} 分别为

$$F_{zf} = \frac{Mg}{L}\left(L_b + h_g \frac{j}{g}\right) \tag{2-50}$$

$$F_{zr} = \frac{Mg}{L}\left(L_a - h_g \frac{j}{g}\right) \tag{2-51}$$

式中，j 为车辆制动时的负加速度。

前后轴上的制动力分别正比于铅垂方向的载荷，于是可得

$$\frac{F_{bf}}{F_{br}} = \frac{F_{zf}}{F_{zr}} = \frac{L_b + h_g j/g}{L_b - h_g j/g} \tag{2-52}$$

由式（2-50）和式（2-51）联立求解得作用于前后轴上的理想制动力，作用于前后轴上的理想制动力分布曲线如图 2-13 所示。其中，j 表示车辆以附着系数 μ 在路面上制动时获得的最大负加速度。理想制动力分布曲线（简称为 I 曲线）是非线性的双曲线。若要在任何路面上都能同时刹住前后轮，则作用于前后轮上的制动力必须完全与这一曲线相符。

在车辆设计中，作用于前后轴上的实际制动力分布通常被设计为一个不变的线性比例关系。这一比例关系为前轴上的制动力与车辆总制动力之比，即

$$\beta = \frac{F_{bf}}{F_b} \tag{2-53}$$

式中，F_b 为车辆的总制动力，$F_b = F_{br} + F_{bf}$。

而前后轴上的实际制动力随 β 而变化，故可将它们表示为

$$F_{bf} = \beta F_b \tag{2-54}$$

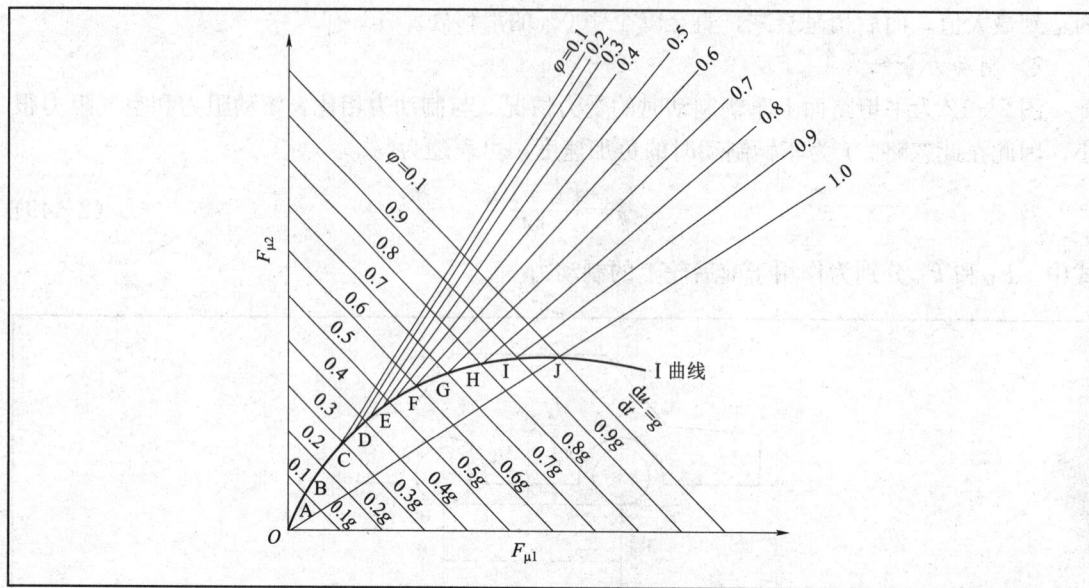

图 2 - 13　作用于前后轴上的理想制动力分布曲线

和

$$F_{br} = (1-\beta)F_b \tag{2-55}$$

于是可得

$$\frac{F_{bf}}{F_{br}} = \frac{\beta}{1-\beta} \tag{2-56}$$

图 2 - 14 为理想和实际制动力分布曲线（分别标记为 I 曲线和 β 曲线）的对比情况。

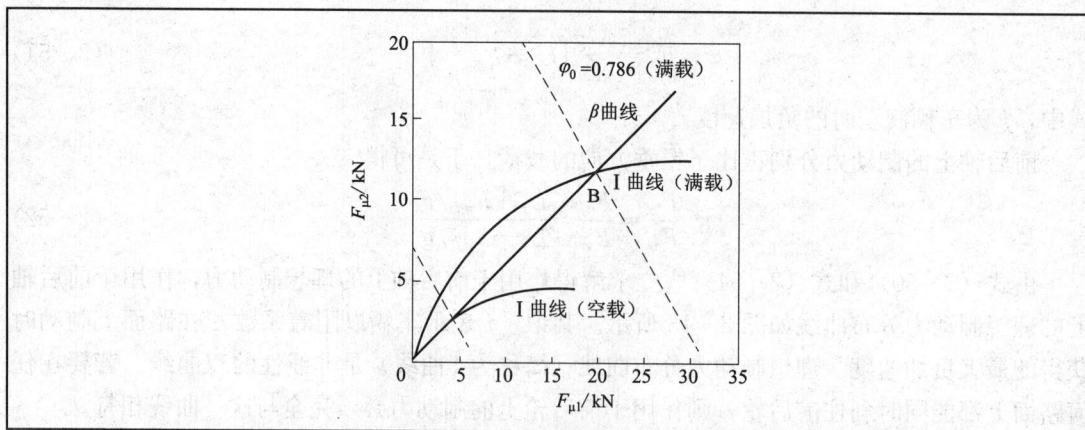

图 2 - 14　理想和实际制动力分布曲线（分别标记为 I 曲线和 β 曲线）的对比情况

　　显然，图 2 - 14 所示的 I 曲线和 β 曲线仅有一个交点，即仅在此情况下前后轴能被同时刹住，此点处的附着系数称为同步附着系数，所对应的制动减速度称为临界减速度。这一交点表明了一个特定的路面附着系数 μ_0。将式（2 - 52）中的 j/g 用 μ_0 替代，即得

$$\frac{\beta}{1-\beta} = \frac{L_b + \mu_0 h_g}{L_a - \mu_0 h_g} \tag{2-57}$$

从而由式（2-57）可导出

$$\mu_0 = \frac{L\beta - L_b}{h_g} \tag{2-58}$$

$$\beta = \frac{L_b + \mu_0 h_g}{L} \tag{2-59}$$

当车辆制动时，若附着系数小于 μ_0 时（对应于 β 曲线位于 I 曲线下方的区间），前轮将首先刹住；相反，若当路面附着系数大于 μ_0 时（对应于 β 曲线位于 I 曲线上方的区间），则后轮首先刹住。

当后轮首先刹住时，车辆将丧失方向的稳定性，后轮胎承受横向力的能力降低到零。此时，侧风、路面的侧倾或离心作用等都会对车辆产生侧滑力矩，甚至使车头调转；先刹住前轮将会引发方向失控，驾驶员不再可能进行有效的操纵。然而，也应该指出，刹住前轮不会引起方向上的不稳定性，这是因为每当前轮发生侧向运动时，车辆的惯性力将对后轴偏转中心产生自校正力矩，从而有助于车辆返回到直线路径。

4. 电动汽车的燃料经济性

纯电动汽车和混合动力汽车燃料经济性能的计算有所不同，以下分别讨论。

1）纯电动汽车

纯电动汽车的燃料经济性是指在动力蓄电池完全充电状态下以一定的行驶工况能连续行驶的最大距离，单位为 km，包括能量消耗率、比能量消耗率及能量经济性三个指标。

能量消耗率电动汽车经过规定的试验循环后，对动力蓄电池重新充电至试验前的容量，从电网上得到的电能除以行驶里程所得到的数值，单位为 W·h/km；

比能量消耗率。电动汽车能量消耗率与整车质量的比值，单位为 W·h/(t·km)；

能量经济性。电动汽车以各种预定行驶规范达到的续航里程与蓄电池再充电恢复到原有的充电状态所需要的交流电能量之比，单位为 km/(kW·h)。

纯电动汽车以等速行驶时，其功率需求为

$$P_B = \frac{P_{\sum}(u_a)}{\eta_m(n_m, P_m)\eta_t} \tag{2-60}$$

从而得到其能量消耗为

$$E_B = \int_0^T U_B(P_B) \cdot I_B(P_B) \mathrm{d}t \approx \gamma_B U_{Bn} C_{Bn} \tag{2-61}$$

其续航里程为

$$S = \frac{E_B}{1\ 000 P_B} \cdot u_a \tag{2-62}$$

对于按照某一工况行驶的纯电动汽车，其续航里程为

$$S = \int_0^t u_a(t) \mathrm{d}t$$

$$\int_0^t u_B(t) I_B(t) \mathrm{d}t - 1\ 000 \times \int_0^t \lambda_b \frac{P_{\sum}[u_a(t)]}{(\eta_m \eta_t)^{\pm 1}} \mathrm{d}t = 0 \tag{2-63}$$

$$\lambda_b = \begin{cases} 1 & P_{\sum} > 0 \\ \lambda_0 & P_{\sum} \leqslant 0 \end{cases}$$

单位里程的能耗 e （kW/km）在某些文献中称为电动汽车的效率。在另外一些文献中，将电动汽车的能量经济性定义为电动汽车以各种预定行驶规范达到的续航里程与蓄电池再充电恢复到满电状态所需的交流电能量之比，即

$$电动汽车经济性 = \frac{预定行驶规范所走的续航里程}{蓄电池再充电恢复到原充电状态所需的交流电能量} \qquad (2-64)$$

电动汽车的续航里程也可以从单位里程的能耗和比能耗的角度进行计算。设电动汽车行驶时单位里程能耗为 e，电动汽车总质量为 M，电动汽车行驶的比能耗定义为 e_0，则

$$e_0 = \frac{e}{M} \qquad (2-65)$$

$$e = e_0 \cdot M \qquad (2-66)$$

设电动汽车上动力蓄电池组充满电的总能量为 E，则由下式可计算电动汽车的续航里程，即

$$S = \frac{E}{e} = \frac{E}{e_0 \cdot M} \qquad (2-67)$$

在实际情况中，由于空气阻力消耗的能量与质量无关，同时各蓄电池单位之间存在放电效率、放电深度、放电电流的差异及自放电现象，上述因素对于动力电池组输出的总能量均有影响。另外，行驶规范的差别等因素也将影响电动汽车的续航里程，因此，式（2-67）为电动汽车续航里程的近似估算。

2）混合动力汽车

对于混合动力汽车而言，由于车辆行驶所需的能量不仅来自于电池组，而且也需要消耗一部分车载燃料能量，因此其燃料经济性的评价需要考虑两个方面，分别为燃料消耗量和外界输入电量，为统一标准，一般采用百公里运行成本作为评价指标，即

$$C_{hev} = C_{fuel} Q_s + C_{elect} E_{Grid} \qquad (2-68)$$

式中，C_{hev} 为混合动力汽车的百公里运行成本，元/100 km；C_{fuel} 为燃油价格，元/L；C_{elect} 为工业用电价格，元/（kW·h）；E_{Grid} 为电池组每百公里所需电网充电电量的平均值，kW·h/100 km。

2.3 电动汽车电驱动系统的动力需求特性

电动汽车的动力特性通常用车辆的加速时间、最高车速和爬坡能力予以评价。在电驱动系统的设计中，电动机的额定功率和传动装置参数是为了满足动力性能要求而首要考虑的问题，而所有的参数设计基本上取决于电驱动系统的转速——功率（转矩）特性。

2.3.1 电驱动系统的特性

电动汽车用电机需要频繁起动和停车，并承受较大的加速度或负加速度，而且要求具有

低速大转矩（用于爬坡），高速小转矩（用于高速运行）和调速范围宽等特性，主要体现在以下几个方面。

（1）电动汽车在加速或爬坡时，需要电动机提供 4～5 倍的额定转矩；

（2）在电动汽车高速行驶时，电动机应以 4～5 倍的最低转速运行；

（3）电动汽车用驱动电机应根据车辆的驱动特点和驾驶员的操作习惯设计；

（4）电动汽车用驱动电机应可控性好，稳态精度高；

（5）电动汽车用驱动电机由于安装在行驶的车辆上，应该能够承受高温、多变的气候条件和频繁的振动，在恶劣的环境下能够正常工作。

目前，直流电机（DCM）、感应电机（IM）、直流无刷电机（BLDCM）、永磁同步电机（PMSM）及开关磁阻电机（SRM）等不同形式的驱动电机在电动汽车上均有不同程度的应用。

电动机是纯电动汽车唯一的动力源，适用于电动车辆使用的电动机的外特性通常为在额定转速 N_n 以下，以恒扭矩模式工作；在额定转速以上，以恒功率模式工作。电动汽车用驱动电机的机械特性如图 2-15 所示，分为恒转矩区和恒功率区两个区域。

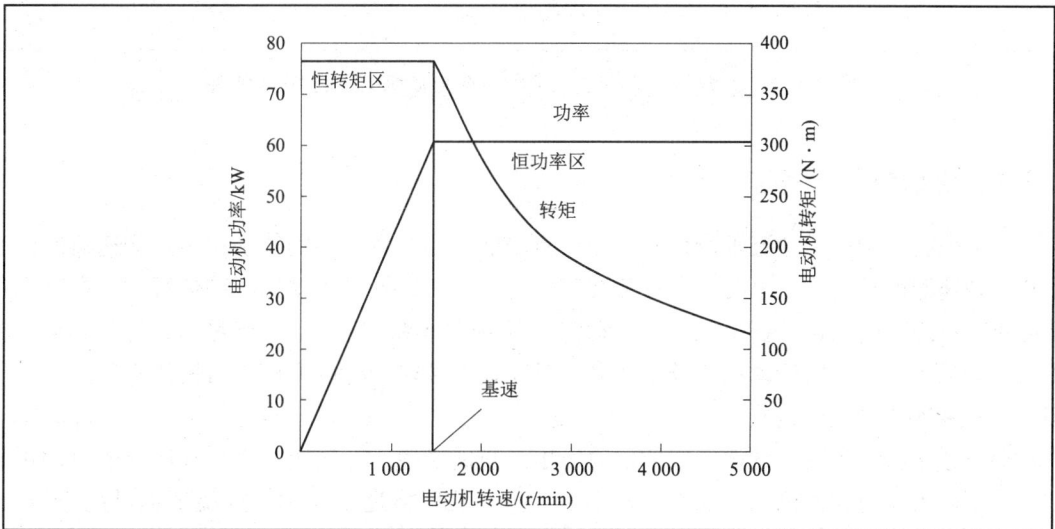

图 2-15　电动汽车用驱动电机的机械特性

由图 2-15 可知，在基速以下为恒转矩区，电动机输出恒转矩；基速以上为恒功率区，电动机输出恒功率。在恒功率区，通过弱磁控制使电动机达到最高转速，因此也称为弱磁区。电机的调速范围要覆盖整个恒转矩区和恒功率区。电机在调速范围内要具备快速的转矩响应特性。永磁无刷直流电动机的转矩密度最高，但它在恒功率区很难高速运行，限制了其最大调速范围。感应电动机易实现恒功率区弱磁升速，因而得到了较广泛的应用。从电动汽车的行驶工况可以看出，电动机不止工作在额定点，因此要求电动机在整个转矩—转速特性区内都要有高效率。由此可见，驱动电机不仅应具备上述要求的机械特性外，在整个工作区都具有高效率也至关重要，这给电动机的设计带来了困难。因此，在选用电动机时应使电动机在频繁工作区具有高效率。

图 2-16 表明了一台具有不同转速比 x（x 分别为 2、4、6）的 60 kW 电动机的转速/转

矩特性曲线。显然，对于具有大范围恒功率区域的电动机，其最大转矩能显著提高，车辆的加速和爬坡性能不仅可以因此得以改善，传动装置也可简化。但是，每种型式的电动机都有其固有的最高转速比的限值，如永磁电机由于有永磁体，磁场难以衰减，因此永磁电机的转速比较小，$x<2$；开关磁阻电机的转速比可达到 $x>6$；异步电机的转速比约为 $x=4$。

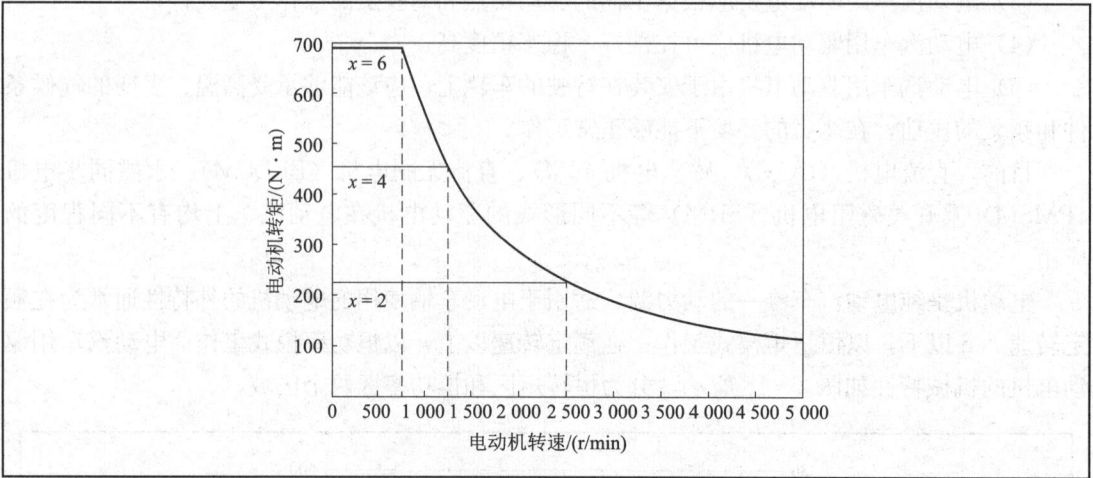

图 2-16 x 分别为 2、4、6 的 60 kW 电动机的转速/转矩特性

2.3.2   传动装置的特性

传动比的分配是传动装置设计中的一个重要问题和参数。车辆传动比包括变速器的传动比和主减速器的传动比，电动汽车在最高车速行驶时，以最小传动比的挡位行驶，在最大爬坡度时，以最大传动比的挡位行驶。电动汽车可以选择两挡变速器来满足高速行驶和爬坡的要求。如果主减速器的传动比能够直接满足整车动力性能指标的要求，可使用直接挡即只使用单挡固定速比的主减速器。

单挡或多挡传动装置的选择主要取决于电动机的转速——转矩特性。在给定的电动机额定功率下，若其有大范围的恒功率区，则单挡传动装置将足以在低速情况下提供高牵引力，否则，必须采用多挡传动装置。图 2-17 为配有 $x=2$ 的牵引电机和三挡传动装置的电动汽车其牵引力随车速变化的特性。其第一挡覆盖了 a-b-c 的车速区间；第二挡覆盖了 d-e-f 的车速区间；第三挡覆盖了 g-f-h 的车速区间。图 2-18 为配有 $x=4$ 的牵引电机和两挡传动装置的电动汽车的牵引力随车速变化的特性。其第一挡覆盖了 a-b-c 的车速区间；第二挡覆盖了 d-e-f 的车速区间。图 2-19 配有 $x=6$ 的牵引电机和单挡传动装置的电动汽车的牵引力随车速变化的特性。这三种设计具有相同的牵引力随车速变化的特性，因而对应的车辆将有同样的加速和爬坡性能。

2.3.3   电动汽车动力性能的分析

与内燃机汽车一样，电动汽车的动力性能用最高车速、爬坡能力和加速能力来评价。通过牵引力曲线与阻力曲线（主要是滚动阻力和空气阻力）的交点，如图 2-17、图 2-18 和图 2-19 所示，即可求得最高车速。但是，在采用较大功率的驱动电机或大传动比的一些设

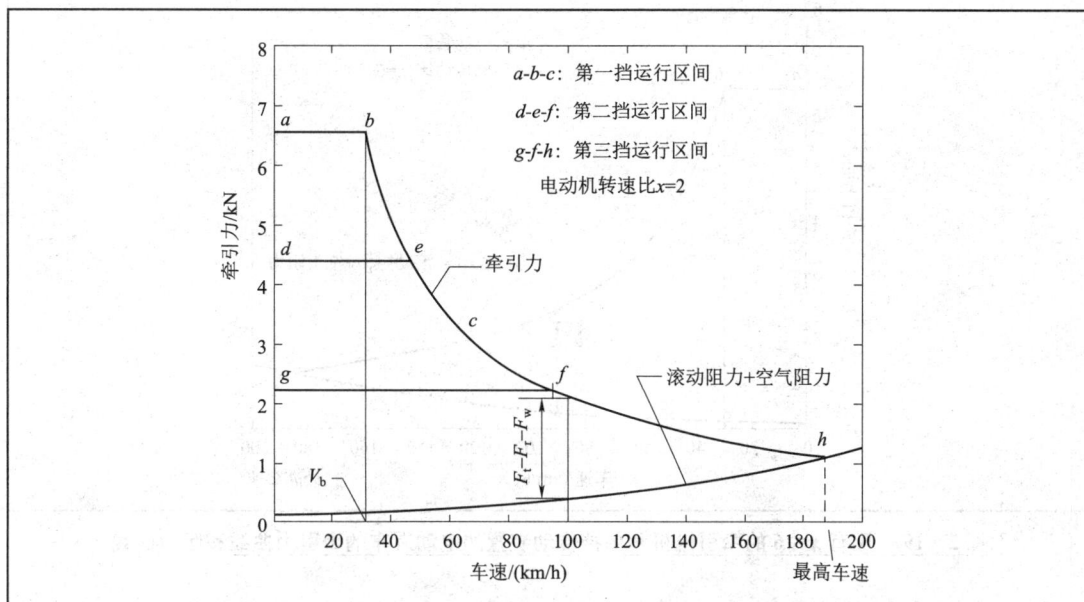

图 2-17　配有 $x=2$ 的牵引电机和三挡传动装置的电动汽车的牵引力曲线和阻力曲线

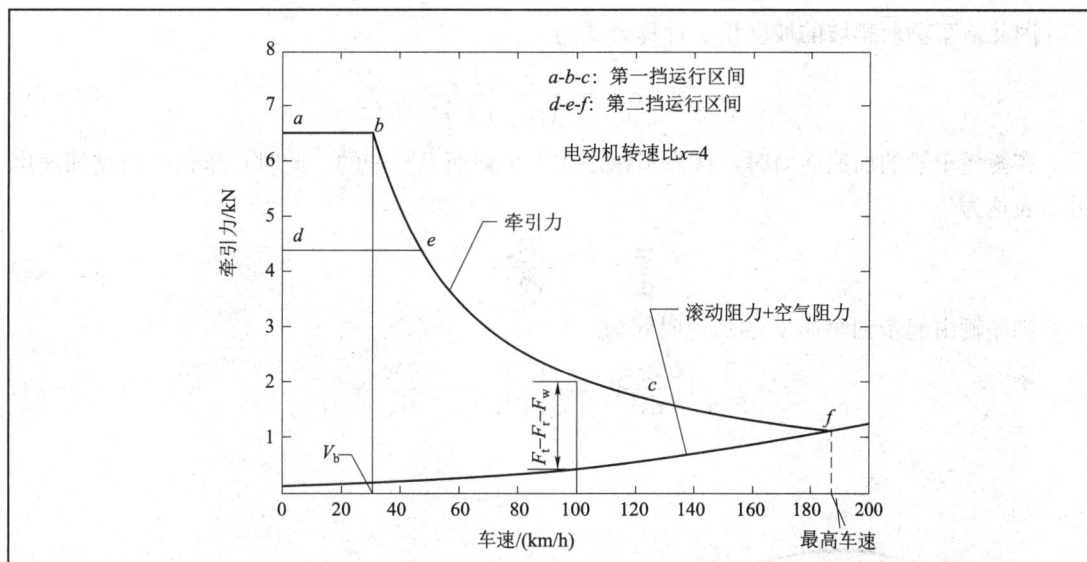

图 2-18　配有 $x=4$ 的牵引电机和两挡传动装置的电动汽车的牵引力曲线和阻力曲线

计中，并不存在这样的交点。此时，最高车速可由驱动电机的最高转速求得，即

$$V_{\max}=\frac{\pi N_{\mathrm{m,max}}r_{\mathrm{d}}}{30 i_{\mathrm{g,min}}i_0}\tag{2-69}$$

式中，$N_{\mathrm{m,max}}$ 为驱动电机的最高转速；$i_{\mathrm{g,min}}$ 为传动装置的最小传动比（最高挡）。

在衡量车辆的爬坡能力时，认为车辆是匀速行驶的，由电动汽车的行驶方程得到

$$F_{\mathrm{t}}=F_{\mathrm{f}}+F_{\mathrm{w}}+F_{\mathrm{i}}+F_{\mathrm{j}}\tag{2-70}$$

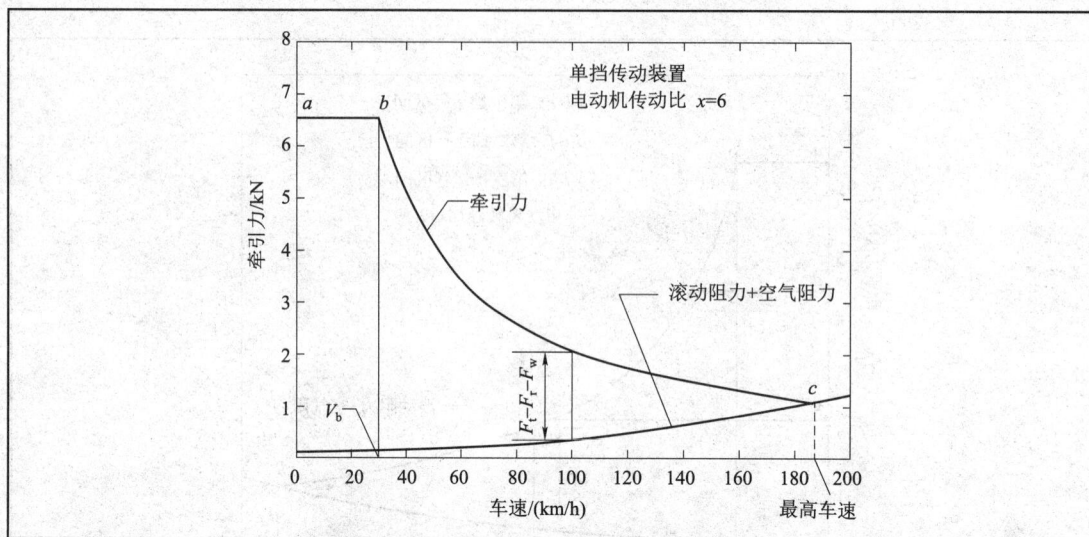

图 2 - 19　配有 $x=6$ 的牵引电机和单挡传动装置的电动汽车的牵引力曲线和阻力曲线

式中，F_f 为滚动阻力，$F_f=fG\cos\alpha$；F_w 为空气阻力，$F_w=\dfrac{1}{2}\rho A_f C_D (V+V_w)^2$；$F_i$ 为坡道阻力，$F_i=G\sin\alpha$；F_j 为加速阻力，$F_j=0$。

因此，车辆所爬坡的坡度角 α 计算公式为

$$\alpha=\arcsin\frac{F_t-F_w}{Mg\sqrt{1+f^2}} \tag{2-71}$$

在衡量车辆的加速能力时，认为车辆是在水平路面上行驶的。此时，车辆的行驶加速度可以表达为

$$\frac{\mathrm{d}v}{\mathrm{d}t}=\frac{F_t-F_w-F_f}{\delta M} \tag{2-72}$$

则车辆由起步到车速 V 的加速时间为

$$t=\frac{1}{3.6}\int_0^V\frac{\mathrm{d}t}{\mathrm{d}V}\mathrm{d}V=\frac{1}{3.6}\int_0^V\frac{\delta M}{F_t-F_w-F_f} \tag{2-73}$$

2.4　电动汽车电驱动系统参数的匹配准则

2.4.1　电机参数的匹配

电动汽车用电机具有良好的转矩-转速特性，涵盖了 6 000～15 000 r/min 的转速范围。根据车辆的行驶工况，驱动电机可以在恒转矩区和恒功率区运转。

正确选择电动机的参数非常重要，如果选择过小，电动机经常在过载状态下运行；反之，如果选择太大，电动机经常在欠载状态下运行，效率及功率因数降低，不仅浪费电能，而且增加动力电池的容量，使车辆的综合经济效益下降。电机参数的确定主要从额定功率、转矩和转速三个方面考虑。

在选择电动机的额定功率时，应保证电动汽车能够在各种工况下运行。

电动汽车以最高车速行驶时消耗的功率为

$$P_v = \frac{1}{\eta}\left(\frac{Mgf}{3\,600}V_{max} + \frac{C_D A_f}{76\,140}V_{max}^3\right) \tag{2-74}$$

电动汽车以某一速度 V 爬上一定坡度时消耗的功率为

$$P_i = \frac{1}{\eta}\left(\frac{Mgf}{3\,600}V + \frac{C_D A_f}{76\,140}V^3 + \frac{Mgi}{3\,600}V\right) \tag{2-75}$$

电动汽车在水平路面上加速行驶时消耗的功率为

$$P_j = \frac{1}{\eta}\left(\frac{Mgf}{3\,600}V + \frac{C_D A_f}{76\,140}V^3 + \frac{\delta M}{3\,600}\frac{dV}{dt}V\right) \tag{2-76}$$

式中，δ 为汽车的选择质量换算系数；C_D 为表示车辆形状特征的空气阻力系数；A_f 为车辆迎风正面的面积；V 为车速；Mg 为车辆的重力。

电动汽车驱动电机的额定功率应能同时满足汽车对最高车速、加速时间及爬坡能力的要求。所以电动汽车驱动电机的额定功率为

$$P_e \geqslant \max\{P_v,\ P_i,\ P_j\} \tag{2-77}$$

而电机的最大功率为

$$P_{max} = \lambda P_e \tag{2-78}$$

式中：λ 为电机的过载系数。

驱动电机转矩 M_m 的选择要满足汽车对于起步和最大爬坡度的要求。在确定驱动电机的最大转矩时，认为车辆以匀速行驶，则此时车辆的行驶方程为

$$F_t = F_f + F_w + F_i \tag{2-79}$$

根据上一节的内容，将驱动力和各种阻力的表达式代入式（2-79），得

$$\frac{M_m i_g i_0 \eta}{r} = fG\cos\alpha + \frac{1}{2}\rho A_f C_D (V+V_w)^2 + G\sin\alpha \tag{2-80}$$

式中，M_m 为驱动电机的转矩。

因此，电动机的转矩为

$$M_m = \frac{\left[fG\cos\alpha + \frac{1}{2}\rho A_f C_D (V+V_w)^2 + G\sin\alpha\right] \cdot r}{i_g i_0 \eta} \tag{2-81}$$

驱动电机的额定转速 n_b 应符合其转矩-转速特性要求，在起动（低转速）时能够得到恒定的最大转矩，同时在高转速时得到恒定的较高功率；驱动电机最大转速的选择要结合传动系减速比、驱动电机效率和连续转动特性考虑；驱动电机的功率是转矩和转速的函数，在保障转速和转矩要求的情况下，力求达到最大的工作效率。

2.4.2　传动装置的参数匹配

在电动机输出特性一定时，传动系传动比的选择依赖于整车的动力性能指标要求，即电

动汽车传动比的选择应满足汽车最高期望车速、最大爬坡度及对加速时间的要求。

1）传动系速比的上限

传动系速比的上限由电动机的最高转速和最高行驶车速确定。

$$i \leqslant \frac{0.377 n_{max} r}{v_{max}} \qquad (2-82)$$

$$i = i_0 i_g \qquad (2-83)$$

式中，i_0 为主减速器的传动比；i_g 为变速器的传动比；n_{max} 为电动机的最高转速；v_{max} 为最高车速；r 为车轮的有效半径。

2）传动系速比的下限

传动系速比的下限由下述两种方法算出的传动系统速比的最大值确定。

（1）由电动机最高转速对应的最大输出转矩和最大行驶车速对应的行驶阻力所确定的传动系速比下限为

$$i \geqslant \frac{F_{v,max} r}{\eta M_{v,max}} \qquad (2-84)$$

式中，$F_{v,max}$ 为最高车速下对应的行驶阻力；$M_{v,max}$ 为电动机最高转速所对应的输出转矩；η 为系统的传动效率。

（2）由电动机的最大输出转矩和车辆在最大爬坡度下对应的行驶阻力确定的传动系速比下限为

$$i \geqslant \frac{F_{i,max} r}{\eta M_{i,max}}$$

式中，$F_{i,max}$ 为车辆在最大爬坡度下对应的行驶阻力；$M_{i,max}$ 为电动机的最大输出转矩。

对于车辆动力传动装置参数匹配的研究有助于在初始设计阶段对车辆的整体布置进行优化，进而选择合理的动力传动装置，从而对车辆的设计提出指导，节约成本，缩短开发的周期。

第3章

电动汽车的整车控制器

3.1 控制器硬件的基本构成

整车控制器（vehicle management system，VMS）作为电动汽车控制系统的核心之一，其主要任务是通过采集各种控制信号（如钥匙开关位置、制动踏板开度、油门踏板开度、挡位信息等）以正确判断司机的实际驾驶意图、整车状态及外部环境状况，并结合内置在其中的控制策略，协调整车中的其他系统，保证整车在较好的动力性、较高的经济性与可靠性下正常、稳定地工作。整车控制器对于汽车的正常驾驶，再生能量回收，网络管理，故障诊断与处理，车辆的状态与监视等方面起着关键的作用。

不同类型的纯电动汽车的整车控制器拓扑结构基本类似，其功能都包括采集各类驾驶指令及环境参数，对各执行部件进行控制，以实施驾驶人员的操作意图及不同应用场景和车况下的安全保护、运行模式切换等。电动汽车动力控制系统的组成如图 3-1 所示。

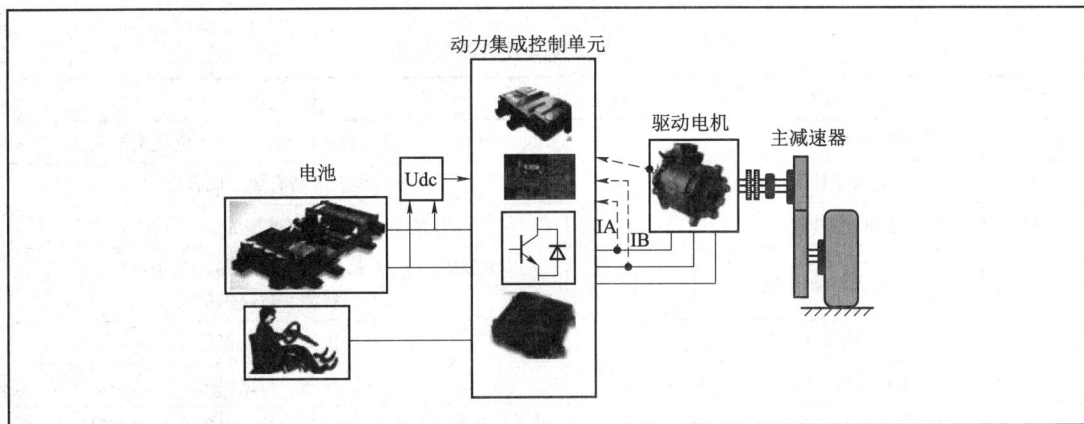

图 3-1　电动汽车动力控制系统的组成

图 3-2 是电动汽车整车控制器的硬件接口布置，该设计能够满足中置电机车型、两轮轮边电机驱动车型的需求，并兼顾了将来的四轮轮边电机驱动车型的需要。

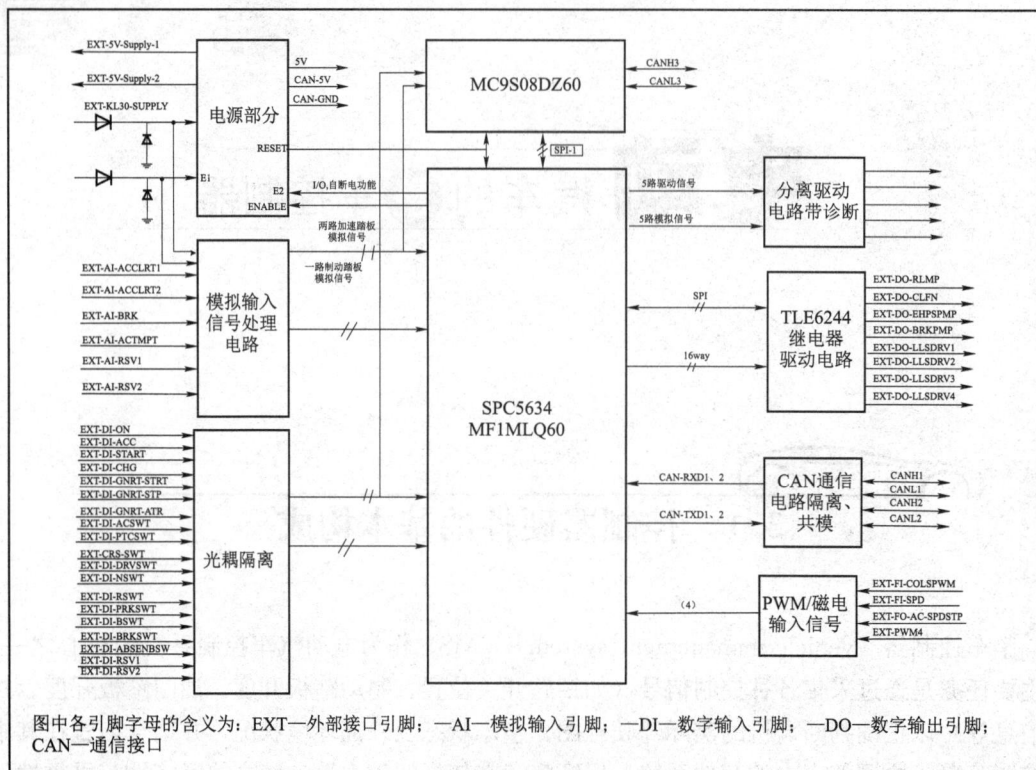

图中各引脚字母的含义为：EXT—外部接口引脚；—AI—模拟输入引脚；—DI—数字输入引脚；—DO—数字输出引脚；CAN—通信接口。

图 3-2　电动汽车整车控制器的硬件接口布置

整车控制器硬件结构的组成包括微控制器（MCU）最小电路、电源部分、模拟输入信号处理电路、数字输入信号处理电路、频率信号输入/输出处理及诊断电路、通信电路、继电器驱动电路、使能输出信号电路、大电流分离驱动电路等几个部分。

整车控制器的硬件对外接口如表 3-1 所示。

表 3-1　整车控制器的硬件对外接口

序号	信号类型	路数	备　注
1	模拟量输入（0～5 V）	6	12 位，软件设置为电阻、电压、电流型输入
2	开关量输入	16	软件设置为高有效、低有效
3	脉冲/频率输入	4	NPN 型，输入频率范围为 2～10 kHz
4	开关量输出	16	8 路输出能力（1.5 A）/8 路输出能力（1 A）开路检测、短路保护
5	开关量输出（5 A）	2	开路检测、短路保护
6	PWM 输出（1.5 A）	4	开路检测、短路保护
7	高速 CAN	3	使用隔离电源供电，CAN-GND 连接屏蔽层
8	5 V 电源输出	2	开路检测、短路保护（负载能力为 1 A）
9	整车控制器供电		9～18 V（控制器自身能切断供电）

3.1.1　微控制单元模块（MCU）

MCU 在选型的过程中，需要做如下考虑：

① 满足汽车电子动力总成系统应用场合；

② 支持使用 OSEK 操作系统；

③ 主芯片为 32 位微处理器；

④ 满足硬件设计的需求。

基于上述考虑，本节以 Freescales 公司生产的 SPC5634M 主芯片为例设计硬件方案，该芯片为 32 位 CPU，最高主频为 80 MHz，RAM：94 KB，FLASH 存储容量为 1.5 MB；这款芯片的内存、处理速度、可靠性、稳定性及成熟度等足以满足整车及动力系统控制器的需求。

该款芯片主要应用在发动机控制及混合动力总成控制领域，它采用 Power Architeture 的内核 e200，使其更适合嵌入式系统。同时片上外设均采用增强型技术，进一步提高 AD、GPIO、CAN、SCI、SPI、TPU、eMISO 等外设的性能。该芯片采用 5 V 电源供电，内置有电压调节器提供给芯片更低的电压，以适合 MCU 运行在高频状态。

从芯片选择了飞思卡尔公司的 MC9S08DZ60，为一款 8 位 CPU，最高主频为 40 MHz，RAM 为 4 KB，EEPROM 为 2 KB，FLASH 存储容量为 60 KB。其优点为应用比较广泛、成熟度高和可靠性好等。该芯片主要用于采集涉及整车安全的信号，与主芯片进行仲裁，并相互监测各自的运行状态；该芯片通过 SPI 与主芯片通信，从而能够加强整车的安全控制，满足整车及动力系统控制器的需求。

3.1.2　电源模块

微控制器模块（VMS）的供电来自整车低压电源系统，一般为 12 V 或 24 V 系统，整车控制器的电源具有以下功能：

① 为外部传感器提供电源（5 V）；

② 监控整车低压电源和点火开关电源；

③ 需要长火电源提供给 VMS；

④ 能够自动关闭内部电源；

⑤ 短路保护功能；

⑥ 满足 AEC 标准；

⑦ 具有延迟下电功能；

⑧ 电源输入端增加扼流圈，钥匙电源采用保护电路，接插件采用电源引脚；

⑨ 提供 CAN 通信隔离电源。

3.1.3　CAN 通信电路

整车控制器需要具有多路 CAN 通信电路，其中一路 CAN 用于服务电机控制、电池管理系统等动力及电源系统；一路 CAN 用作信息 CAN，用于刹车、转向、DC/DC 信息传递及仪表显示等；还有一路 CAN 用来和国家安全平台进行对接。CAN 通信电路的基本结构如图 3 - 3 所示。

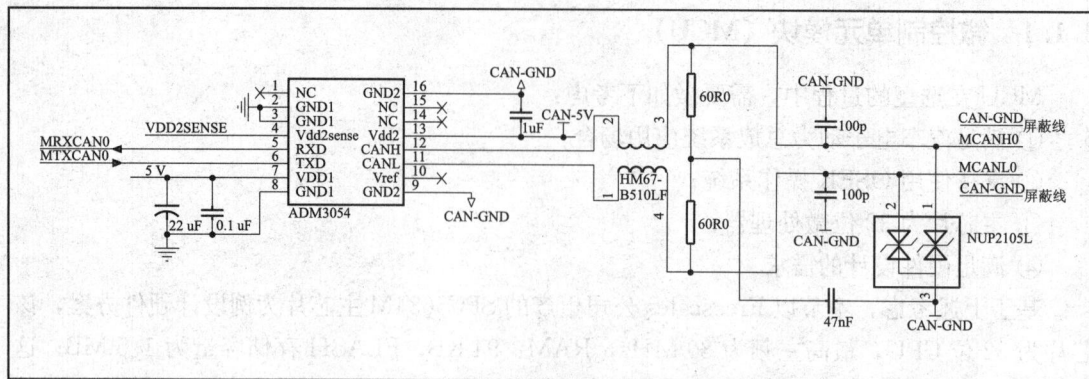

图 3-3 CAN 通信电路的基本结构

在设计 CAN 通信电路时，通常使用的隔离技术有光耦隔离技术、电磁隔离技术和电容隔离技术三种方式。以一个具体的设计案例为例，本方案选用了磁隔离技术，能够进一步提升系统的可靠性。

隔离芯片 ADM3054 是 5 kVrms 的信号隔离式 CAN 收发器，工作电压兼容 5 V 和 3.3 V，节点最多可达 110 个，在 24 V 系统中为 CAN-H 和 CAN-L 提供电源/接地的短路保护。该芯片同时还针对电动汽车进行了优化，具有高共模瞬变抗扰度。

3.1.4 开关器件的驱动电路及保护

1. 电力半导体器件

由电力半导体开关器件所构成的开关电路可以实现电力变换和控制，包括对于电压（电流）大小、频率、波形、相位的变换和控制。为了实现上述控制既需要由电力半导体开关器件构成的开关型变换电路，又需要以半导体集成电路和微处理器为基本硬件所构成的控制系统，并在开关电路的通、断控制中引入先进的控制理论和控制策略。

电力电子器件种类繁多，本章主要介绍典型的全控型器件 MOSFET 及其主要应用电路。

1）双极型晶体管（bipolar junction transistor，BJT）

双极型晶体管是一种耐高电压、大电流的双极结型晶体管。在电力电子技术的范畴内，GTR 与 BJT 这两个概念是等效的。

（1）BJT 的结构和工作原理。

BJT 与普通的双极结型晶体管的基本原理是一样的。但对于 BJT 来说，其最主要的特性是耐压高、电流大及开关特性好，而小功率的用于信息处理的双极型晶体管更注重单管电流放大系数、线性度、频率响应及噪声和温漂等性能参数。因此，BJT 通常采用至少由两个晶体管按达林顿接法组成的单元结构，并同 GTO 一样采用集成电路工艺将许多这种单元并联而成。BJT 的单管结构与普通的双极结型晶体管是类似的。BJT 是由 3 层半导体（分别引出集电极、基极和发射极）形成的两个 PN 结（集电结和发射结）构成，多采用 NPN 结构。

在应用中，BJT 一般采用共发射极接法，图 3-4 为在此接法下 BJT 内部主要载流子流动情况。集电极电流 i_c 与基极电流 i_b 之比为 $\beta = \dfrac{i_c}{i_b}$，β 称为 BJT 的电流放大系数，它反映了基极电流对集电极电流的控制能力，当考虑到集电极和发射极间的漏电流 I_{ceo} 时，i_c、i_b 的关系为 $i_c = \beta i_b + I_{ceo}$。

BJT 的产品说明书中通常给出的是直流电流增益 h_{FE}，它是在直流工作的情况下，集电极电流与基极电流之比，一般可认为 $\beta \approx h_{FE}$。单管 BJT 的 β 值比用于处理信息的小功率晶体管小得多，通常为 10 左右，采用达林顿接法可以有效地增大电流增益。

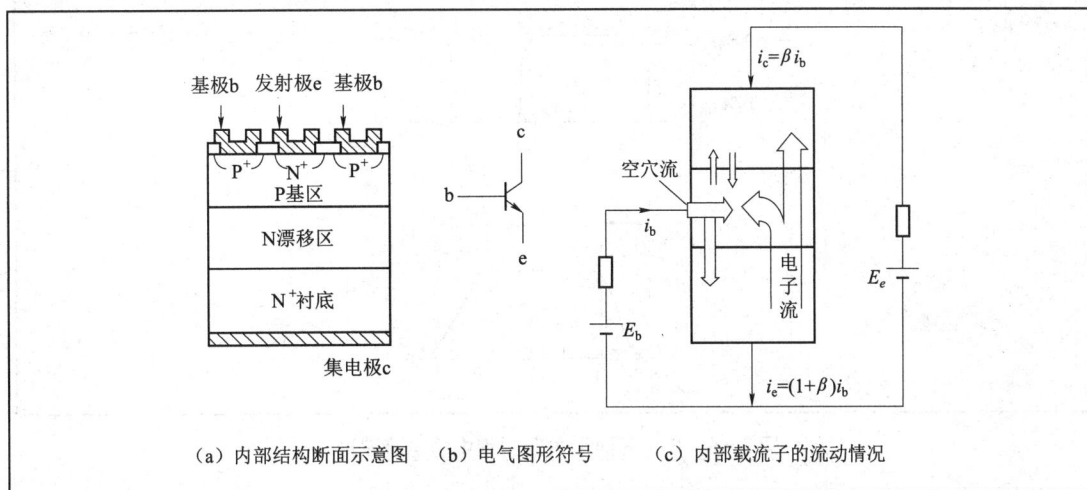

（a）内部结构断面示意图　（b）电气图形符号　（c）内部载流子的流动情况

图 3-4　BJT 的结构、电气图形符号和内部载流子的流动情况

（2）BJT 的基本特性。

静态特性。图 3-5 给出了 BJT 在共发射极接法下的典型输出特性，分为截止区、放大区和饱和区三个区域。在电力电子电路中，BJT 工作在开关状态，即工作在截止区或饱和区。但在开关过程中，即在截止区和饱和区之间过渡时，还要经过放大区。

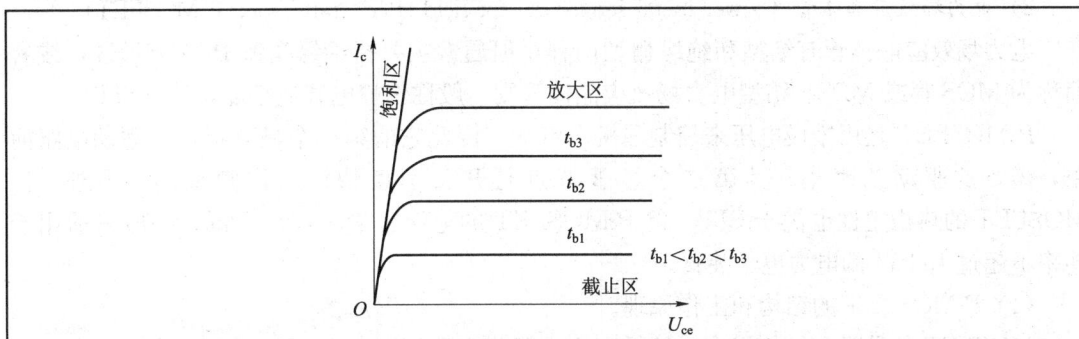

图 3-5　共发射极接法下 BJT 的输出特性

动态特性。BJT 是用基极电流来控制集电极电流的，图 3-6 给出了 BJT 开通和关断过程中基极电流和集电极电流波形的关系。与 GTO 类似，BJT 开通时需要经过延迟时间 t_d 和上升时间 t_r，二者之和为开通时间 t_{on}。关断时需要经过储存时间 t_s 和下降时间 t_f，二者之

和为关断时间 t_{off}。延迟时间主要是由发射结势垒电容和集电结势垒电容充电所产生的。增大基极驱动电流 i_b 的幅值并增大 di_b/dt 可以缩短延迟时间，同时也可以缩短上升时间，从而加快开通过程。储存时间是用来除去饱和导通时储存在基区的载流子的，是关断时间的主要部分。减小导通时的饱和深度以减少储存的载流子，或者增大基极抽取负电流 I_{b2} 的幅值和负偏压都可以缩短储存时间，从而加快关断速度。但减小导通时的饱和深度的负面作用是会使集电极和发射极间的饱和导通压降 U_{ces} 增加，从而增大通态损耗。

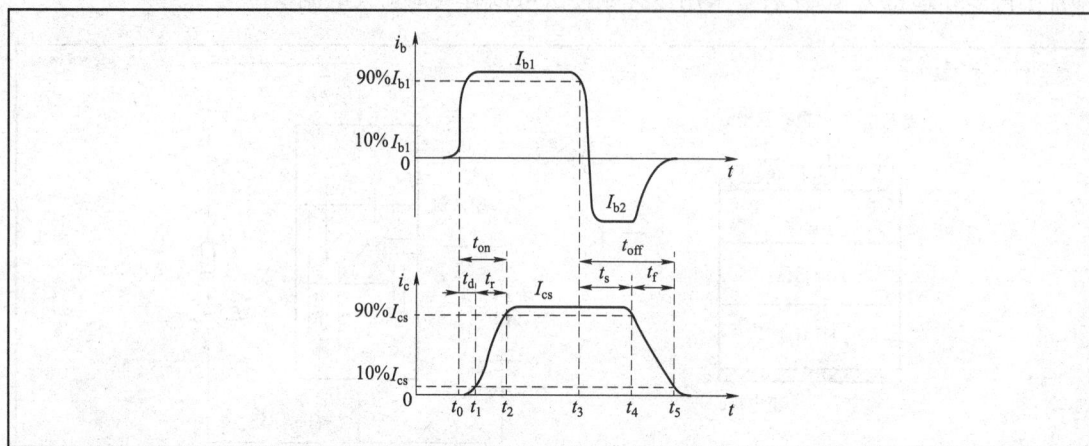

图 3-6 BJT 开通和关断过程中的电流波形

BJT 的开关时间在几微秒以内，比晶闸管和 GTO 都短很多。

① 集电极最大允许电流 I_{cM}。通常规定直流电流放大系数 h_{FE} 下降到规定值的 $1/2\sim1/3$ 时，所对应的 I_c 为集电极的最大允许电流。在实际使用时要留有较大裕量，通常只能用到 I_{cM} 的一半或稍多一点。

② 集电极最大耗散功率 P_{cM}。P_{cM} 是指在最高工作温度下允许的耗散功率。产品说明书在给出 P_{cM} 的同时一般还会给出壳温 T_c，间接表示了产品的最高工作温度。

2）电力场效应晶体管（power metal semiconductor field-effect transistor，P-MOSFET）

电力场效应晶体管有结型和绝缘栅型两种，但通常主要指绝缘栅型 P-MOSFET，或者简称为 MOS 管或 MDS。结型电力场效应晶体管则一般称作静电感应型晶体管（SIT）。

P-MOSFET 是用栅极电压来控制漏极电流的，因此它的第一个显著特点是驱动电路简单，需要的驱动功率小。其第二个显著特点是开关速度快，工作频率高。另外，P-MOSFET 的热稳定性也优于 BJT。但 P-MOSFET 的电流容量小，耐压低，一般只适用于功率不超过 10 kW 的电力电子装置。

（1）P-MOSFET 的结构和工作原理。

MOSFET 的种类和结构繁多，按导电沟道可分为 P 沟道型和 N 沟道型。当栅极电压为零时漏源极之间就存在导电沟道的称为耗尽型；对于 N（P）型沟道器件，栅极电压大于（或小于）零时才存在导电沟道的称为增强型。在电力 MOSFET 中，主要是 N 沟道增强型。

P-MOSFET 在导通时，只有一种极性的载流子（多子）参与导电，为单极型晶体管。其导电机理与小功率 MOS 管相同，但二者在结构上有较大区别。小功率 MOS 管是一次扩散形成的器件，其导电沟道平行于芯片表面，是横向导电器件。而目前 P-MOSFET 大都采用了垂直导电结构，所以又称为 V-MOSFET。该结构大大提高了 MOSFET 器件的耐压和耐电流能力。按垂直导电结构的差异，P-MOSFET 又分为利用 V 形槽实现垂直导电的 VV-MOSFET 和具有垂直导电双扩散 MOS 结构的 VD-MOSFET。这里主要以 VDMOS 器件为例进行讨论。

P-MOSFET 也采用多元集成结构，一个器件由许多个小的 MOSFET 单元组成。对于每个单元的形状和排列方法，不同生产厂家采用了不同的设计，因而其产品名称也不尽相同。国际整器公司的 HEXFET 采用了六边形单元，西门子公司的 SIPMOSFET 采用了正方形单元，而摩托罗拉公司的 TMOS 则采用了矩形单元，按"品"字形排列。但无论产品的具体形式和结构如何，垂直导电的基本思路没有改变。

图 3-7 (a) 给出了 N 沟道增强型 VDMOS 中一个单元的截面图。MOSFET 的电气图形符号如图 3-7 (b) 所示。

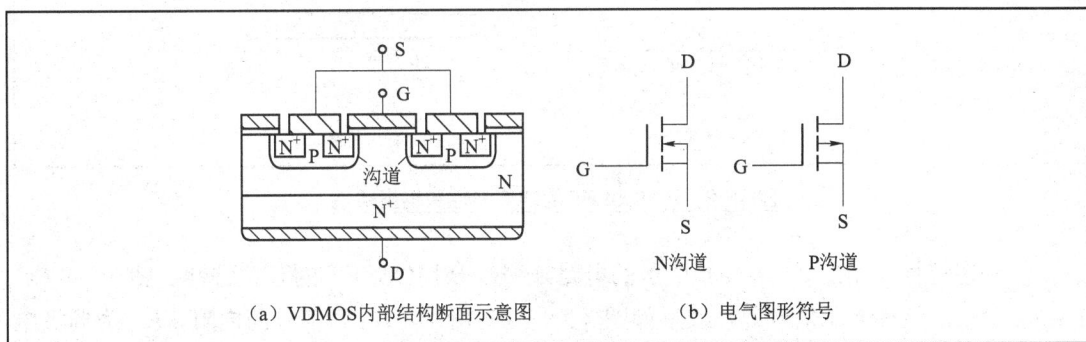

(a) VDMOS 内部结构断面示意图　　　(b) 电气图形符号

图 3-7　P-MOSFET 的结构和电气图形符号

当漏极接电源正端，源极接电源负端，栅极和源极间电压为零时，P 基区与 N 漂移区之间形成的 PN 结 J_1 反偏，漏极、源极之间无电流流过。如果在栅极和源极之间加一正电压 U_{GS}，由于栅极是绝缘的，所以并不会有栅极电流流过。但栅极的正电压却会将其下面 P 区中的空穴推开，从而将 P 区中的少子——电子吸引到栅极下面的 P 区表面。当 U_{GS} 大于某一电压值 U_T 时，栅极下 P 区表面的电子浓度将超过空穴浓度，从而使 P 型半导体反型成为 N 型半导体，形成反型层，该反型层形成 N 沟道而使 PN 结 J_1 消失，漏极和源极导电。电压 U_T 称为开启电压（或阈值电压），U_{GS} 超过 U_T 越多，漏极电流 I_D 越大。

(2) P-MOSFET 的基本特性。

① 静态特性。栅源间电压 U_{GS} 和漏极电流 I_D 的关系反映了输入电压和输出电流的关系，称为 MOSFET 的转移特性，如图 3-8 (a) 所示。从图 3-8 (a) 中可知，I_D 较大时，I_D 与 U_{GS} 的关系近似线性，曲线的斜率被定义为 MOSFET 的跨导 G_{fs}，即 $G_{fs} = \dfrac{\mathrm{d}I_D}{\mathrm{d}U_{GS}}$。MOSFET 电压控制型器件，因而其输入阻抗极高，输入电流非常小。

图 3-8 (b) 为 MOSFET 的漏极伏安特性，即输出特性。从图 3-8 (b) 中同样可以看到截止区（对应于 BJT 的截止区）、饱和区（对应于 BJT 的放大区）和非饱和区（对应于 BJT 的饱和区）三个区域。这里的饱和与非饱和概念与 BJT 不同。饱和是指漏源电压增加时漏极电流不再增加，非饱和是指漏源电压增加时漏极电流相应增加。P-MOSFET 工作在

开关状态，即在截止区和非饱和区之间转换。

由于 P-MOSFET 本身的结构所致，在其漏极和源极之间形成了一个与之反向并联的寄生二极管，它与 MOSFET 构成了一个不可分割的整体，使得在漏、源极间加反向电压时器件导通。因此，使用 P-MOSFET 时应注意这个寄生二极管的影响。

P-MOSFET 的通态电阻具有正温度系数，这一点有利于器件并联时的均流。

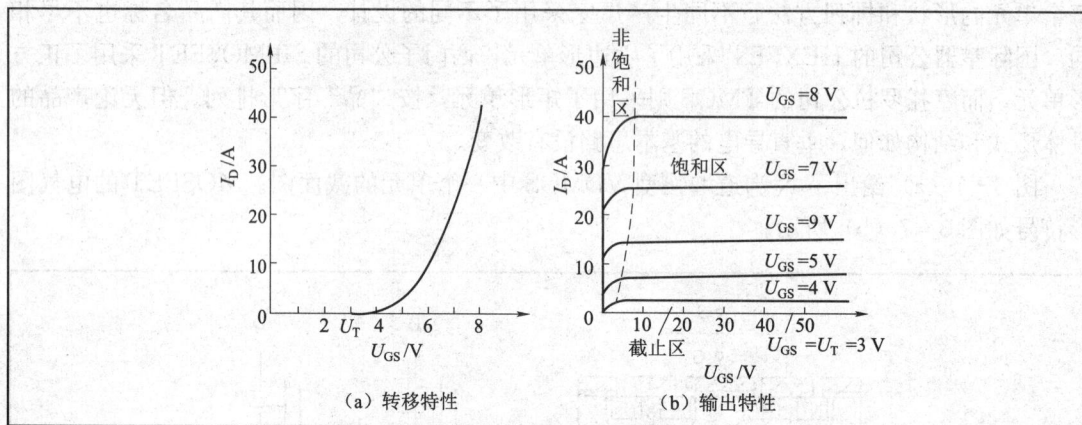

图 3 - 8　P-MOSFET 的转移特性和输出特性

② 动态特性。用图 3 - 9（a）所示的电路来测试 P-MOSFET 的开关特性。图 3 - 9（a）中，u_p 为矩形脉冲电压信号源，波形如图 3 - 9（b）所示，R_S 为信号源内阻，R_G 为栅极电阻，R_L 为漏极负载电阻，R_F 用于检测漏极电流。

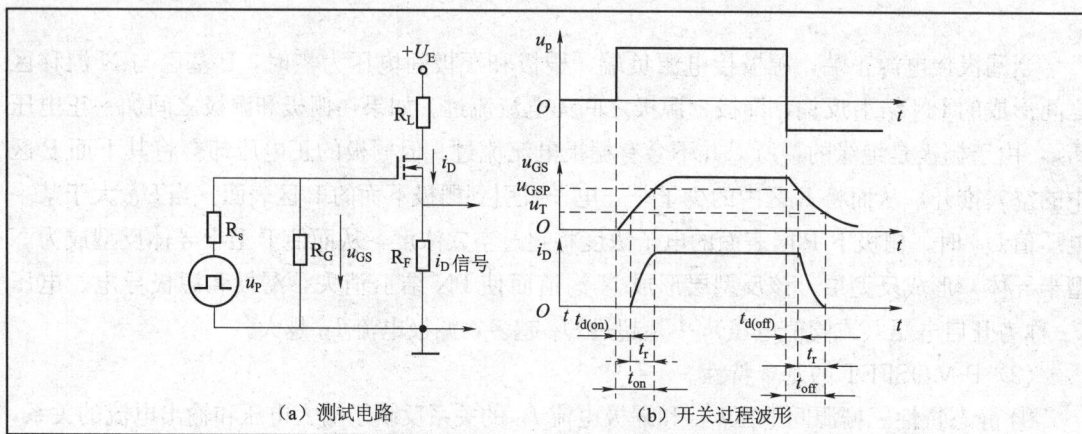

图 3 - 9　P-MOSFET 的开关过程

因为 MOSFET 存在输入电容 C_{in}，所以当脉冲电压 u_p 的前沿到来时，C_{in} 有充电过程，栅极电压 u_{GS} 呈指数曲线上升，如图 3 - 9（b）所示。当 u_{GS} 上升到开启电压 u_T 时，开始出现漏极电流 i_D。从 u_p 前沿时刻到来至 $u_{GS} = u_T$ 并开始出现 i_D 为止的这段时间称为开通延迟时间 $t_{d(on)}$。此后，i_D 随 u_{GS} 的上升而上升。u_{GS} 从开启电压上升到 MOSFET 进入非饱和区的栅极电压 u_{GSP} 所经历的时间称为上升时间 t_r，这时相当于 BJT 的临界饱和，漏极电流 i_D 也达到稳态值。i_D 的稳态值由漏极电源电压 U_E 和漏极负载电阻决定，u_{GSP} 的大小和 i_D 的稳态值有关。u_{GS} 的值达到 u_{GSP} 后，在脉冲信号源 u_p 的作用下将继续升高直至达到稳态，但 i_D 已不再变化，相当于 BJT 处于深饱和。MOSFET 的开通时间 t_{on} 为开通延迟时间与上升时间之和，即 $t_{on}=t_{d(on)}+t_r$。

当脉冲电压 u_p 下降到零时，栅极输入电容 C_{in} 通过信号源内阻 R_S 和栅极电阻 R_G（$R_G \gg R_S$）开始放电，栅极电压 u_{GS} 按指数曲线下降，当下降到 u_{GSP} 时，漏极电流 i_D 才开始减小，这段时间称为关断延迟时间 $t_{d(off)}$。此后，C_{in} 继续放电，u_{GS} 从 u_{GSP} 继续下降，i_D 减小，直至 $u_{GS} < u_T$ 时沟道消失，i_D 下降到零。这段时间称为下降时间 t_f。关断延迟时间和下降时间之和为 MOSFET 的关断时间 t_{off}，即 $t_{off}=t_{d(off)}+t_f$。

P-MOSFET 是场控型器件，在静态时几乎不需要输入电流。但其在开关过程中需要对输入电容充放电，仍需要一定的驱动功率。开关频率越高，所需的驱动功率也越大。

3）绝缘栅双极晶体管（insulate-gate bipolar transistor，IGBT）

BJT 和 GTO 是双极型电流驱动器件，由于具有电导调制效应，所以其通流能力很强，但其开关速度较低，所需驱动功率大，驱动电路复杂。而 P-MOSFET 是单极型电压驱动器件，开关速度快，输入阻抗高，热稳定性好，所需驱动功率小而且驱动电路简单。将这两类器件相互取长补短适当结合而成的复合器件通常称为 Bi-MOS 器件。绝缘栅双极晶体管综合了 BJT 和 MOSFET 的优点，因而具有良好的特性。因此，自 1986 年开始投入市场以来，IGBT 的应用领域迅速扩展，目前已取代了原先 BJT 和一部分 P-MOSFET 的市场，成为中小功率电力电子设备的主导器件，并在发展中继续提高电压和电流容量，以期能够进一步取代 GTO 的地位。

（1）IGBT 的结构和工作原理。

IGBT 也是三端型器件，具有栅极 G、集电极 C 和发射极 E。图 3-10（a）给出了一种由 N 沟道 VD-MOSFET 与双极型晶体管组合而成的 IGBT 的基本结构。通过与图 3-10（a）的对照可以看出，IGBT 比 VDMOSFET 多了一层 P$^+$ 注入区，形成了一个大面积的 P$^+$ N 结 J$_1$。由此使 IGBT 导通时由 P$^+$ 注入区向 N 基区发射少子，从而对漂移区的电导率进行调制，使 IGBT 具有很强的通流能力。其简化等效电路如图 3-10（b）所示，可以看出 IGBT 是由双极型晶体管与 MOSFET 组成的达林顿结构，相当于一个由 MOSFET 驱动的厚基区 PNP 晶体管。图中 R_N 为晶体管基区内的调制电阻。因此，IGBT 的驱动原理与 P-MOSFET 基本相同，是一种场控型器件，其开通和关断是由栅极和发射极间的电压 U_{GE} 决定的，当 U_{GE} 为正且大于开启电压 $U_{GE(th)}$ 时，MOSFET 内形成沟道，并为晶体管提供基极电流进而使 IGBT 导通。前面提到的电导调制效应可以使得电阻 R_N 在开通时减小。

上述 PNP 晶体管与 N 沟道 MOSFET 组合而成的 IGBT 称为 N 沟道 IGBT，记为 N-IGBT，其电气图形符号如图 3-10（c）所示。相应的还有 P 沟道 IGBT，记为 P-IGBT，将图 3-10（c）中的箭头反向即为 P-IGBT 的电气符号。由于在实际中 N 沟道 IGBT 的应用较多，因此下面仍以其为例进行介绍。

（2）IGBT 的基本特性。

① 静态特性。图 3-11（a）所示为 IGBT 的转移特性，它描述的是集电极电流 I_C 与栅射极电压 U_{GE} 之间的关系，与 P-MOSFET 的转移特性类似。开启电压 $U_{GE(th)}$ 是 IGBT 能实现电导调制而导通的最低栅射极电压。$U_{GE(th)}$ 随温度升高而略有下降，温度每升高 1 ℃，其值下降 5 mV 左右。在 25 ℃时，$U_{GE(th)}$ 的值一般为 2~6 V。

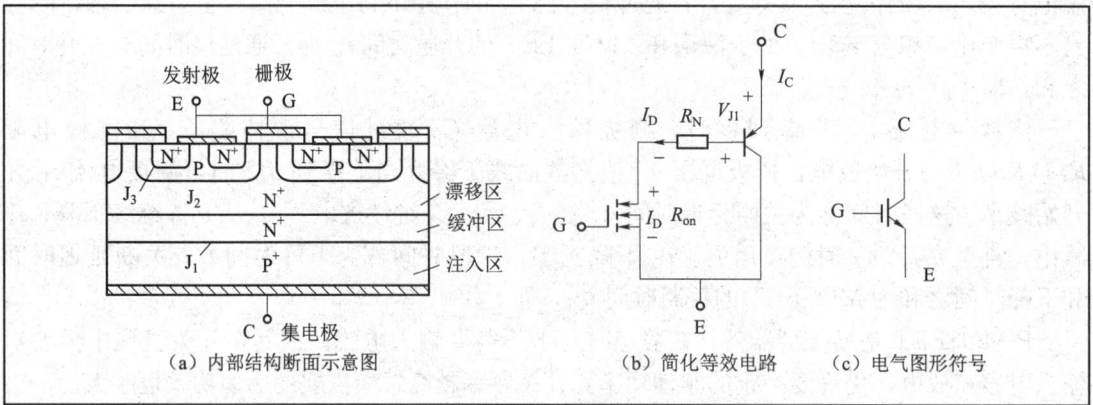

（a）内部结构断面示意图　　　　（b）简化等效电路　　（c）电气图形符号

图 3-10　IGBT 的结构、简化等效电路和电气图形符号

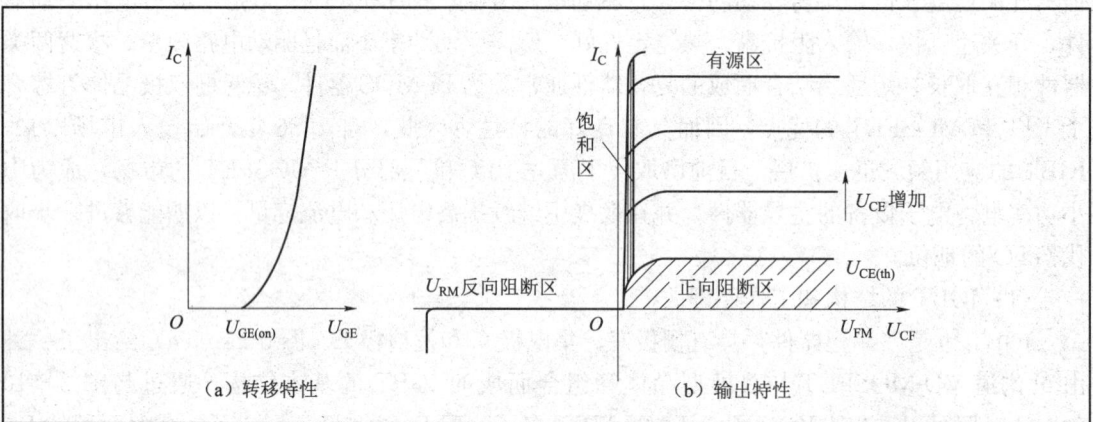

（a）转移特性　　　　　　　　　　　（b）输出特性

图 3-11　IGBT 的转移特性和输出特性

图 3-11（b）所示为 IGBT 的输出特性，也称伏安特性，它描述的是以栅射极电压为参考变量时，集电极电流 I_C 与集射极间电压 U_{CE} 之间的关系。此特性与 GTR 的输出特性相似，二者的不同之处在于参考变量，IGBT 的参考变量为栅射极电压 U_{GE}，而 GTR 的参考变量为基极电流 I_B。IGBT 的输出特性也分为正向阻断区、有源区和饱和区三个区域，分别与 GTR 的截止区、放大区和饱和区相对应。此外，当 $U_{CE}<0$ 时，IGBT 为反向阻断工作状态。在电力电子电路中，IGBT 工作在开关状态，因而是在正向阻断区与饱和区之间来回转换。

② 动态特性。图 3-12 给出了 IGBT 开关过程的波形图。IGBT 的开通过程与 P-MOSFET 很相似，这是因为 IGBT 在开通过程中大部分时间是作为 MOSFET 来运行的。如图 3-12 所示，从驱动电压 U_{GE} 的前沿上升至其幅值的 10% 的时刻起到集电极电流 I_C 上升至其幅值的 10% 的时刻止经历的时间为开通延迟时间 $t_{d(on)}$。而 I_C 从 $10\%I_{CM}$ 上升至 $90\%I_{CM}$ 所需的时间为电流上升时间 t_r。同样，开通时间 t_{on} 为开通延迟时间与电流上升时间之和。开通时，集射极电压 U_{CE} 的下降过程分为 t_{fv1} 和 t_{fv2} 两段。前者为 IGBT 中 MOSFET 单独工作时的电压下降过程；后者为 MOSFET 和 PNP 晶体管同时工作时的电压下降过程。

由于 U_{CE} 下降时，IGBT 中 MOSFET 的栅漏电容增加，而且 IGBT 中的 PNP 晶体管由放大状态转入饱和状态也需要一个过程，因此，t_{fv2} 段的电压下降过程变缓。只有在 t_{fv2} 段结束时，IGBT 才完全进入饱和状态。

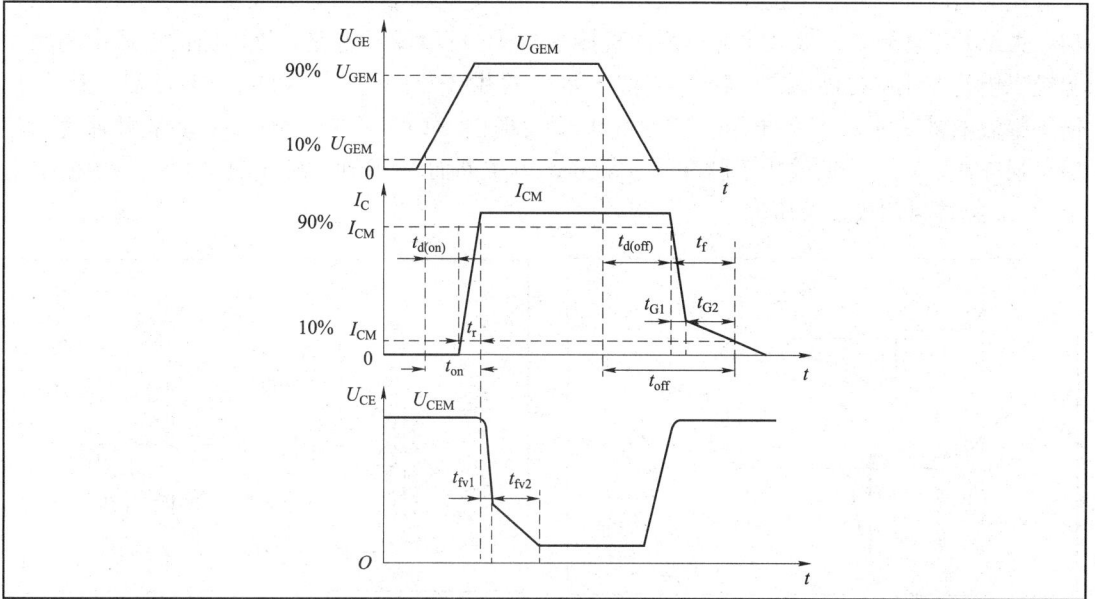

图 3-12　IGBT 的开关过程

IGBT 关断时，从驱动电压 U_{CE} 的脉冲后沿下降到其幅值的 90% 的时刻起，到集电极电流下降至 90% I_{CM} 止，这段时间为关断延迟时间 $t_{d(off)}$；集电极电流从 90% I_{CM} 下降至 10% I_{CM} 经历的时间为电流下降时间 t_f。二者之和为关断时间 t_{off}。

集电极电流的下降时间同样可以分为 t_{G1} 和 t_{G2} 两段。其中，t_{G1} 对应 IGBT 内部的 MOSFET 的关断过程，这段时间内集电极电流 I_C 下降较快；t_{G2} 对应于 IGBT 内部的 PNP 晶体管的关断过程，由于这段时间内 MOSFET 已经关断，IGBT 又无反向电压，所以 N 基区内的少子复合缓慢，造成 I_C 下降较慢。由于此时集射极电压已经建立，因此较长的电流下降时间会产生较大的关断损耗。为解决这一问题，可以与 BJT 一样通过减轻饱和程度来缩短电流下降时间，不过同样也需要与通态压降折中。

可以看出，IGBT 中由于双极型 PNP 晶体管的存在，虽然带来了电导调制效应的好处，但也引入了少子储存现象，因而 IGBT 的开关速度要低于 P-MOSFET。此外，IGBT 的击穿电压、通态压降和关断时间也是需要折衷的参数。高压器件的 N 基区须有足够的宽度和较高的电阻率，但这会引起通态压降的增大和关断时间的延长。

2. 电流驱动型器件的驱动电路

门极可关断晶闸管（GTO）和双极结型三极管（BJT）是电流驱动型器件。GTO 的开通控制与普通晶闸管类似，但对触发前沿的幅值和陡度的要求高，且一般需要在整个导通期间施加正门极电流。使 GTO 关断需施加负门极电流，对其幅值和陡度的要求更高，幅值需达阳极电流的 1/3 左右，陡度需达 50 A/μs，强负脉冲宽度约 30 μs，负脉冲总宽约 10 μs，关断后还应在门阴极施加约 5 V 的负偏压，以提高抗干扰能力。推荐的 GTO 门极电压、电流波形如图 3-13 所示。

  GTO 一般用于大容量电路中，其驱动电路通常包括开通驱动电路、关断驱动电路和门极反偏电路三部分，可分为脉冲变压器耦合式和直接耦合式两种类型。直接耦合式驱动电路可避免电路内部的相互干扰和寄生振荡，可得到较陡的脉冲前沿，因此目前应用较广，但其功耗大，效率较低。图 3-14 为典型的直接耦合式 GTO 驱动电路。该电路的电源由高频电源经二极管整流后提供，二极管 VD_1 和电容 C_1 提供 5 V 的电压，VD_2、VD_3、C_2、C_3 构成倍压整流电路提供 15 V 的电压，VD_4 和电容 C_4 提供 -15 V 电压。场效应管 V_1 开通时，输出正强脉冲；V_2 开通时输出正脉冲平顶部分；V_2 关断而 V_3 开通时输出负脉冲；V_3 关断后电阻 R_3 和 R_4 提供门极负偏压。

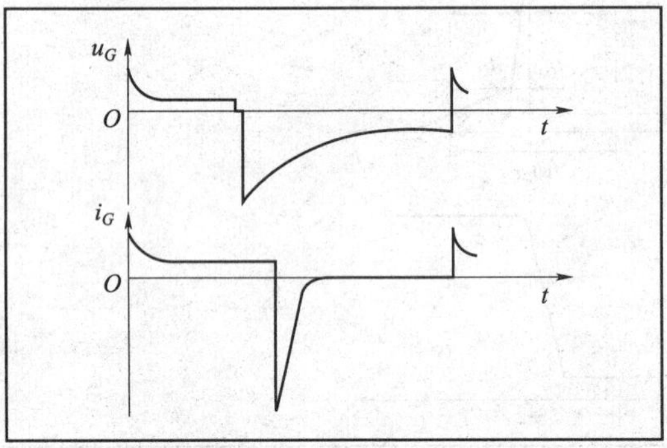

图 3-13 GTO 门极电压、电流波形

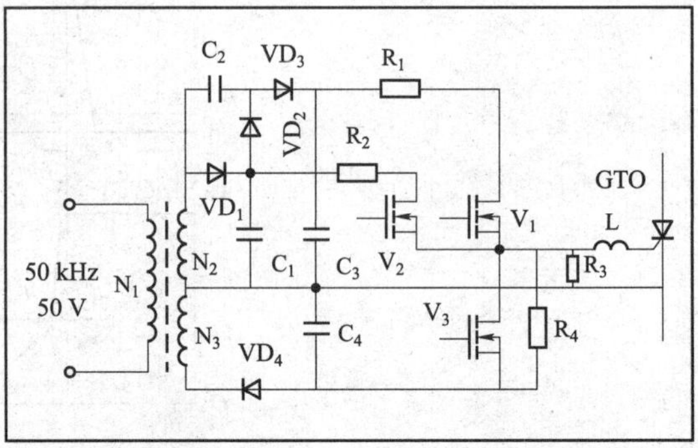

图 3-14 典型的直接耦合式 GTO 驱动电路

  使 GTR 开通的基极驱动电流应使开关器件处于准饱和导通状态，并使器件不进入放大区和深饱和区。关断 GTR 时，施加一定的负基极电流有利于减小关断时间和关断损耗，关断后同样应在基、射极之间施加一定幅值（6 V 左右）的负偏压。GTR 驱动电流的前沿上升时间应小于 1 μs，以保证器件能快速开通和关断。理想的 GTR 基极驱动电流的波形如图 3-15 所示。

  图 3-16 给出了 GTR 的一种驱动电路，包括电气隔离和晶体管放大电路两部分。其中二极管 VD_2 和电位补偿二极管 VD_3 构成贝克钳位电路，也就是一种抗饱和电路，可使 GTR 导通时处于临界饱和状态。当负载较轻时，如果 V_5 的发射极电流全部注入 V，会使 V 过饱和，关断时的退饱和时间相应延长。有了贝克钳位电路之后，当 V 过饱和使得集电极电位低于基极电位时，VD_2 就会自动导通，使多余的驱动电流流入集电极，维持 $U_{bc} \approx 0$。这样，

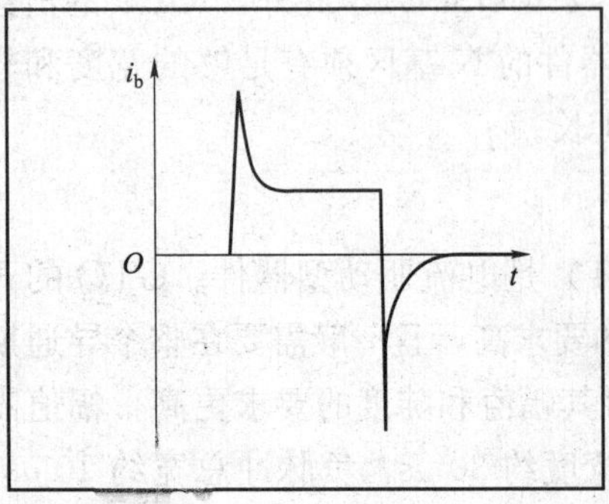

图 3-15 理想的 GTR 基极驱动电流波形

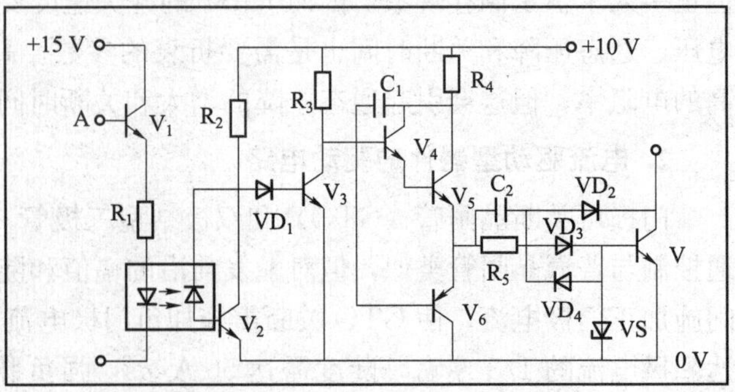

图 3-16 GTR 的一种驱动电路

就使得 V 导通时始终处于临界饱和。图 3 - 16 中，C_2 为加速开通过程的电容。开通时，R_5 被 C_2 短路。这样可以实现驱动电流的过冲，并增加前沿的陡度，加快器件的开通。

在驱动 GTR 的集成电路中，以 THOMSON 公司的 UAA4002 和三菱公司的 M57215BL 较为常见。

3. 电压驱动型器件的驱动电路

P-MOSFET 和 IGBT 是电压驱动型器件。P-MOSFET 的栅、源极之间和 IGBT 的栅射极之间都有数千皮法左右的极间电容，为快速建立驱动电压，要求驱动电路具有较小的输出电阻。使 P-MOSFET 开通的栅源极间驱动电压一般为 10~15 V，使 IGBT 开通的栅射极间驱动电压一般取 15~20 V。同样，器件关断时施加一定幅值的负驱动电压（一般取 -5~ -15 V）有利于减小关断时间和关断损耗。在栅极串入一只低值电阻（数十欧左右）可以减小寄生振荡，该电阻的阻值应随被驱动器件电流额定值的增大而减小。图 3 - 17 给出了 P-MOSFET 的一种驱动电路，其同样包括电气隔离和晶体管放大电路两部分。当无输入信号时，高速放大器 A 输出负电平，V_3 导通输出负驱动电压。当有输入信号时，高速放大器 A 输出正电平，V_2 导通输出正驱动电压。

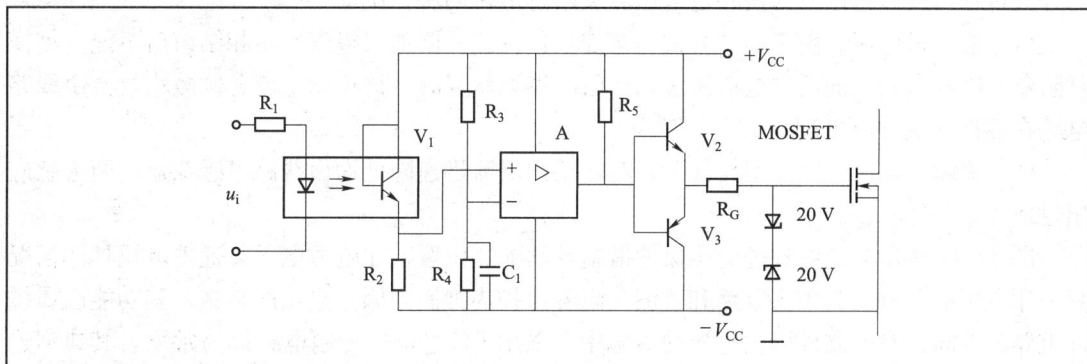

图 3 - 17　P-MOSFET 的一种驱动电路

IGBT 的驱动多采用专用的混合集成驱动器。常用的有三菱公司的 M579 系列（如 M57962L 和 M57959L）和富士公司的 EXB 系列（如 EXB840、EXB841、EXB850 和 EXB851）。同一系列芯片的不同型号的引脚和接线基本相同，只是所适用的被驱动器件的容量、开关频率及输入电流幅值等参数有所不同。图 3 - 18 给出了 M57962L 型 IGBT 驱动器的原理和接线图。这些混合驱动器内部都具有退饱和检测和保护环节，当发生过电流时能快速响应但慢速关断 IGBT，并向外部电路给出故障信号。M57962L 输出的正驱动电压为 15 V 左右，负驱动电压为 -10 V。

目前，国外许多企业已经生产出多种适用于不同类型的电力电子器件的驱动器，尽管不同型号的具体电路在基本原理上相差不大，但品种繁多，而且不断有新的品种推出。

1) 过电压的产生及过电压保护

在电力电子变换系统中，除了选择合适的电力电子器件及其驱动电路外，采用合适的过电压保护、过电流保护、$\mathrm{d}u/\mathrm{d}t$ 保护和 $\mathrm{d}i/\mathrm{d}t$ 保护也是非常必要的。

电力电子装置可能的过电压主要包括外因过电压和内因过电压。外因过电压主要来自雷

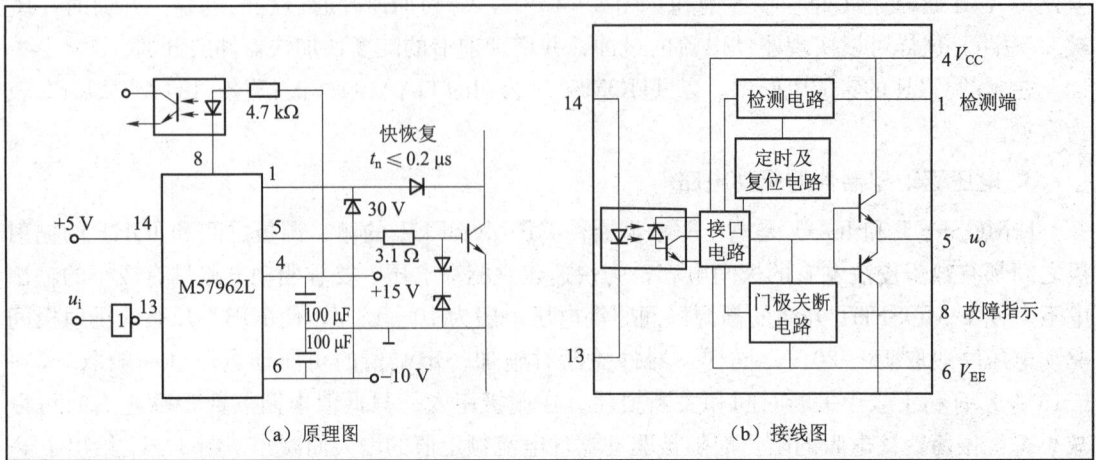

图 3 - 18　M57962L 型 IGBT 驱动器的原理和接线图

击和系统中的操作过程（如分闸、合闸等），而内因过电压主要来自电力电子装置内部器件的开关过程，具体可以分为换相过电压和关断过电压两种情况。

（1）换相过电压。由于晶闸管或与全控型器件反并联的二极管在换相结束后不能立刻恢复阻断，因而有较大的反向电流流过，当阻断能力恢复时，该反向电流急剧减小，会由线路电感在器件两端感应出过电压；

（2）关断过电压。全控型器件关断时，正向电流迅速降低而由线路电感在器件两端感应出过电压。

图 3 - 19 所示的是各种过电压保护措施及其配置位置，在电力电子装置中可视具体情况只采用其中的几种。其中主电路和整流式阻容保护为抑制内因过电压的措施，其功能已属缓冲电路的范畴。在抑制外因过电压的措施中，采用 RC 过电压抑制电路最为常见，其典型连接方式如图 3 - 20 所示。

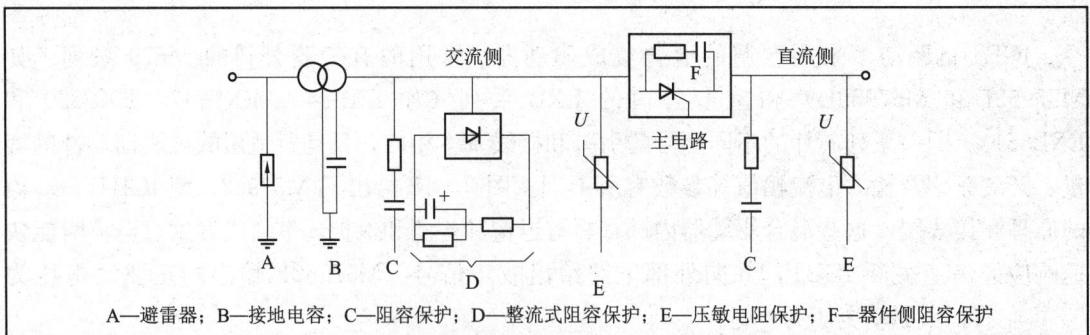

A—避雷器；B—接地电容；C—阻容保护；D—整流式阻容保护；E—压敏电阻保护；F—器件侧阻容保护

图 3 - 19　晶闸管变流装置过电压保护的主要措施及配置位置

RC 过电压抑制电路可接于供电变压器的两侧（供电网一侧称为网侧，电力电子电路一侧称为阀侧）或电力电子电路的直流侧。对于大容量的电力电子装置，可采用反向阻断式 RC 电路。有关保护电路的参数计算可参考相关工程手册。采用雪崩二极管、金属氧化物压敏电阻、硒堆和转折二极管（BOD）等非线性元器件限制或吸收过电压也是较常用的措施。

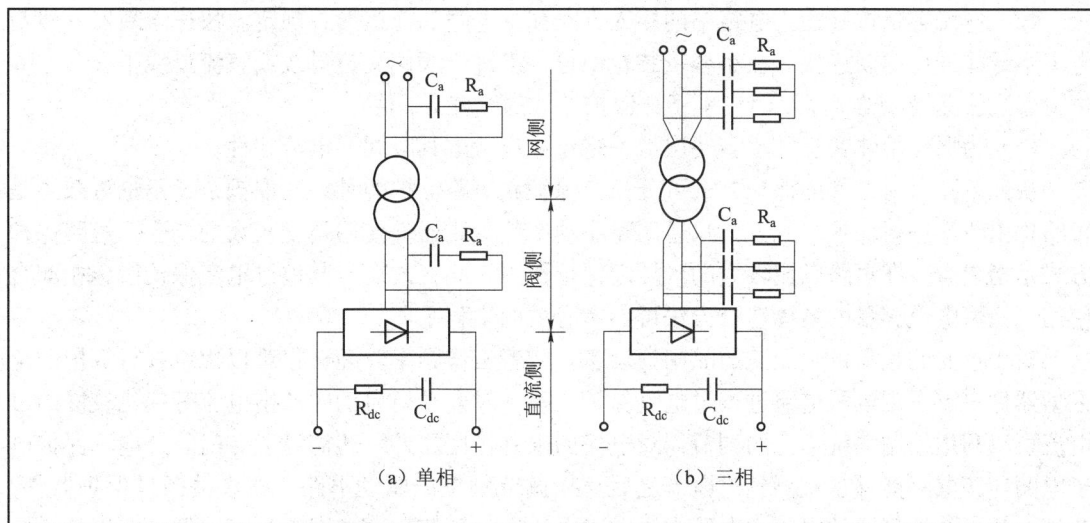

图 3 - 20　RC 过电压抑制电路的连接方式

虽然硒堆较阻容元件体积大、成本高，但由于其有较大的吸收过电压的能力，因此较广泛地用于容量较大的电路。金属氧化物压敏电阻的体积小、伏安特性很陡，其对浪涌过电压的抑制能力很强，反应也快，是一种比较好的过电压保护元件，可以取代硒堆。

2）过电流保护

电力电子电路运行不正常或者发生故障时，可能会发生过电流。过电流分为过载和短路两种情况。图 3 - 21 所示的是各种过电流保护措施及其配置位置，其中采用快速熔断器、直流快速断路器和过电流继电器是较为常用的措施。电力电子装置一般均同时采用几种过电流保护措施，以提高保护的可靠性和合理性。在选择保护措施时应注意相互协调。通常以电子电路作为第一保护措施，快熔仅作为短路时部分区段的保护措施，直流快速断路器整定在电子电路动作之后实现保护，过电流继电器整定在过载时动作。

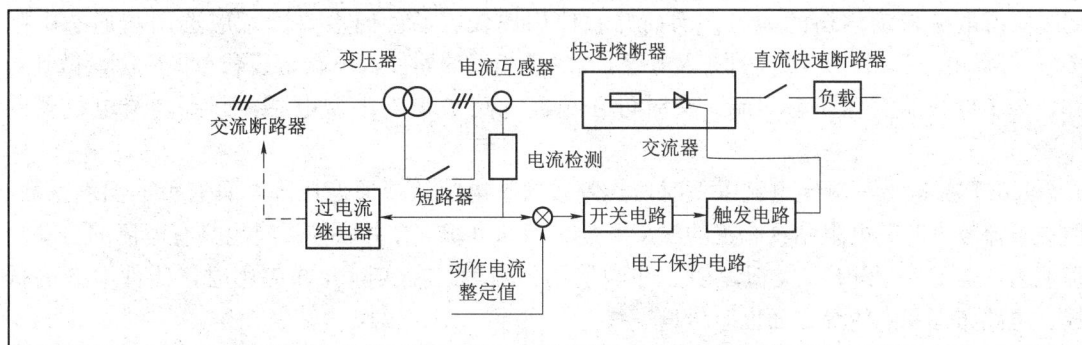

图 3 - 21　过电流保护措施及其配置位置

采用快速熔断器（简称快熔）是电力电子装置中最有效、应用最广的一种过电流保护措施。在选择快速熔断器时应考虑如下问题。

（1）电压等级应根据熔断后快熔实际承受的电压确定。

（2）电流容量按其在主电路中的接入方式和主电路的连接形式确定。快速熔断器一般与电力半导体器件串联连接，在小容量装置中也可串接于阀侧交流母线或直流母线中。

（3）快速熔断器的 I^2t 值应小于被保护器件的允许 I^2t 值。

（4）为保证熔体在正常过载情况下不熔化，应考虑其时间—电流特性。

快速熔断器对器件的保护方式可分为全保护和短路保护两种。全保护是指不论过载还是短路均由快熔进行保护，此方式只适用于小功率装置或器件使用裕度较大的场合。短路保护方式是指快熔只在短路电流较大的区域起保护作用，此方式需与其他过电流保护措施相配合使用。快熔电流容量的具体选择方法可参考有关的工程手册。

对于重要的且易发生短路的晶闸管设备，或者工作频率较高、很难以快熔进行保护的全控型器件，需采用电子电路进行过电流保护。除了对电动机启动的冲击电流等变化较慢的过电流可以利用控制系统本身的调节器对电流的限制作用之外，还需设置专门的过电流保护电子电路，该电路能够在检测到过电流之后直接调节触发或驱动电路，或者关断被保护器件。此外，常在全控型器件的驱动电路中设置过电流保护环节，这是因为其对器件过电流的响应是最快的。

3）缓冲电路

缓冲电路（snubber circuit）又称为吸收电路，其作用是抑制电力电子器件的内因过电压 du/dt 或过电流 di/dt，减小器件的开关损耗。缓冲电路可分为关断缓冲电路和开通缓冲电路。关断缓冲电路又称为 du/dt 抑制电路，用于吸收器件的关断过电压和换相过电压，抑制 du/dt，减小器件的关断损耗。开通缓冲电路又称为 di/dt 抑制电路，用于抑制器件开通时的电流过冲和 di/dt，减小器件的开通损耗。可将关断缓冲电路和开通缓冲电路结合在一起，形成复合缓冲电路。还可以用另外的分类方法：缓冲电路中储能元件的能量如果消耗在其吸收电阻上，则称其为耗能式缓冲电路；如果缓冲电路能将其储能元件的能量回馈给负载或电源，则称其为馈能式缓冲电路或无损吸收电路。

4）P-MOSFET 和 IGBT 并联运行的特点

P-MOSFET 的通态电阻 R_{on} 具有正的温度系数（温度升高时，通态电阻加大），并联使用时具有电流自动均衡的能力，因而并联使用比较容易。但也要注意应选用与通态电阻 R_{on}、开启电压 U_T、跨导 G_{fs} 和输入电容 C_{iss} 尽量相近的器件，电路走线和布局应尽量做到对称。为了更好地实现动态均流，有时可在源极电路中串入小型电感，起到均流电抗器的作用。

IGBT 在 50％的额定电流以下时，其等效通态电阻（或通态压降）具有负的温度系数，但在电流较大时其电阻则具有正的温度系数，因而 IGBT 在并联使用时也具有电流的自动均衡能力，与 P-MOSFET 类似，易于并联使用。当然，在实际并联应用时，器件参数的选择、电路布局和走线等方面也应尽量一致。

最后还必须指出，开关器件并联工作时，为了使开通、关断动态过程中能实现均压、均流，开关器件开通与关断的驱动电压、电流的波形也应尽量一致或匹配。

3.1.5 其他功能电路

其他功能电路包括模拟采样电路、数字采样电路及数字输出量电路，其中模拟电路主要用于外部信号采集，诸如加速踏板和制动踏板位置、温度信号等模拟量信号，而数字电路主要用于产生各类开关指令信号，诸如前进、后退、驻车指令等。数字输出信号主要用于控制各类接触器、高压上电等开关输出功能。

3.2　控制器底层软件的设计

整车控制器的软件结构依据 AUTOSAR 软件分层规则可划分为硬件依存层（HW dependent layer）、电子控制单元依存层（ECU dependent layer）和硬件独立算法层（HW independent layer）三个层面，其中前两者属于底层软件，取决于整车控制器采用的微处理器型号。底层软件包括 CCP、操作系统、引导配置等基础软件及针对具体应用配置硬件抽象层等诸多部分。

独立算法层面和微处理器型号没有关系，这样可以保证在微处理器升级时候，应用层软件可迅速被移植。整车控制器的软件分层如图 3-22 所示。表 3-2 是部分软件模块功能的简单介绍。

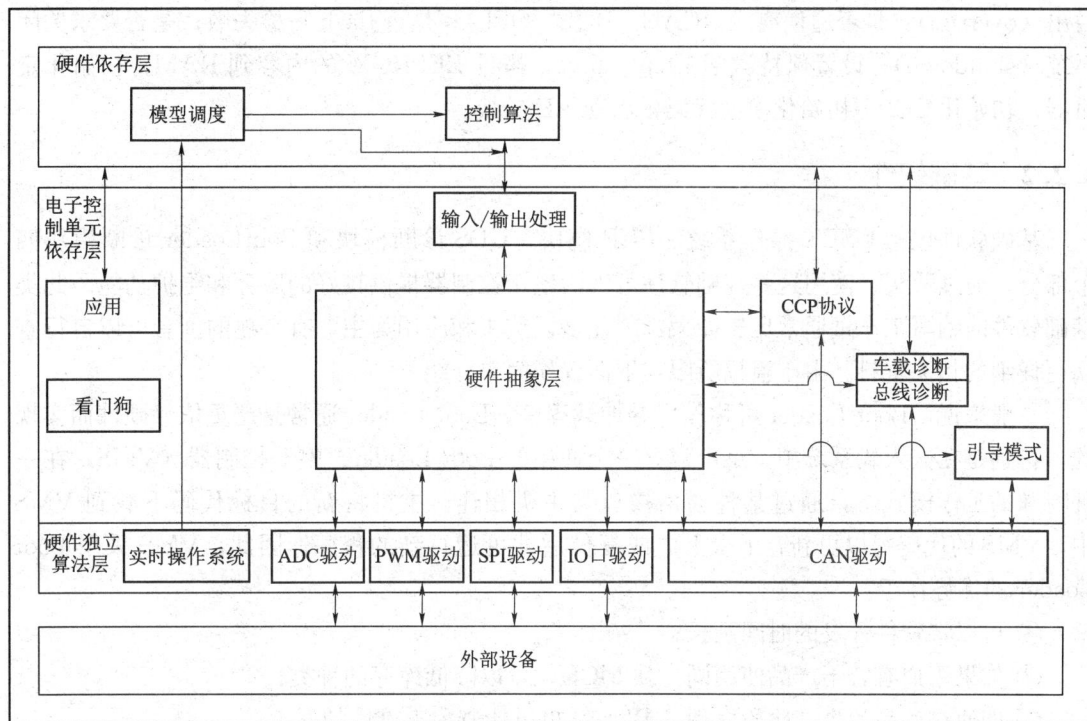

图 3-22　软件分层示意图

表 3-2　部分软件模块的功能介绍

模块名称	模块定义	模块内容
模型调度	model scheduler	在一致性检查中，确保维护数据的一致性
控制算法	control algorithm	提供应用层的控制算法
硬件抽象层（HAL）	hardware abstraction layer	提供给应用层有效数据的应用、信号的有效状态信息、CAN 通信状态信息、SPI 通信状态信息，提供给外部物理单元输出信号
输入/输出处理机（IOP）	input/output plausibility	设置所有 DTC
CCP（CAN 标定协议）	can calibration protocol	通过 CCP 进行标定
CAN 驱动（CAN Drivers）	control area network drivers	为 CAN 诊断、CCP、BootLoader 和硬件抽象层提供 CAN 物理层设置
车载诊断（OBD）	on board diagnostics	校对和执行被诊断设备
PWM 驱动（PWM Drivers）	pulse width modulation drivers	提供 PWM 驱动

3.2.1　底层软件运行

主函数大致可以分为三部分，分别为平台的初始化、平台的 10 ms 任务和关闭系统 shutdown。其中平台初始化包含以下几个过程：初始化软件狗；初始化 HAL 接口（PWM，CAN，SPI 等初始化）；更新 plat_status；EEPROM 数据是否效验失败；是否发生硬件看门狗中断；是否发生软件看门狗中断；硬件电路是否失效；从芯片自检是否失败；应用程序溢出（overrun）；是否通信离线（CAN_BUS_OFF）；是否 flash 自检失败；是否要求关闭系统（shutdown）；设置保持激活 keep_alive；拷贝 EEPROM 的内容到 RAM；初始化定时器；初始化 CCP；初始化模型代码；启动 AD 转换。

3.2.2　基础软件

基础软件包括 OSEK 操作系统、CCP 模块、UDS 诊断模块和 BootLoader 诊断模块四个部分。通过购买、使用这些基础软件可以为整车控制器提供较好的服务和维护功能。此类基础软件的编写工作量通常比较庞大，因此多以购买和应用为主，有兴趣的读者可以自行查阅更详细的相关资料。由于篇幅所限，下面仅作简单介绍。

一般来说，Boot Loader 可称作引导加载程序。Boot Loader 通常是严重依赖硬件而实现的，特别是在嵌入式系统中，难以建立一个通用的 Boot Loader。整车控制器（VMS）在一种特殊的工作模式下，通过某种通信接口与主机相连，主机将新的目标代码下载到 VMS 中，VMS 的代码得以更新，下次上电或复位后即可运行新的程序。因此，VMS 采用 Boot Loader 的优势在于：

① 可以将软件开发的时间延长；

② 如果用户有若干产品使用同一款 MCU，可以降低库存的种类；

③ 即使在产品的生产阶段发现了 BUG，也可能避免灾难性的返工；

④ 最终用户也可受益于产品功能及性能上的升级。

CCP 的全称是 CAN 标定协议（CAN calibration protocol），是 ASAP 标准的有机组成

部分，是基于 CAN 总线的 ECU 标定协议规范。CCP 协议准从 CAN2.0B 通信规范，支持 11 位标准标识符和 29 位扩展标识符。

3.3　控制器控制软件的设计方案

整车控制器的软件采用层次化的结构，软件分为平台软件和应用层软件，应用层软件采用了基于模型的软件开发方法，开发工具为 matlab 2008 simulink 模块和 RTW（实时代码生成工具箱）模块。应用层软件采用模块化结构，主要模块分为软件调度模块、输入输出模块和功能模块三类。

软件调度模块是应用层软件的最上层，其主要功能是根据 VMS 外部输入信息，控制 VMS 工作在不同的模式下，并调用对应工作模式下的功能模块。

输入输出模块主要实现对输入信号（直接采集信号、CAN 信号）、输出信号（对外驱动信号、CAN 信号）的处理。输入输出模块通过全局变量与底层交换信息。

本节简要介绍其中几个模块。

3.3.1　软件调度模块

软件调度模块使用 stateflow 开发，根据整车控制器（VMS）输入的信息，定义 VMS 工作在初始化模式、运行模式、正在关机模式、已关机模式、软件复位模式、故障模式等模式下。

VMS 上电后，进入初始化模式，接收来自 BMS 和 MCU 的初始化信息，读取高压故障状态。如果 VMS 初始化完成，将发送继电器允许闭合命令和 Ready 信号，同时进入运行模式；如果 VMS 初始化不通过，则进入故障模式；整车控制器进入运行模式后，会按照设定的序列调度各功能模块，VMS 在运行模式下，如果接收到关机请求，将进入正在关机模式，此模式下，需要等待其他控制器完成关机后，VMS 才能进入关机模式。在 VMS 进入正在关机模式中，如果收到点火钥匙信号，控制器将进入软件复位模式，此模式下，车辆不能行车，必须经过关机模式后，待车辆重新上电之后才可以行车。

3.3.2　整车控制器（VMS）及其他控制器的初始化

当点火钥匙旋转到"ON"挡后，VMS 在上电后，将会对传感器件和执行器件做上电初始化，读取信号是否在合理的范围内；读取具有诊断功能的芯片的故障信息；读取与安全相关的模拟输入信号和数字输入信号是否在安全的范围内；以及通过 CAN 总线获取 BMS 和 MCU 的上电初始化状态。

VMS 对油门踏板的自检是通过读取两路输出模拟信号并比较两路信号的范围实现的；对挡位信号的自检是通过对 N 挡、D 挡和 R 挡信号的判断实现的。

当 VMS 读取到故障信息时，发出初始化失败信息，VMS 不会发出闭合高压继电器的请求命令，车辆不能接通高压电源。

3.3.3 高压系统自检及自检仲裁

当点火钥匙旋转到"ON"挡后，VMS 通过 CAN 总线读取高压继电器状态及电池系统故障信息（绝缘状态），通过这些信息判断高压系统是否处于安全状态。高压系统自检模块在 VMS 上电初始化过程中被调用，在上电初始化过程中，VMS 判断高压继电器状态及 BMS 故障等级，VMS 只有在判断继电器为断开状态，并且 BMS 不是处于严重故障时，才允许自检通过。

当 VMS 完成初始化及高压上电初始化后，VMS 等待点火钥匙信号，当收到点火钥匙信号后，VMS 发出允许闭合继电器的指令，并读取继电器状态，当读取到正负端继电器处于闭合状态时，VMS 将发出"Ready"信号，指示驾驶人员车辆可以行驶。

3.3.4 安全管理

安全管理模块根据从 BMS、MCU 等控制器接收的故障信息、VMS 对传感器件及执行器件的诊断信息，并根据行车状态及故障等级信息，决定是否采取安全措施。

故障分为三个等级分别为一般故障（如电池温差达到 5℃）、严重故障（如刹车真空泵故障、油门踏板故障、电池单体电压过低故障等）和致命故障（如绝缘故障、电池严重过温故障等）。

（1）VMS 对一般故障的处理方式：仪表故障指示灯闪烁，提醒驾驶人员发生故障。

（2）VMS 对严重故障的处理方式：仪表故障指示灯（整车故障指示灯、电池故障指示灯、电机故障指示灯）呈现黄色，车辆限速到 10 km/h，此时车辆进入跛行回家模式。

（3）VMS 对致命故障的处理方式：仪表故障指示灯呈现红色，断高压，车辆无动力输出。

3.3.5 行驶控制

VMS 的行驶控制功能实现了对于车辆在行车过程中的安全控制，主要由驾驶员意图识别、制动回馈控制、定速巡航控制、爆胎控制、前进行驶控制、倒车行驶控制等具体功能组成。

1）驾驶员意图识别

VMS 通过油门踏板信息、挡位信息、刹车信息、手刹信号、安全带信号，及车辆请求扭矩等信息判断车辆是否可以行驶。

油门踏板解析模块根据电机转速、油门踏板开度、车速、挡位状态信息、电机控制器（MCU）允许的最大扭矩值、电池最大放电功率等输入信息计算油门踏板开度，再根据电机、电池的最大功率值计算当前情况下允许的最大电机请求扭矩。

2）制动回馈控制

再生制动模块根据车速、电池 SOC、刹车踏板状态等信息，查表计算再生扭矩的大小，包括踩下刹车后的再生制动阶段、车辆滑行再生制动阶段两个阶段。再生制动模块对于电机反馈扭矩的计算需要依据刹车踏板位置和车速等信息。

（1）满足踩下刹车后再生制动阶段的条件为：ABS 没有工作；电池 SOC 低于某一阈

值；高压电池已经连接上；电机转速（车速）大于某一阈值；油门踏板没有被踩下；刹车踏板被踩下。

（2）满足车辆滑行再生制动阶段的条件为 ABS 没有工作；电池 SOC 低于某一阈值；高压电池已经连接上；电机转速（车速）大于某一阈值；油门踏板没有被踩下。

3）定速巡航控制

实现对车辆的匀速行驶控制，当按下定速巡航按钮后，车辆以当前速度匀速行驶，操作者可以通过巡航增速开关或巡航减速开关实现对行驶速度的调节。当踩下刹车或油门踏板后，巡航功能将被禁止。

巡航控制模块由巡航模式条件判断子模块和巡航速度计算子模块组成，巡航控制模块的输出信号为期望的电机转速及车速信号。

（1）进入巡航模式，必须满足如下条件：巡航模式请求开关被按下；刹车踏板没有被踩下；挡位在 D 挡；油门踏板没有被踩下；车速在某一范围内。

（2）退出巡航控制模式的条件如下：油门踏板被踩下；刹车踏板被踩下；巡航模式请求开关复位。车辆在满足上述任一条件时即退出巡航控制模式。

4）爆胎控制功能

VMS 通过胎压传感器采集各轮胎气压，当气压不在安全范围内时，通过仪表报警灯和蜂鸣声提示驾驶员停车检查；如果驾驶员还未采取行动，VMS 将采取限速措施，降低车辆的行驶速度，避免出现爆胎及可能引发的交通事故对人员的伤害；如果车辆出现爆胎，VMS 将使电机输出功率降为 0，车辆不再有动力输出。

5）前进行驶控制

车辆在行驶过程中，电机采用扭矩控制模式，VMS 根据油门踏板信号、车速信号、电机转速及电池允许的最大充放电功率限值等信息，计算车辆在前进过程中需要的扭矩值，并将此扭矩请求发送给电机控制器，由电机控制器调整电机的扭矩至所需的数值。

前进行驶控制模块输出的信号主要有电机扭矩请求信号、电机速度请求信号。电机输出扭矩来自扭矩仲裁模块。

6）倒车行驶控制

采用电机扭矩控制模式，当挡位在 R 挡时，VMS 根据油门踏板开度、车速、电机转速和电池允许的最大充放电功率、车辆允许的最高倒车车速等信息，计算车辆的输出扭矩。如果倒车速度达到允许的最大速度，则降低扭矩请求，确保车辆倒车速度不超过允许的车速。

扭矩输出情况受很多因素影响，其中加速踏板位置决定了司机对于驱动力矩的需求，电机转速范围决定了电机的扭矩曲线与工作特性，动力电池的电压、电流、SOC、温度及整车故障信息等都会影响驱动力矩的大小。当司机踩下加速踏板时，整车控制器根据踏板位置与踏板开度变化率计算出需求扭矩，同时根据电池的 SOC、电压、电流、最大允许放电电流和整车故障级别等计算出允许的最大驱动扭矩。

整车控制器通过采集加速踏板位置传感器和制动踏板位置传感器的模拟信号，进行滤波、零点漂移和开度变化率的计算。

滤波应满足稳定性、连续性、单调性和适应性的要求，若采样值超出有效范围，则放弃此采样值，选取有效范围内的 10 次采样值进行加权。

根据驾驶员对加速踏板、制动踏板和挡位的操作状态，将车辆状态分为 5 个模式，分别为起步模式、驱动模式、能量回收模式、空挡模式和保护模式。

（1）起步模式。起步模式是指车辆开始点火启动（Key Start 有效），挡位为 D 挡但未踩下加速踏板的模式。在此模式下，车辆需要一个合适的启动扭矩，由整车控制器发送一个扭矩信号指令给电机控制器，然后让电机控制器执行该指令。

（2）驱动模式。驱动模式是指当车辆驱动控制系统处于使能状态下，整个车辆的动力部分可以保障车辆平稳行驶的模式。此时，整车驱动控制策略以加速踏板开度、加速踏板开度变化率、车速和其他信号为输入量来确定需要发送给电机控制单元的转矩指令。

（3）能量回收模式。能量回收模式是指当车辆需要进行制动且此时的车速大于一个确定值时，对电机产生的能量进行回收利用的模式。当电动汽车进行制动时，电机输出制动力矩并进入发电状态；此时能量系统利用电机产生的电能对动力电池组进行充电，将新产生的电能回馈给动力电池。

（4）空挡模式。空挡模式是指电机与汽车驱动轮之间断开动力输出的模式。传统内燃机汽车在交通拥堵或者等待信号灯时，发动机处于怠速运转的状态；虽然此时发动机消耗燃油且在不断转动，但由于此时发动机不对外做功，不仅造成了燃油的浪费而且增加了尾气排放，对环境造成了比较大的污染。由于纯电动汽车不消耗燃油，所以不会存在这些缺点。此时，整车控制器不发送扭矩指令给电机控制器。

（5）保护模式。保护模式是指当整车动力系统出现轻微故障时，车辆不需要进行紧急停车仍可继续行驶的模式。整车控制器对故障进行检测并根据故障情况对电机扭矩做出相应调整。在此模式下，整车驱动控制策略主要是保证车辆能够根据故障等级调整电机扭矩输出，在保证车辆安全的条件下，尽可能缓慢行驶到最近的安全地带或维修地点。

3.3.6　动力电池的管理策略

动力电池主要由电池管理系统（BMS）进行管理，整车控制器通过与电池管理系统通信，协同对电池进行上下电管理、充放电管理及电池故障管理。

整车控制器根据 BMS 发送的电池状态信息（如 SOC、电池包电压、允许充放电电流等参数）来对电池充放电功率进行限制，即整车当前所有设备的充放电功率之和不大于电池的充放电功率，以确保电池系统的稳定运行和保证电池具有良好的生命周期。

第4章

交流异步电机及其控制

4.1 交流异步电机的基本结构和工作原理

交流异步电机主要由固定不动的定子和旋转的转子两部分组成，定转子之间有气隙，定子两端由端盖支撑转子。

4.1.1 异步电机的结构

1）定子

异步电机的定子由定子铁心、定子绕组和机座三部分构成。定子铁心的作用是作为电机磁路的一部分并嵌放定子绕组，为了减少交变磁场在铁心中引起的损耗，铁心一般采用导磁性能良好、损耗小的 0.5 mm 厚的低硅钢片叠压而成。

定子绕组是异步电机定子上的线圈，其作用是产生感应电动势和流过电流。定子铁心的结构如图 4 - 1 所示。

2）转子

异步电机的转子由转子铁心、转子绕组和转轴构成。

转子铁心是电机磁路的一部分，一般由 0.5 mm 厚的硅钢片冲制后叠压而成。转轴起着支撑转子铁心和输出机械转矩的作用，转子绕组的作用是产生感应电动势、流过电流和产生电磁转矩。其结构形式有笼型和绕线式两种。

（1）笼型转子绕组。在转子铁心均匀分布的每个槽内各放置一根导体，在铁心两端放置两个端环，分别将所有导体伸出槽外的部分与端环联接起来，其结构如图 4 - 2 所示。

（2）绕线式转子绕组。绕线式绕组与定子绕组相似，均为三相对称绕组，其特点是可以通过滑环电刷在转子回路中接入附加电阻。图 4 - 3 和图 4 - 4 分别为绕线式转子异步电机的结构和接线示意图。

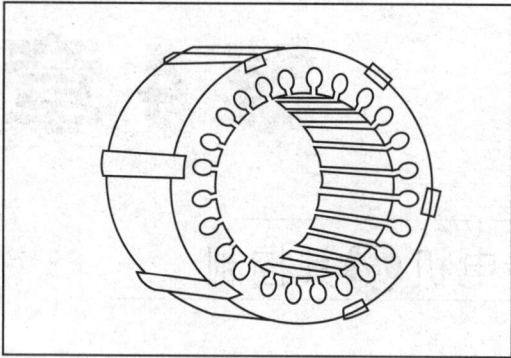

图 4-1 定子铁心

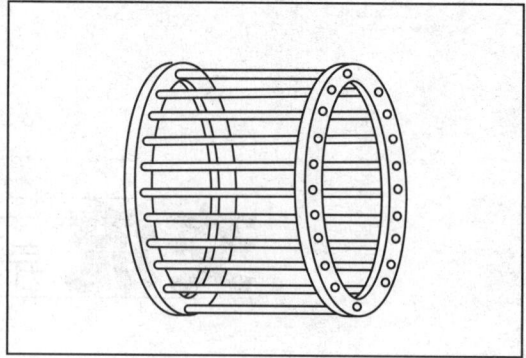

图 4-2 笼型转子绕组

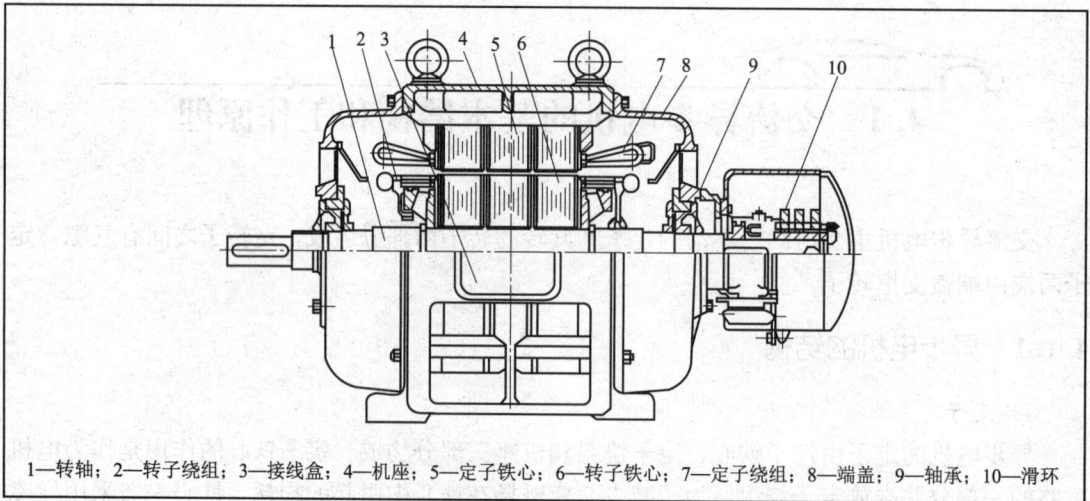

1—转轴；2—转子绕组；3—接线盒；4—机座；5—定子铁心；6—转子铁心；7—定子绕组；8—端盖；9—轴承；10—滑环

图 4-3 绕线式转子异步电机的结构

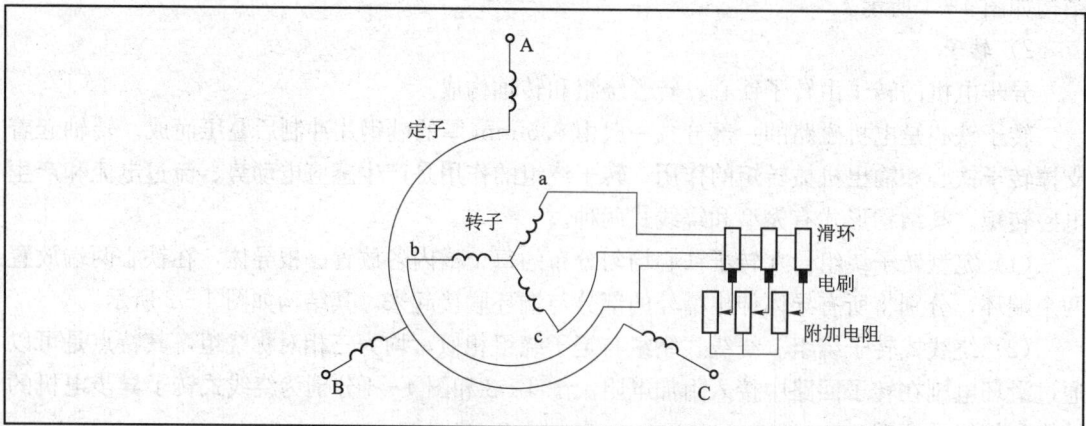

图 4-4 绕线式转子异步电机的接线示意图

4.1.2 异步电机的基本工作原理

当异步电机的定子绕组接到三相电源上时，定子绕组将流过三相对称电流，气隙中将建立基波旋转磁动势，从而产生基波旋转磁场，其转速 n_1 决定于电网频率 f_1 和绕组的极对数 p

$$n_1 = \frac{60f_1}{p} \tag{4-1}$$

这个基波旋转磁场在短路的转子绕组中感应出电动势并在转子绕组中产生相应的电流，该电流与气隙中的旋转磁场相互作用而产生电磁转矩。由于这种电磁转矩的性质与转速大小相关，下面将分成三个不同的转速范围进行讨论。

为了便于描述，引入转差率的概念

$$s = \frac{n_1 - n}{n_1} \tag{4-2}$$

式中，s 为转差率；n_1 为旋转磁场的转速；n 为转子转速。

异步电机的负载发生变化时，转子的转差率随之变动，因此异步电机的转速随负载的变化而变动。按转差率的正负和大小，异步电机可分为电动机模式、发电机模式和电磁制动模式，其三种模式下的运行状态如图 4-5 所示。

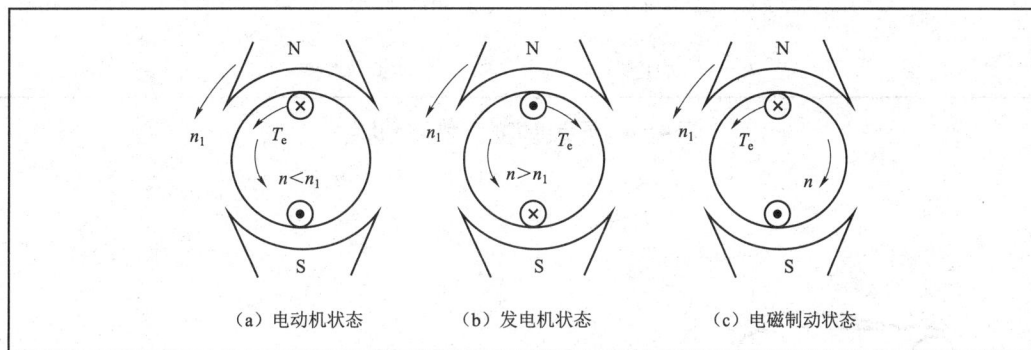

（a）电动机状态　　　　（b）发电机状态　　　　（c）电磁制动状态

图 4-5　异步电机的三种模式下的运行状态

图 4-5 中，n_1 为旋转磁场的同步转速，T_e 为电磁转矩，并用旋转磁极来等效旋转磁场，两个小圆圈表示一个短路线圈。

1. 电动机状态

当 $0 < n < n_1$，即 $0 < s < 1$ 时，如图 4-5（a）所示，转子中的导体以与转速 n 相反的方向切割旋转磁场，导体中将产生感应电动势和感应电流。由右手定则得该电流在 N 极下的方向为向内的；由左手定则得该电流与气隙磁场相互作用将产生一个与转子旋转方向相同的拖动力矩。该力矩能够克服负载的制动力矩而拖动转子旋转，在转轴上输出机械功率。

如果转子转速被加速到 n_1，此时转子导体与旋转磁场同步旋转，它们之间无相对切割，因而导体中无感应电动势，也没有电流，电磁转矩为 0。因此，在电动机状态下，转速 n 不可能达到同步转速 n_1。

2. 发电机状态

用原动机拖动异步电机，使其转速高于旋转磁场的同步转速，即 $n>n_1$、$s<0$，如图 4-5 （b）所示。转子上导体切割旋转磁场的方向与电动机状态时相反，从而使导体上感应电动势、电流的方向也与电动机状态相反，N 极下的导体电流方向为向内；电磁转矩方向与转子旋转方向相反，电磁转矩为制动性质。此时异步电机由转轴从原动机输入机械功率，克服电磁转矩，通过电磁感应由定子向电网输出电功率，电动机处于发电状态。

3. 电磁制动状态

由于机械负载或其他外因，转子逆着旋转磁场的方向旋转，即 $n<0$、$s>1$，如图 4-5 （c）所示。此时转子导体中的感应电动势、电流与在发电机状态时相同，N 极下的导体电流方向为向内；转子旋转方向与旋转磁场方向相反，电磁转矩表现为制动转矩。此时电机运行于电磁制动状态，即由转轴从原动机输入机械功率的同时又从电网吸收电功率，两者都变成了电机内部的损耗。

综上所述，转速（转差率）与电机运行状态的关系可用图 4-6 表示。

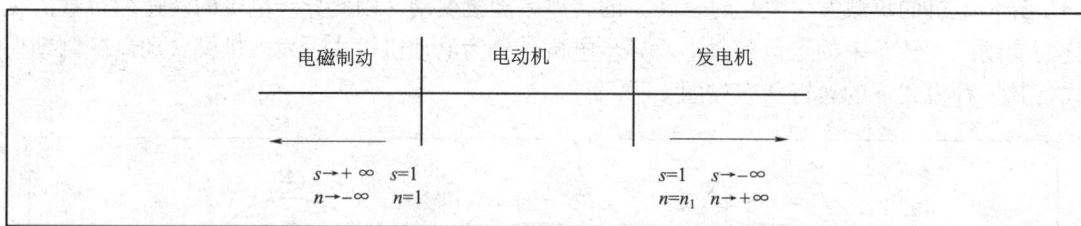

图 4-6　异步电机的三种运行状态

4.2　异步电机的矢量控制

本节的控制对象为交流异步电机，而本节设计的控制系统为研究交流异步电机的各种控制算法提供了软硬件平台。为了更好地了解控制系统的设计需求，必须首先掌握控制对象和相关的控制算法。因此，首先详细介绍了本节的交流异步电机的相关内容，并对即将采用的最复杂的控制算法进行介绍。

4.2.1　控制对象

本节的控制对象即交流异步电机。交流异步电机又称为感应电机，得名于转子磁场产生的方式。定子旋转磁场在短路转子中产生感应电流。这些电流产生转子磁场，此磁场与定子磁场相互作用产生转矩，从而使电机产生机械输出。三相鼠笼式交流感应电机是一种最为广泛使用的电机，图 4-7 所示为一款感应电机的实物图。输入定子线圈的电流产生了一个以定子电流频率旋转的磁场。这个不断变化的磁场会在笼式导体中产生一个感应电流，这样可在转子导体的周围生成第二个磁场。作为这两个磁场相互作用产生的结果，此转子受一个转矩的作用，并且沿定子磁场旋转的方向开始旋转。鼠笼式转子交流感应电机的横截面示意如图 4-8 所示。

图 4-7　一款感应电机的实物图

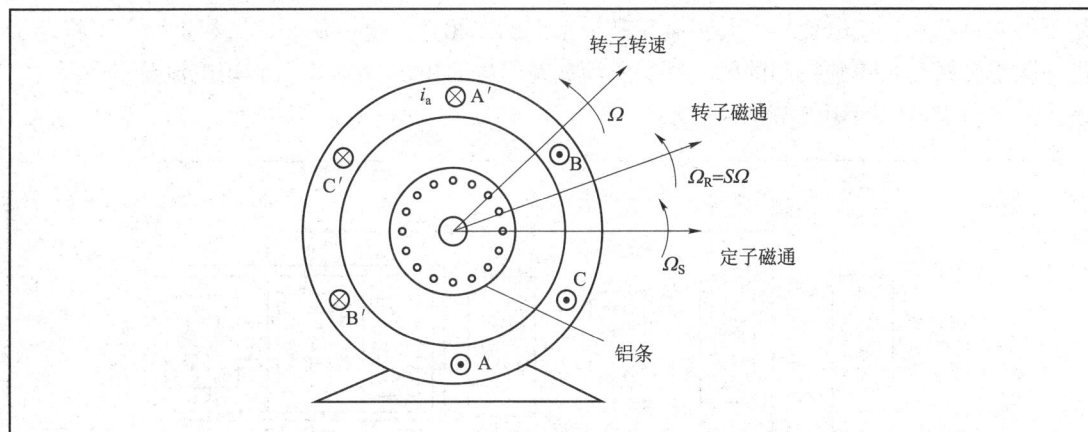

图 4-8　鼠笼式转子交流感应电机的横截面示意图

在转子开始加速直到接近定子磁场的同步速度的过程中，转子和定子磁通间的相对速度减少，从而减少了定子中的感应电压和被转换为转矩的电能。这导致转矩下降，而电机将达到一个稳定状态，在这个点上，负载转矩与电机转矩相匹配。这个点是由电机即时负载决定的平衡点。这个转差率必须存在，即使当电机运行在一个磁场定向的控制方式时也是如此。

由于感应电机内的转子电流并不由外部激发因而可以省去滑环和电刷。这使得感应电机稳定耐用、廉价并需要更少的养护工作。

转矩产量由转子和定子磁通间的角度控制。

旋转磁场的转速为

$$\Omega_s = \frac{\omega}{p} \qquad\qquad (4-3)$$

式中，ω 为交流电源的频率；p 为定子磁极对数。

转子转速为

$$\Omega = (1-s)\frac{\omega}{p} \qquad\qquad (4-4)$$

式中，s 为转速差，代表同步频率与电机实际转速间的差异。

4.2.2 矢量控制原理

由电机理论可知，电机驱动控制的实质是通过调节其电磁转矩的大小来控制转速，实现电动车辆的加减速控制。电机转矩 T_e 的表达式为

$$T_e = K\psi I_a \qquad\qquad (4-5)$$

式中，K 为电机的相关系数；ψ 为励磁绕组的磁通；I_a 为电枢电流。

直流电机因其励磁回路和电枢回路相互独立、无耦合，可以独立地控制磁通和电流，因而具有良好的调速性能。受此启发，德国人 Blaschke 在 1971 年率先提出了矢量控制（vector control）理论，通过坐标变换的方式重建电机模型，将交流电机等效为直流电机，从而实现了不逊于直流电机的调速效果。具体来说，矢量控制理论以产生旋转磁场的正交二相坐标系为基础，其异步电机矢量控制的原理如图 4-9 所示，基本思想是以模拟直流电机的控制方法来控制交流电机，在建立电机数学模型的基础上，通过坐标变换方法将静止坐标系下的对称三相交流电变换成同步旋转坐标系下的二相直流电，从而在二相坐标系下将定子电流矢量分解为可单独控制的两个正交直流分量（励磁电流分量 i_M^* 和转矩电流分量 i_T^*），实现了对电机磁链和转矩的解耦控制。

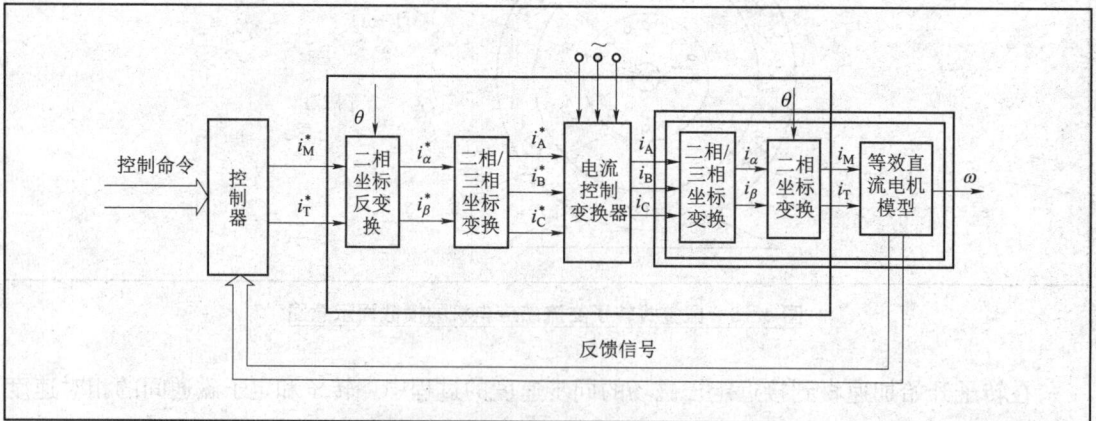

图 4-9 异步电机矢量控制原理的示意图

图 4-9 中，i_A、i_B、i_C 分别代表电机定子的三相电流；i_α、i_β 分别代表三相/二相坐标变换后的电流；i_M，i_T 分别代表二相坐标变换后的电流，θ 为两坐标系的夹角；ω 为电机的机械角速度。带"*"上标的参数为控制变量。

4.2.3　坐标变换理论

坐标变换是矢量控制的重要环节，是一个降阶和减变量的过程。通过坐标变换将异步交流电机的电流、电压等矢量等效成直流电机的电流、电压，控制器模拟直流电机的控制原理分别对励磁分量和转矩分量予以控制再经坐标逆变换和逆变器的作用输出为异步电机所需的三相电流、电压，从而达到控制电机运行的目的。

坐标变换包括三相静止坐标系到两相静止坐标系的 $3s/2s$ 变换（也叫 Clarke 变换）和两相静止坐标系到两相旋转坐标系的 $2s/2r$ 变换（也叫 Park 变换），以及相应的逆变换。进行坐标变换时，会用到以下 3 个坐标系，分别为 ABC 静止坐标系、α - β 静止坐标系和 M - T 旋转坐标系，其中 ABC 静止坐标系定义为电机三相绕组的轴线。同时，坐标变换必须遵守两个原则：不同坐标系下电机绕组产生的合成基波磁动势相等；坐标变换前后的电机功率恒定不变。

1. $3s/2s$ 变换

该变换是将 ABC 三相静止坐标系下的电压、电流矢量转换为 α - β 静止坐标系下的电压、电流矢量。为了计算方便，一般取 A 轴和 α 轴重合，两坐标系的关系如图 4 - 10 所示。本书中坐标变换的矢量（如不做特殊说明的话）一般指的是电机定子的电流矢量。

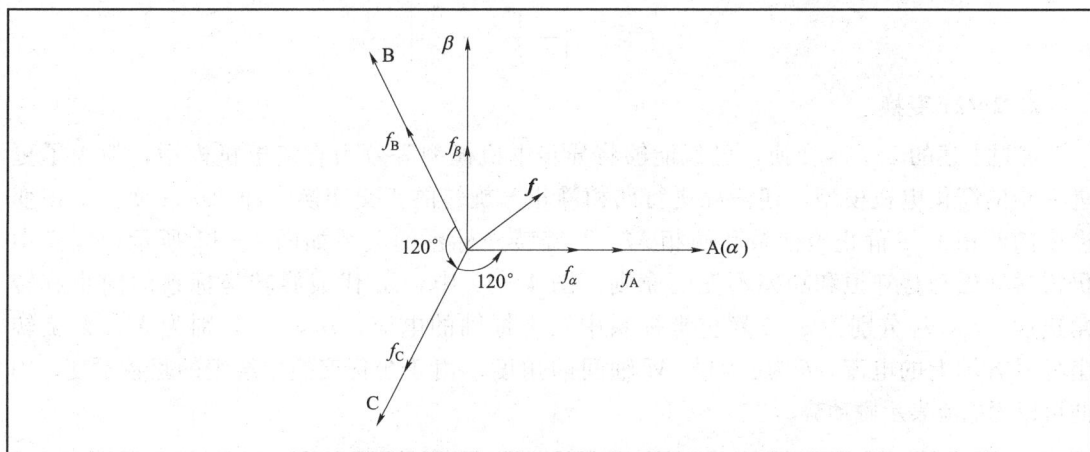

图 4 - 10　三相 ABC 静止坐标系和两相 α - β 静止坐标系

合成的基波磁动势 f 可用以下式子表示

$$f = Ni \qquad (4-6)$$

式中，N 为绕组匝数，i 为等效绕组中的电流矢量。

根据合成的基波磁动势在坐标变换中相等的原则可得到

$$f = N_1(i_A + ai_B + a^2 i_C)$$
$$f = N_2(i_\alpha + ji_\beta) \qquad (4-7)$$

式中，N_1 为三相绕组的等效匝数，N_2 为两相坐标系下的等效绕组匝数，$a = e^{j120°}$，$a^2 = e^{j240°}$。

将式（4-7）用矩阵形式表示，得

$$\begin{bmatrix} i_\alpha \\ i_\beta \end{bmatrix} = \frac{N_1}{N_2} \begin{bmatrix} 1 & -\dfrac{1}{2} & -\dfrac{1}{2} \\[2mm] 0 & \dfrac{\sqrt{3}}{2} & -\dfrac{\sqrt{3}}{2} \end{bmatrix} \begin{bmatrix} i_A \\ i_B \\ i_C \end{bmatrix} \tag{4-8}$$

由于坐标变换前后电机的总功率不变，可知两坐标系下的绕组匝数比为

$$\frac{N_1}{N_2} = \sqrt{\frac{2}{3}} \tag{4-9}$$

所以 3s/2s 坐标变换的变换矩阵 $\boldsymbol{C}_{3/2}$ 为

$$\boldsymbol{C}_{3/2} = \sqrt{\frac{2}{3}} \begin{bmatrix} 1 & -\dfrac{1}{2} & -\dfrac{1}{2} \\[2mm] 0 & \dfrac{\sqrt{3}}{2} & -\dfrac{\sqrt{3}}{2} \end{bmatrix} \tag{4-10}$$

由于交流电机中三相定子电流的瞬时值之和等于零（即 $i_A + i_B + i_C = 0$），因而可以得到 3s/2s 坐标变换的逆变换矩阵 $\boldsymbol{C}_{2/3}$ 为

$$\boldsymbol{C}_{2/3} = \sqrt{\frac{2}{3}} \begin{bmatrix} 1 & 0 \\[2mm] -\dfrac{1}{2} & \dfrac{\sqrt{3}}{2} \\[2mm] -\dfrac{1}{2} & -\dfrac{\sqrt{3}}{2} \end{bmatrix} \tag{4-11}$$

2. 2s/2r 变换

经过上述的 3s/2s 变换，已经能够将异步电机模型等效为直流电机模型，但为了更进一步的简化电机模型，还需要进行两相静止—旋转的正交变换，即 2s/2r 变换。该变换中的两相 α-β 静止坐标系和两相 M-T 旋转坐标系的关系如图 4-11 所示。变换中仍需遵守磁动势守恒和功率不变的原则。图 4-11 中，ω_s 代表旋转坐标系的同步旋转角速度，i_α、i_β 分别为 α-β 静止坐标系中两坐标轴的电流，i_M、i_T 分别为 M-T 旋转坐标系各轴上的电流，θ 为 α 轴与 M 轴间的角度。由于坐标变换中绕组的匝数不变，因此可以用电流表示磁动势。

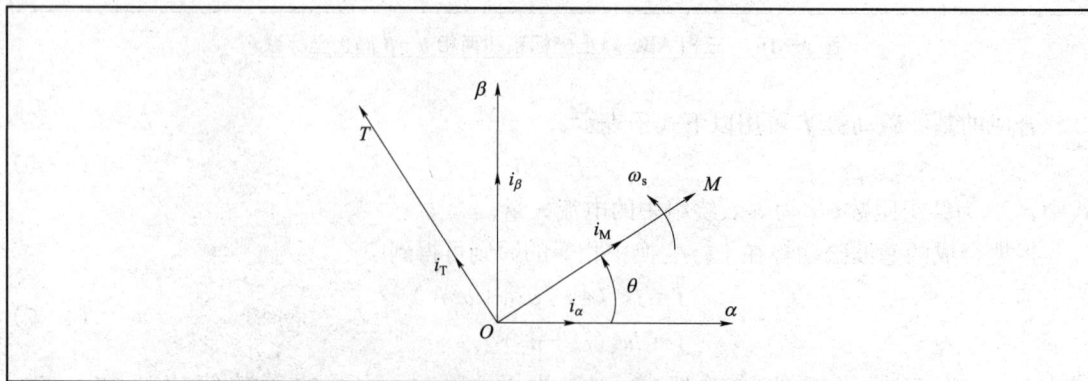

图 4-11　两相静止 α-β 轴系和同步旋转 M-T 轴系

图 4-11 中，α 轴与 M 轴间的夹角 θ 随着同步旋转角速度 ω_s 的变化而变化，根据变换过程中的和矢量不变可以得到

$$\begin{bmatrix} i_M \\ i_T \end{bmatrix} = \begin{bmatrix} \cos\theta & \sin\theta \\ -\sin\theta & \cos\theta \end{bmatrix} \begin{bmatrix} i_\alpha \\ i_\beta \end{bmatrix} \qquad (4-12)$$

或者

$$\begin{bmatrix} i_\alpha \\ i_\beta \end{bmatrix} = \begin{bmatrix} \cos\theta & -\sin\theta \\ \sin\theta & \cos\theta \end{bmatrix} \begin{bmatrix} i_M \\ i_T \end{bmatrix} \qquad (4-13)$$

4.2.4　异步电机的数学模型

异步电机是根据电磁感应原理工作的，定子通电产生的磁场使得转子转动。在变频调速过程中，要综合考虑对电压和频率的协调控制，异步电机在运行中电压（电流）、转速、磁通之间相互耦合（如磁通由电流、电压等计算得到；电磁转矩是磁通和电流相互作用产生的，感应电动势中存在磁通与转速的乘积项），转速的变化还要考虑惯性和阻尼等因素的影响，所以异步电机是一个多变量、强耦合、非线性的高阶系统。因此，对异步电机系统的控制是比较复杂的，根据电机学原理对其电压、电流，磁链等关系进行合理分析的基础上建立合适的电机模型是对控制方法进行研究的前提和基础。

1. 初始的三相状态下的电机模型

定子三相绕组的轴线在空间上是固定的，转子绕组轴线则随转子旋转。以定子 A 相绕组的轴线作为参考坐标轴来确定转子的空间位置，以 ABC 三相代表定子绕组，abc 三相代表转子绕组建立如图 4-12 所示的三相感应电机的物理模型。

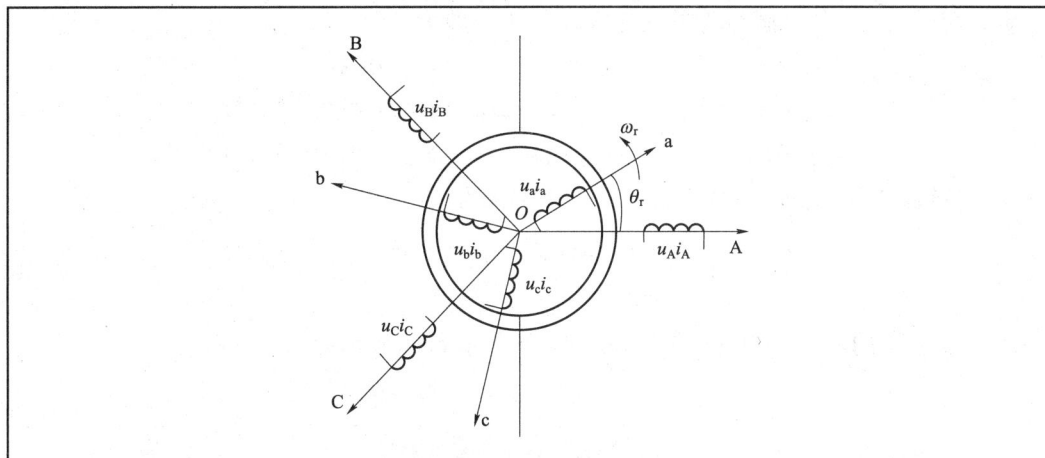

图 4-12　同一坐标系下的电机定、转子的物理模型

为了降低系统的复杂性，简化其数学模型，常作以下一些假设。

① 假定电机的定、转子绕组是各自对称的，所产生的磁动势和磁场在空间上按正弦规律分布；

② 假定磁路是线性的，忽略铁心损耗；

③ 不考虑磁饱和及温度等对电机参数（如绕组的电感和电阻）的影响。

由此可以得到由电压、磁链、电磁转矩、运动方程等组成的电机数学模型。

1）磁链方程

根据图 4-12 可以写出定、转子各相绕组的磁链方程，即有

$$
\begin{bmatrix} \Psi_A \\ \Psi_B \\ \Psi_C \\ \Psi_a \\ \Psi_b \\ \Psi_c \end{bmatrix} = \begin{bmatrix} L_A & L_{AB} & L_{AC} & L_{Aa} & L_{Ab} & L_{Ac} \\ L_{BA} & L_B & L_{BC} & L_{Ba} & L_{Bb} & L_{Bc} \\ L_{CA} & L_{CB} & L_C & L_{Ca} & L_{Cb} & L_{Cc} \\ L_{aA} & L_{aB} & L_{aC} & L_a & L_{ab} & L_{ac} \\ L_{bA} & L_{bB} & L_{bC} & L_{ba} & L_b & L_{bc} \\ L_{cA} & L_{cB} & L_{cC} & L_{ca} & L_{ca} & L_c \end{bmatrix} \begin{bmatrix} i_A \\ i_B \\ i_C \\ i_a \\ i_b \\ i_c \end{bmatrix} \tag{4-14}
$$

式中，Ψ_A、Ψ_B、Ψ_C 分别为定子各相绕组的磁链；Ψ_a，Ψ_b、Ψ_c 分别为转子各相绕组的磁链；L_A、L_B、L_C 分别为定子各相绕组的自感；L_a、L_b、L_c 分别为转子各相绕组的自感。

6×6 矩阵中的其余项为定子、转子各相间的互感（如 L_{AB}、L_{ab}）及定子、转子间的互感（如 L_{Aa}、L_{aA}），i_a、i_b、i_c 分别为转子各相的电流。

由于电机气隙均匀，所以定、转子各相绕组的自感为常数，则满足

$$
L_A = L_B = L_C = L_{sl} \tag{4-15}
$$
$$
L_a = L_b = L_c = L_{rl}
$$

由于气隙磁场是按正弦规律分布的，则定、转子各相间的互感为

$$
L_{AB} = L_{BA} = L_{BC} = L_{CB} = L_{CA} = L_{AC} = -(1/2)L_{ml} \tag{4-16}
$$
$$
L_{ac} = L_{ca} = L_{ba} = L_{ab} = L_{cb} = L_{bc} = -(1/2)L_{ml}
$$

式中，L_{ml} 为绕组的励磁电感。

定、转子相互间的互感与转子位置角 θ_r 有关，即为

$$
L_{Aa} = L_{aA} = L_{Bb} = L_{bB} = L_{Cc} = L_{cC} = L_{ml}\cos(\theta_r) \tag{4-17}
$$
$$
L_{Ac} = L_{cA} = L_{Ba} = L_{aB} = L_{Cb} = L_{bC} = L_{ml}\cos(\theta_r - 120°)
$$
$$
L_{Ab} = L_{bA} = L_{Ca} = L_{aC} = L_{cB} = L_{Bc} = L_{ml}\cos(\theta_r - 120°)
$$

定子磁链空间矢量 $\boldsymbol{\psi}_s$ 和电流矢量 $\boldsymbol{i}_s$ 分别定义为

$$
\boldsymbol{\psi}_s = \sqrt{2/3}(\psi_A + a\psi_B + a^2\psi_C) \tag{4-18}
$$
$$
\boldsymbol{i}_s = \sqrt{2/3}(i_A + ai_B + a^2 i_C)
$$

ABC 轴系下的转子磁链空间矢量 $\boldsymbol{\psi}_r$ 和电流矢量 $\boldsymbol{i}_r$ 可表示为

$$
\boldsymbol{\psi}_r = \sqrt{2/3}(\psi_A + a\psi_B + a^2\psi_C)e^{j\theta_r} \tag{4-19}
$$
$$
\boldsymbol{i}_r = \sqrt{2/3}(i_A + ai_B + a^2 i_C)e^{j\theta_r}
$$

式中，θ_r 为定转子坐标轴间的夹角。

由式（4-14）～式（4-19）可知三相静止坐标系下的磁链矢量方程为

$$
\boldsymbol{\psi}_s = L_s \boldsymbol{i}_s + L_m \boldsymbol{i}_r \tag{4-20}
$$
$$
\boldsymbol{\psi}_r = L_m \boldsymbol{i}_s + L_r \boldsymbol{i}_r
$$

式中，L_s、L_r 分别为定、转子的电感，$\begin{cases} L_s = L_{s\sigma} + L_m \\ L_r = L_{r\sigma} + L_m \end{cases}$；$L_{s\sigma}$、$L_{r\sigma}$ 分别为定、转子的漏感，L_m 为电机的等效励磁电感，$L_m = (3/2)L_{ml}$。

2）电压方程

定、转子各相绕组的电压方程可以表示为

$$\begin{bmatrix} u_A \\ u_B \\ u_C \\ u_a \\ u_b \\ u_c \end{bmatrix} = \begin{bmatrix} R_s & 0 & 0 & 0 & 0 & 0 \\ 0 & R_s & 0 & 0 & 0 & 0 \\ 0 & 0 & R_s & 0 & 0 & 0 \\ 0 & 0 & 0 & R_r & 0 & 0 \\ 0 & 0 & 0 & 0 & R_r & 0 \\ 0 & 0 & 0 & 0 & 0 & R_r \end{bmatrix} \begin{bmatrix} i_A \\ i_B \\ i_C \\ i_a \\ i_b \\ i_c \end{bmatrix} + p \begin{bmatrix} \Psi_A \\ \Psi_B \\ \Psi_C \\ \Psi_a \\ \Psi_b \\ \Psi_c \end{bmatrix} \qquad (4-21)$$

式中，u_A、u_B、u_C 分别为定子各相电压，u_a、u_b、u_c 分别为转子各相电压，R_s、R_r 分别为定、转子各相绕组的电阻，p 称为微分算子，代表 $\mathrm{d}/\mathrm{d}t$。

定、转子的电压矢量 $\boldsymbol{u}_s$、$\boldsymbol{u}_r$ 与其磁链矢量一样，也满足

$$\begin{aligned} \boldsymbol{u}_s &= \sqrt{2/3}\,(u_A + a u_B + a^2 u_C) \\ \boldsymbol{u}_r &= \sqrt{2/3}\,(u_a + a u_b + a^2 u_c)\,\mathrm{e}^{\mathrm{j}\theta_r} \end{aligned} \qquad (4-22)$$

从式（4-19）和式（4-20）可以得到其矢量方程为

$$\begin{aligned} \boldsymbol{u}_s &= R_s \boldsymbol{i}_s + p\boldsymbol{\psi}_s \\ \boldsymbol{u}_r &= R_r \boldsymbol{i}_r + p\boldsymbol{\psi}_r - \mathrm{j}\omega_r \boldsymbol{\psi}_r \end{aligned} \qquad (4-23)$$

式中，ω_r 为电机的电磁角速度。

3）转矩方程

电磁转矩 T_e 与机械能 W_m 之间的关系为

$$T_e \cdot \frac{\omega_r}{p_n} = \frac{\mathrm{d}W_m}{\mathrm{d}t} \qquad (4-24)$$

式中，p_n 为磁极对数。

定义磁场储存的能量 W_f 和磁共能 W_f' 分别为

$$\begin{aligned} W_f &= \int_0^{\psi_s} i_s \mathrm{d}\psi + \int_0^{\psi_r} i_r \mathrm{d}\psi \\ W_f' &= \int_0^{i_s} \psi_s \mathrm{d}i + \int_0^{i_r} \psi_r \mathrm{d}i \end{aligned} \qquad (4-25)$$

根据机-电能量转换原理，输入电机的能量 W_e 为

$$\mathrm{d}W_e = \mathrm{d}W_f + \mathrm{d}W_m = i_s \mathrm{d}\psi_s + i_r \mathrm{d}\psi_r \qquad (4-26)$$

$$W_f' = W_f = \frac{1}{2} L_s i_s^2 + L_m \cos\theta_r i_s i_r + \frac{1}{2} L_r i_r^2$$

$$W_f' + W_f = \psi_s i_s + \psi_r i_r$$

根据上述式子可以推导出电机转矩 T_e 的表达式为

$$T_e = -p_n L_m i_s i_F \sin\theta_r = p_n i_r \psi_r = p_n i_s \psi_s = p_n \cdot \frac{L_m}{L_r} \cdot \psi_r i_s \qquad (4-27)$$

式（4-25）可以作为不同磁场定向下的矢量控制的电磁转矩方程。

4）运动方程

电机系统的机械运动方程为

$$T_e = J \cdot \frac{\mathrm{d}\omega}{\mathrm{d}t} + R_\Omega \cdot \omega + T_L \qquad (4-28)$$

式中，J 为系统转动惯量；T_L 为系统负载；R_Ω 为阻尼系数；ω 为系统的机械角速度且 $\omega = \omega_r / p_n$。

2. 两相静止坐标系下的电机模型

从三相静止坐标系下的电机模型可以看出，电机系统是一个非线性、强耦合的复杂系统，为了便于控制，需要经过坐标变换将其转化为 $\alpha - \beta$ 两相静止坐标系下的电机模型进行简化。经 Clarke 变换化简后的电机模型如下。

1）磁链方程

$$
\begin{bmatrix} \psi_{s\alpha} \\ \psi_{s\beta} \\ \psi_{r\alpha} \\ \psi_{r\beta} \end{bmatrix} = \begin{bmatrix} L_s & 0 & L_m & 0 \\ 0 & L_s & 0 & L_m \\ L_m & 0 & L_r & 0 \\ 0 & L_m & 0 & L_r \end{bmatrix} \begin{bmatrix} i_{s\alpha} \\ i_{s\beta} \\ i_{r\alpha} \\ i_{r\beta} \end{bmatrix} \tag{4-29}
$$

式中，下标中的"s"代表定子上的各变量，下标中的"r"代表转子上的各变量。

2）电压方程

$$
\begin{bmatrix} u_{s\alpha} \\ u_{s\beta} \\ u_{r\alpha} \\ u_{r\beta} \end{bmatrix} = \begin{bmatrix} R_s + L_s p & 0 & L_m p & 0 \\ 0 & R_s + L_s p & 0 & L_m p \\ L_m p & \omega_r L_m & R_r + L_r p & \omega_r L_r \\ -\omega_r L_m & L_m p & -\omega_r L_r & R_r + L_r p \end{bmatrix} \begin{bmatrix} i_{s\alpha} \\ i_{s\beta} \\ i_{r\alpha} \\ i_{r\beta} \end{bmatrix} \tag{4-30}
$$

对于转子为鼠笼式的电机，$u_{r\alpha} = u_{r\beta} = 0$，p 为微分算子。

3）电磁转矩方程

$$
T_e = p_n L_m (i_{s\beta} i_{r\alpha} - i_{s\alpha} i_{r\beta}) \tag{4-31}
$$

3. 同步旋转坐标系下的电机模型

由于 $\alpha - \beta$ 轴系是个伪静止的坐标系，无准确的意义，为此以转子磁链矢量的方向作为代表励磁分量的 M 轴，以超前其 $90°$ 的 T 轴为转矩分量轴，该轴系构成了一个以同步电角速度 ω_s 在空间旋转的正交轴系。所以经过对 $\alpha - \beta$ 轴系下的电机模型进行坐标变换可以得到 $M - T$ 轴系下的电机数学模型。

1）磁链方程

$$
\begin{bmatrix} \psi_M \\ \psi_T \\ \psi_m \\ \psi_t \end{bmatrix} = \begin{bmatrix} L_s & 0 & L_m & 0 \\ 0 & L_s & 0 & L_m \\ L_m & 0 & L_r & 0 \\ 0 & L_m & 0 & L_r \end{bmatrix} \begin{bmatrix} i_M \\ i_T \\ i_m \\ i_t \end{bmatrix} \tag{4-32}
$$

式中，ψ_M、ψ_T 分别为 $M - T$ 轴系下的定子磁链分量；ψ_m、ψ_t 分别为转子磁链分量；i_M、i_T 分别为定子电流分量；i_m、i_t 分别为转子电流分量。

2）电压方程

$$
\begin{bmatrix} u_M \\ u_T \\ u_m \\ u_t \end{bmatrix} = \begin{bmatrix} R_s + L_s p & -\omega_s L_s & L_m p & \omega_s L_m \\ \omega_s L_s & R_s + L_s p & \omega_s L_m & L_m p \\ L_m p & -\omega_f L_m & R_r + L_r p & -\omega_f L_r \\ \omega_f L_m & L_m p & \omega_f L_r & R_r + L_r p \end{bmatrix} \begin{bmatrix} i_M \\ i_T \\ i_m \\ i_t \end{bmatrix} \tag{4-33}
$$

式中，ω_f 为定、转子的转速差，$\omega_f = \omega_s - \omega_r$；$u_M$、$u_T$ 分别为定子电压在 M 轴和 T 轴上的分量，对于转子为鼠笼式的电机，转子电压 $u_m = u_t = 0$。

经过上述坐标变换，最终将一个异步电机的数学模型变换为类似直流电机的数学模型，实现了解耦控制。

4. 磁场定向下的同步旋转坐标系电机模型

磁场定向就是规定坐标轴与磁场方向的关系，如当转子的 M 轴与磁场方向重合时，就称为转子磁场定向。到目前为止，尽管矢量控制系统中还可以采用定子磁场定向或气隙磁场定向，但是转子磁场定向的矢量控制方式仍是异步电机矢量控制中最常用的方式。

在 $M-T$ 轴系中，对转子磁场进行定向，则有 $\psi_m = \psi_r$，$\psi_t = 0$。那么由磁链和电压方程可以得到磁链的表达式为

$$\psi_r = L_m \frac{i_M}{1 + T_r p} \tag{4-34}$$

式中，T_r 为转子时间常数，$T_r = \dfrac{L_r}{R_r}$；ψ_r 为转子磁链；i_M 为励磁电流分量；i_T 为转矩电流分量；L_m 为电机的等效励磁电感。

由式（4-33）和式（4-34）可以得到转子磁场定向下的电压表达式为

$$u_M = R_s i_M + \sigma L_s p i_M - \omega_s \sigma L_s i_T + \frac{L_m}{L_r} p \psi_r$$

$$u_T = R_s i_T + \sigma L_s p i_T - \omega_s \sigma L_s i_M + \frac{L_m}{L_r} \omega_s \psi_r \tag{4-35}$$

$$\omega_f = \frac{L_m i_T}{T_r \psi_r}$$

式中，$\sigma = 1 - \dfrac{L_m^2}{L_s L_r}$；$L_s$ 为定子电感；L_r 为转子电感。

若 p_n 为磁极对数，此时，电磁转矩方程为

$$T_e = p_n \cdot \frac{L_m}{L_r} \cdot \psi_r i_T \tag{4-36}$$

式（4-33）～式（4-36）是基于转子磁场定向的矢量控制表达式，反映了转子磁链、转矩和电压、电流的关系，为电机驱动系统的控制策略的研究提供了理论依据。

第5章

永磁同步电机及其控制

随着变频技术的发展,同步电机调速系统的应用日益广泛。同步电机按励磁方式可分为可控励磁同步电机和永磁同步电机两种。

可控励磁同步电机在转子侧有独立的直流励磁,可以通过调节转子的直流励磁电流改变输入功率因数,可以滞后,也可以超前。某车用永磁同步电机如图 5-1 所示。图 5-2 为东陵公司开发的 D120TYD 型永磁同步电机。

图 5-1 一种车用永磁同步电机

图 5-2 东陵公司开发的 D120TYD 型永磁同步电机

永磁同步电机的转子用永磁材料制成,无须直流励磁。永磁同步电机具有以下突出的优点,被广泛应用于调速和伺服系统。

① 由于采用了永磁材料磁极,特别是采用了稀土金属永磁体(如钕铁硼等),其磁能积高,可得到较高的气隙磁通密度,因此在容量相同时,电机的体积小、重量轻。

② 转子没有铜损和铁损,也没有集电环和电刷的摩擦损耗,运行效率高。

③ 转动惯量小,允许的脉冲转矩大,可获得较高的加速度,动态性能好。

④ 结构紧凑,运行可靠。

永磁同步电机按气隙磁场分布的不同又可分为以下两种。

(1)正弦波永磁同步电机。磁极采用永磁材料,输入三相正弦波电流时,气隙磁场按正弦规律分布,简称为永磁同步电机。

(2)梯形波永磁同步电机。磁极仍为永磁材料,但输入方波电流,气隙磁场呈梯形波分布,性能更接近于直流电机。用梯形波永磁同步电机构成的自控变频同步电机又称为无刷直流电机。

5.1 永磁同步电机的特点

由于取消了电励磁系统，永磁同步电机结构简单，运行可靠，而且效率也相对较高。随着高性能稀土永磁材料的广泛应用，永磁同步电机的运行效率与功率密度均有较大程度的提高。矢量控制理论的出现使得永磁同步电机的调速控制变得同直流电机一样简单、可靠。通过弱磁控制，永磁同步电机的最高转速可以达到 10 000 r/min 以上，这就使得永磁同步电机在满足电动汽车驱动需求的前提下拥有更小的体积和质量，更适合于电动汽车驱动系统，因此受到各国电动汽车研究机构的高度重视。由表 5-1 可以看出，各主要汽车厂商最新开发的电动汽车车型普遍采用了永磁同步电机。我国和欧洲各国也大多采用永磁同步电机作为电动汽车的驱动电机。

表 5-1 最新研制的电动汽车采用的驱动电机

汽车厂商	汽车型号	电机种类	额定转矩/(N·m)	额定功率/kW
丰田	2010 版 Prius	永磁同步电机	138	60
本田	INSIGHT	永磁同步电机	110	10
日产	ALTIMA	永磁同步电机	180	17
大众	Audi A8 Hybrid	永磁同步电机	120	34
比亚迪	F3	永磁同步电机	400	50
标志	SR1	永磁同步电机	178	70
长安	S460	永磁同步电机	130	35
宝马	Active Hybrid 7	永磁同步电机	210	15
东风	S30BSG	永磁同步电机	110	30

由于永磁同步电机在效率和功率密度等方面的优势，越来越多的汽车厂商倾向于采用永磁同步电机，加之我国永磁材料资源储备丰富，永磁同步电机的制造成本将进一步降低，相对于其他种类的电机，其优势必将更加显著。

目前，永磁同步电机的研究热点主要集中在以下几个方面。

1. 提高电机的转矩特性

近年来，为了提高电机的转矩特性，许多学者和研究机构在永磁同步电机的结构设计上进行了大胆的尝试和革新，并且取得了许多新进展。为了解决槽宽和齿部宽度的矛盾，开发了横向磁通电 (transverse flux machine) 技术，电枢线圈和齿槽结构在空间上垂直，主磁通沿着电机的轴向流通，提高了电机的功率密度；采用双层的永磁体布置，使得电机的交轴电导提高，从而增加了电机的输出转矩和最大功率；改变定子齿形和磁极形状以减少电机的转矩脉动等。

2. 提高电机的弱磁扩速能力

采用弱磁控制后，永磁同步电机的运行特性更加适合电动汽车的驱动要求。同时，在同等功率要求的情况下，降低了逆变器容量，提高了驱动系统的效率。因此，电动汽车驱动用永磁同步电机普遍采用弱磁扩速。为此，国内外的研究机构提出了多种方案，如采用双套定子结构，在不同转速时使用不同绕组，以最大限度地利用永磁体磁场；采用复合转子结构，转子增加磁阻段以控制电机直轴和交轴的电抗参数，从而增加电机扩速能力；定子采用深槽以增加直轴漏抗以扩大电机的转速范围。

3. 先进电机控制理论的研究

由于永磁同步电机具有非线性和多变量等特点，其控制难度大，控制算法复杂，传统的矢量控制方法往往不能满足要求。为此，一些先进的控制方法在永磁同步电机调速系统中得到应用，包括自适应观测器、模型参考自适应、高频信号注入法及模糊控制、遗传算法等智能控制方法。这些控制方法不依赖于控制对象的数学模型，适应性和鲁棒性好，对于永磁同步电机这样的非线性强的系统具有独特的优势。

5.2　永磁同步电机的结构与运行原理

5.2.1　永磁同步电机的结构与分类

永磁同步电机主要由定子、转子和端盖等部件构成，定子由叠片叠压而成以减少电动机运行时产生的铁耗，其中装有三相交流绕组，称作电枢。转子可以制成实心的形式，也可以由叠片压制而成，其上装有永磁体材料。根据电机转子上永磁材料所处位置的不同，永磁同步电机可以分为表面式与内置式两种结构形式。

表面式转子的磁路结构简单，制造成本低，但由于其表面无法安装启动绕组，不能实现异步起动。图5-3是两种结构形式的表面式转子的磁路结构。

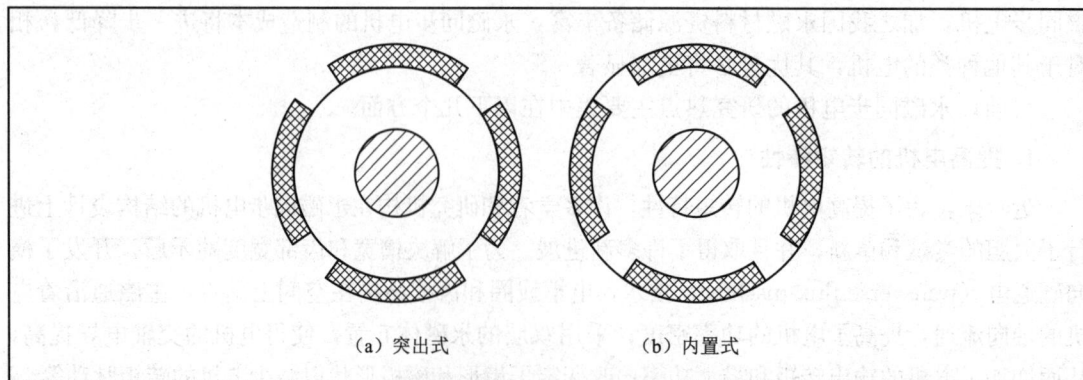

(a) 突出式　　　　　(b) 内置式

图5-3　两种结构形式的表面式转子的磁路结构

内置式转子的磁路结构主要有径向式、切向式和混合式 3 种，它们之间的区别主要在于永磁体磁化方向与转子旋转方向关系的不同。图 5-4 是 3 种不同形式的内置式转子的磁路结构。

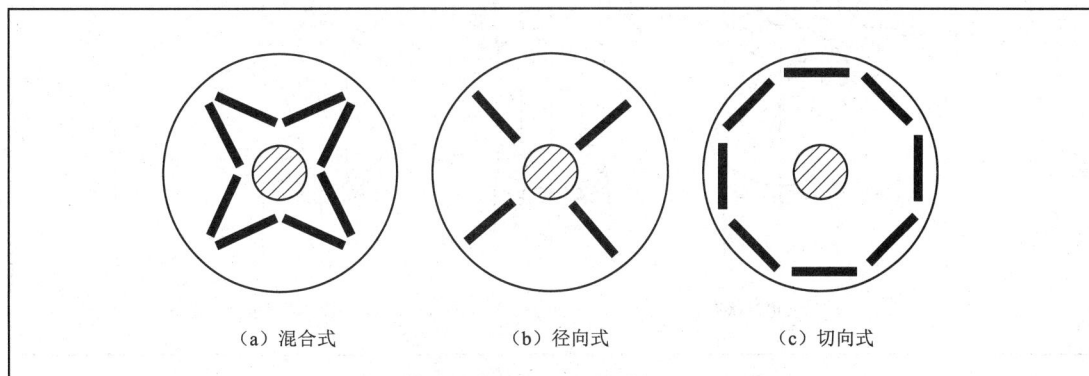

（a）混合式　　　　　　　　（b）径向式　　　　　　　　（c）切向式

图 5-4　三种不同形式的内置式转子的磁路结构

由于永磁体置于转子内部，转子表面便可制成极靴，极靴内置入铜条或铸铝等便可起到启动和阻尼的作用，稳态和动态性能都较好。又由于内置式转子磁路不对称，这样就会在运行中产生磁阻转矩，有助于提高电机本身的功率密度和过载能力，而且这样的结构更易于实现弱磁扩速。因此，目前开发的电动汽车驱动系统用永磁同步电机大多采用内置式转子磁路结构。丰田的混合动力电动汽车 Prius 采用的便是混合式的内置式转子磁路结构。

5.2.2　永磁同步电机的运行原理

当三相电流通入永磁同步电机定子的三相对称绕组中时，电流产生的磁动势合成一个幅值大小不变的旋转磁动势。由于其幅值大小不变，这个旋转磁动势的轨迹便形成一个圆，称为圆形旋转磁动势。其大小正好为单相磁动势最大幅值的 1.5 倍，即

$$F = \frac{3}{2} F_{\varphi 1} = \frac{3}{2} \cdot 0.9 k \cdot \frac{NI}{P} \tag{5-1}$$

式中，F 为圆形旋转磁动势，（T·m）；$F_{\varphi 1}$ 为单相磁动势的最大幅值，（T·m）；k 为基波绕组系数；p 为电机极对数；N 为每一线圈的串联匝数；I 为线圈中流过电流的有效值，A。

由于永磁同步电机的转速恒为同步转速，因此转子主磁场和定子圆形旋转磁动势产生的旋转磁场保持相对静止。两个磁场相互作用，在定子与转子之间的气隙中形成一个合成磁场，它与转子主磁场发生相互作用，产生了一个推动或者阻碍电机旋转的电磁转矩 T_e，即

$$T_e = k B_R B_{net} \sin \theta \tag{5-2}$$

式中，T_e 为电磁转矩，（N·m）；θ 为功率角，rad；B_R 为转子主磁场，T；B_{net} 为气隙合成磁场，T。

由于气隙合成磁场与转子主磁场位置关系的不同，永磁同步电机既可以运行于电动机状态也可以运行于发电机状态，永磁同步电机的三种运行状态如图 5-5 所示。

当气隙合成磁场滞后于转子主磁场时，产生的电磁转矩与转子旋转方向相反，这时电机处于发电状态；相反，当气隙合成磁场超前于转子主磁场时，产生的电磁转矩与转子旋转方向相同，这时电机处于电动状态。转子主磁场与气隙合成磁场之间的夹角 θ 称为功率角。

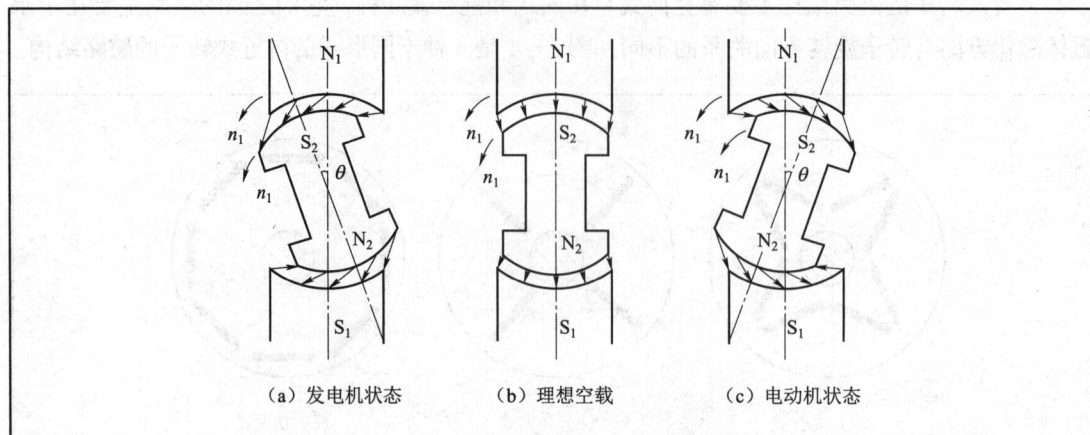

（a）发电机状态　　　（b）理想空载　　　（c）电动机状态

图 5 - 5　永磁同步电机的三种运行状态

5.2.3　永磁同步电机的功角特性

在分析永磁同步电机时，经常将负载电流分解为直轴电流和交轴电流两个分量。图 5 - 6 为永磁同步电机的物理模型。如图 5 - 6 所示，以平行于转子合成磁场的方向为 d 轴，垂直于转子合成磁场的方向为 q 轴建立 $d-q$ 轴坐标系。

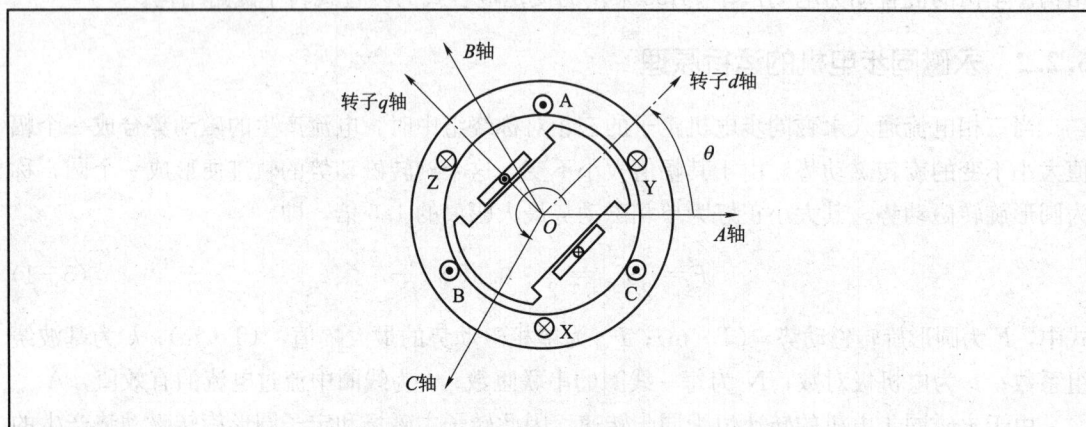

图 5 - 6　永磁同步电机的物理模型

当永磁同步电机容量较大时，通常忽略其电阻 R，由基尔霍夫第二定律得到定子单相电压的方程为

$$\dot{U}=\dot{E}_0+\mathrm{j}\dot{I}_d X_d+\mathrm{j}\dot{I}_q X_q \tag{5-3}$$

式中，$\dot{U}$ 为电机相电压，V；$\dot{E}_0$ 为单相空载反电动势的有效值，V；$\dot{I}_d$、$\dot{I}_q$ 分别为直、交轴的电枢电流，A；X_d、X_q 分别为直、交轴的同步电抗，Ω。

如果忽略三相绕组的电阻，永磁同步电机从电源吸收的有功功率扣除在三相绕组中消耗的铜损耗后的电磁功率 P_{em} 为

$$P_{em}=3P_s=3U_s I_s \cos\varphi \tag{5-4}$$

式中，P_{em} 为电机总电磁功率，W；P_s 为单相电磁功率，W；U_s 为定子单相电压，V；I_s 为定子单相电流，A；φ 为功率因数角。

q 轴的电压方程为

$$\begin{cases} I_d X_d = E_0 - U_s \cos\theta \\ I_q X_q = U_s \sin\theta \end{cases} \tag{5-5}$$

根据永磁同步电机的电压方程式可以画出它的向量图，如图 5-7 所示。

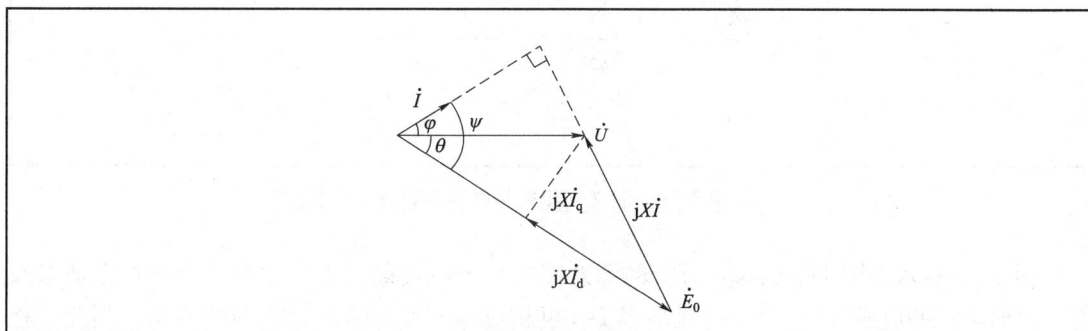

图 5-7　永磁同步电机的向量图

由永磁同步电机的向量图可见，$\phi = \Psi - \theta$，于是有

$$P_{em} = UI_s \cos\varphi \cos\theta + UI_s \sin\varphi \sin\theta \tag{5-6}$$

另外，根据向量图可得

$$\begin{cases} I_d = I_s \cos\varphi \\ I_q = I_s \sin\varphi \end{cases} \tag{5-7}$$

于是有

$$\begin{aligned} P_{em} &= U\cos\theta \cdot \frac{U\sin\theta}{X_q} + U\sin\theta \cdot \frac{E_0 - U\cos\theta}{X_d} \\ &= \frac{E_0 U \sin\theta}{X_d} + \frac{1}{2}U^2\left(\frac{1}{X_q} - \frac{1}{X_d}\right)\sin 2\theta \\ &= \omega\left[L_{md}L_f L_s \sin\theta + \frac{1}{2}(L_d - L_q)I_s^2 \sin 2\theta\right] \end{aligned} \tag{5-8}$$

式中，L_{md} 为转子磁链等效电感（H）；L_d，L_q 分别为直、交轴的同步电感（H）。

永磁同步电机的电磁功率 P_{em} 最终可以表达为

$$P_{em} = 3\frac{E_0 U}{X_d}\sin\theta + 3U^2\left(\frac{1}{X_q} - \frac{1}{X_d}\right)\sin 2\theta \tag{5-9}$$

由电磁功率的表达式可以方便地得到电磁转矩的表达式

$$T_e = \frac{P_{em}}{\omega} \tag{5-10}$$

可见，永磁同步电机的电磁包括两部分，一部分称为永磁转矩，是主要的转矩，另一部分称为磁阻转矩，是由 $X_d \neq X_q$ 引起的。

由电磁转矩的表达式可以看出，永磁同步电机的电磁转矩 T_{em} 是仅与 θ 有关的函数，当 θ 角改变时，T_{em} 也跟着变化。$T_{em} = f(\theta)$ 的关系称作永磁同步电机的矩角特性，永磁同步电机的矩角特性曲线如图 5-8 所示。

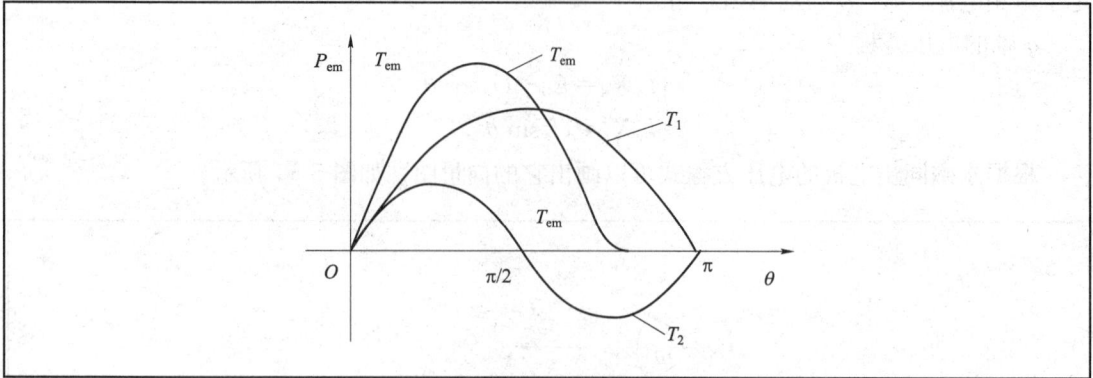

图 5-8　永磁同步电机的矩角特性

图 5-9 是永磁同步电机运行分析的示意图,当电机负载发生变化时,功率角也随着改变,这时电机的电磁转矩 T_{em} 和电磁功率 P_{em} 也相应地改变,从而达到新的平衡。因此,稳定运行的永磁同步电机的转子转速与同步转速完全一致,机械特性是一条水平的直线。

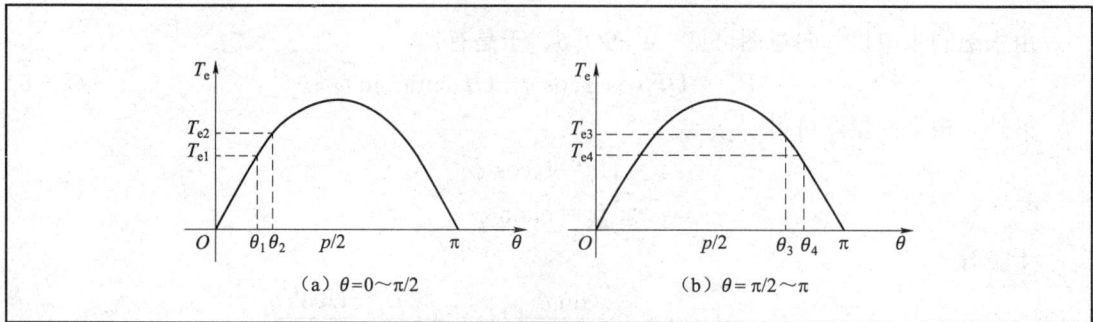

图 5-9　永磁同步电机的运行分析

由图 5-9 可见,当电机运行的功率角在 $0 \sim \pi/2$ 的范围内时,电机可以稳定运行;当功率角在 $\pi/2 \sim \pi$ 的范围内时,电机不能够稳定运行。

永磁同步电机的过载倍数用电机最大转矩 T_{em} 与额定转矩 T_N 的比值 λ 来表示,即

$$\lambda = \frac{T_{em}}{T_N} \approx \frac{\sin \pi/2}{\sin \theta_N} = 2 \sim 3.5 \tag{5-11}$$

为满足电机的过载要求,永磁同步电机额定工作时的功率角 θ 约为 $16.5° \sim 30°$。

永磁同步电机的转速调节一般分为恒转矩和恒功率两个区域,调速传动系统的主要特性如图 5-10 所示,主要反映了电机的调速范围和动态响应性能。

5.2.4　永磁同步电机的数学模型与矢量控制原理

1. 坐标变换

矢量控制的基本原理是模拟直流电机控制的原理和特性,将三相交流电机的电流矢量分解为产生转矩和励磁电流的分量,且使它们相互垂直,单独进行控制。由于永磁同步电机的

电流、电压等物理量都是交流量，控制和调节不方便，因此需要借助坐标变换转化为直流量进行控制。矢量控制和坐标变换的基本原理如图 5-11 所示。

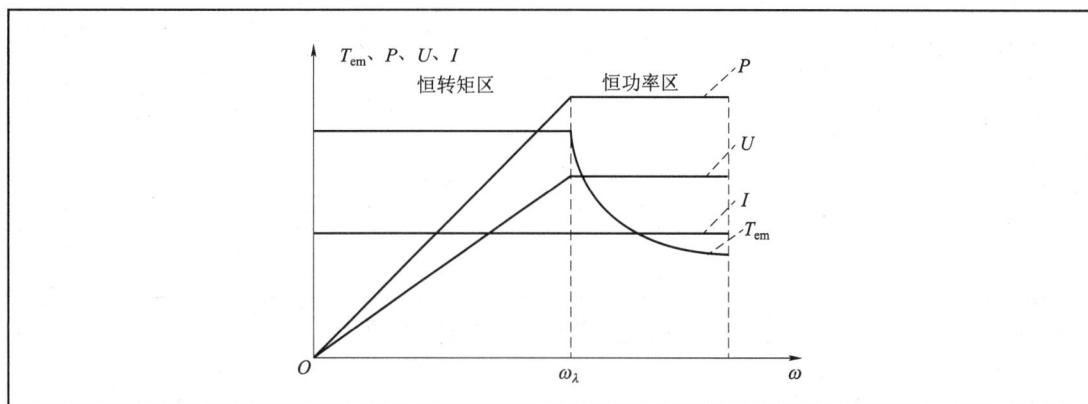

图 5-10　永磁同步电机的调速范围

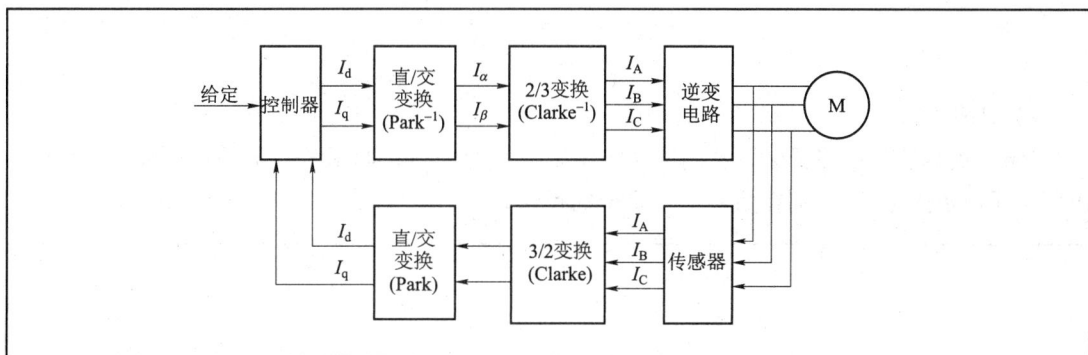

图 5-11　矢量控制与坐标变换的基本原理

　　永磁同步电机的控制中通常使用三种坐标系，分别为 ABC 坐标系（三相定子坐标系）、$\alpha-\beta$ 坐标系（两相定子坐标系）和 $d-q$ 坐标系（两相转子坐标系）。ABC 坐标系是以三相交流电机绕组 ABC 为轴线建立的坐标系。使 α 轴与 A 轴重合，β 轴逆时针超前 α 轴 90 度则建立 $\alpha-\beta$ 坐标系。三种坐标系的关系如图 5-12 所示。

　　1）Clarke 变换

　　Clarke 变换（3s/2s 变换）是两相定子坐标系向三相定子坐标系的变换，其反变换叫作 Clarke 逆变换，变换原则是保持合成磁动势不变。

　　Clarke 变换的形式为

$$\begin{bmatrix} I_\alpha \\ I_\beta \end{bmatrix} = \sqrt{\frac{3}{2}} \begin{bmatrix} 1 & -\dfrac{1}{2} & -\dfrac{1}{2} \\ 0 & \dfrac{\sqrt{3}}{2} & -\dfrac{\sqrt{3}}{2} \end{bmatrix} \begin{bmatrix} I_a \\ I_b \\ I_c \end{bmatrix} \tag{5-12}$$

　　Clarke 逆变换的形式为

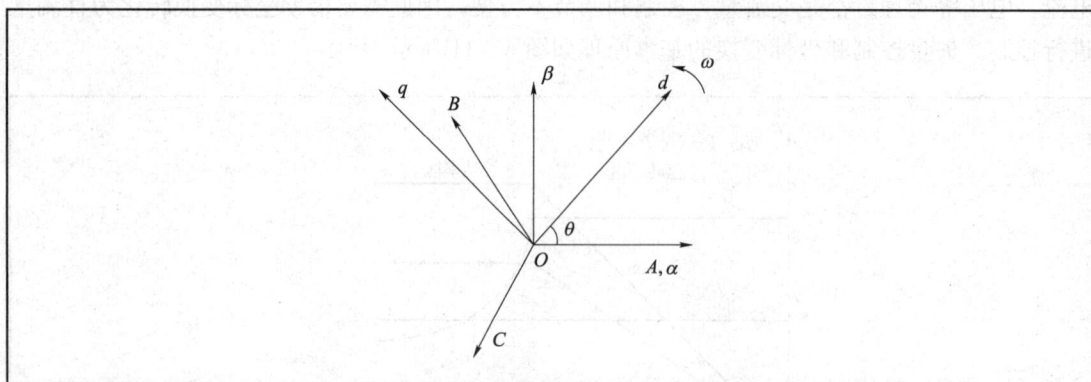

图 5 - 12　三种坐标系的关系示意图

$$\begin{bmatrix} I_a \\ I_b \\ I_c \end{bmatrix} = \begin{bmatrix} 1 & 0 \\ -\dfrac{1}{2} & \dfrac{\sqrt{3}}{2} \\ -\dfrac{1}{2} & -\dfrac{\sqrt{3}}{2} \end{bmatrix} \begin{bmatrix} I_\alpha \\ I_\beta \end{bmatrix} \tag{5-13}$$

2）Park 变换

Park 变换是两相转子坐标系向两相定子坐标系的变换，如图 5 - 13 所示。图 5 - 13 中给出了定子电流矢量 I_s 分别在两种坐标系上的投影。

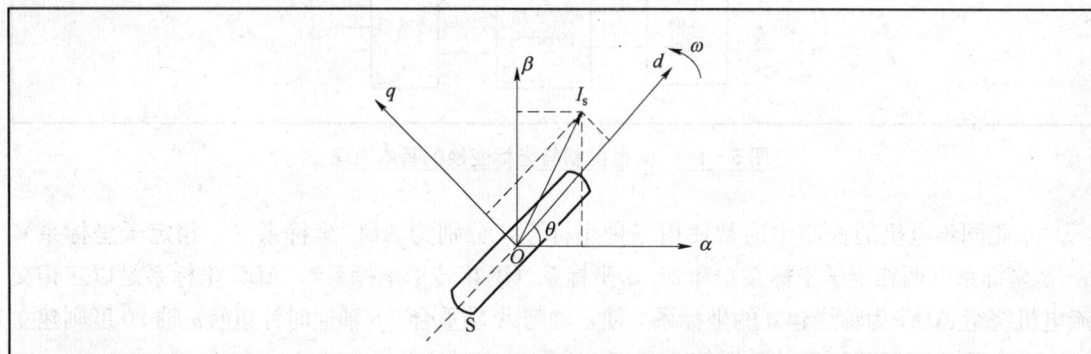

图 5 - 13　Park 变换示意图

图 5 - 13 中，α 轴与 d 轴的夹角 θ 随时间改变，$\theta = \omega t + \theta_0$（$\theta_0$ 是初始角），可以得到 Park 变换的形式为

$$\begin{bmatrix} I_d \\ I_q \end{bmatrix} = \begin{bmatrix} \cos\theta & \sin\theta \\ -\sin\theta & \cos\theta \end{bmatrix} \begin{bmatrix} I_\alpha \\ I_\beta \end{bmatrix} \tag{5-14}$$

最终可以得到由 ABC 坐标系到 d - q 轴坐标系的变换矩阵为

$$\boldsymbol{C}_{2/3} = \sqrt{\frac{2}{3}} \begin{bmatrix} \cos\theta & \cos\left(\theta - \dfrac{2}{3}\pi\right) & \cos\left(\theta + \dfrac{2}{3}\pi\right) \\ -\sin\theta & -\sin\left(\theta - \dfrac{2}{3}\pi\right) & -\sin\left(\theta + \dfrac{2}{3}\pi\right) \end{bmatrix} \tag{5-15}$$

2. 永磁同步电机的 $d-q$ 轴数学模型

为了便于分析计算作如下假设：

① 永磁同步电机的转子没有阻尼绕组；

② 不考虑铁心的漏磁饱和与涡流的影响；

③ 定子电压、电流及反电动势均呈正弦规律分布。

在 $d-q$ 坐标系下，永磁同步电动机的定子磁链方程为

定子电压方程为
$$\begin{cases} \psi_d = L_d I_d + \psi_f \\ \psi_q = L_q I_q \end{cases} \tag{5-16}$$

转矩方程为
$$\begin{cases} U_d = R I_d + \dfrac{\mathrm{d}\psi_d}{\mathrm{d}t} - \omega L_q L_q \\ U_q = R I_d + \dfrac{\mathrm{d}\psi_q}{\mathrm{d}t} + \omega L_d \end{cases} \tag{5-17}$$

动力学方程为
$$\begin{aligned} T_{em} &= \psi_d I_q - \psi_q I_d \\ &= I_q \psi_f + (L_d - L_q) I_d I_q \\ &= \frac{1}{\omega} \left[E_0 I_q + (x_d - x_q) I_d I_q \right] \end{aligned} \tag{5-18}$$

$$T_{em} = \frac{J}{p} \frac{\mathrm{d}\omega}{\mathrm{d}t} + T_L \tag{5-19}$$

式中，L_d、L_q 分别为定子绕组电感在 d 轴和 q 轴上的投影，H；ψ_d、ψ_q 分别为转子永磁体交定子绕组的磁链在 d 轴和 q 轴上的投影，Wb；R 为定子绕组的电阻，Ω；ω 为转子角速度，rad/s；T_L 为电机输出轴上的机械转矩，（N·m）；J 为转动惯量，（kg·m²），p 为磁极对数。

由永磁同步电机的转矩方程可以看出，永磁同步电机电磁转矩的大小取决于 d 轴和 q 轴定子电流的大小，因此可以通过对电机 d 轴和 q 轴电流的控制实现对电机运行的控制。

5.2.5 永磁同步电机的控制策略及仿真模型的建立

1. 电动汽车用永磁同步电机控制策略的制定

1）磁场定向控制

当电动汽车运行于起动、加速或爬坡等工况时，汽车遇到的阻力较大，要求电机转矩较大，此时，汽车车速较低，电机在恒转矩区，转速在基速以下。汽车正常行驶时，车速不高，电机转速同样位于基速以下。在定子电流给定的情况下，最简单的控制方案就是采用磁场定向控制，使直轴电流为零，这时电机的电磁转矩 $T_e = I_q \psi_f$，只需要控制 I_q 的大小便可以实现对电机转速的控制。

采用磁场定向控制（即 $I_d = 0$ 控制）时，电机只产生永磁转矩，这样可使控制方法简化，同时不必担心电机去磁的问题。但是，由于没有直轴分量，电机损失了磁阻转矩部分。不过，电机运行于中低速范围时，仍然可以获得较高的效率。

由电机的电压平衡方程和转矩方程可以求得 $I_d = 0$ 时电机可以达到的最高转速为

$$\omega_{max}=U_{lim}/\sqrt{(p\psi_f)^2+(T_eL_q/\psi_f)} \qquad (5-20)$$

式中，U_{lim} 为逆变器可提供的最高电压。

永磁同步电机磁场定向控制的原理如图 5-14 所示。

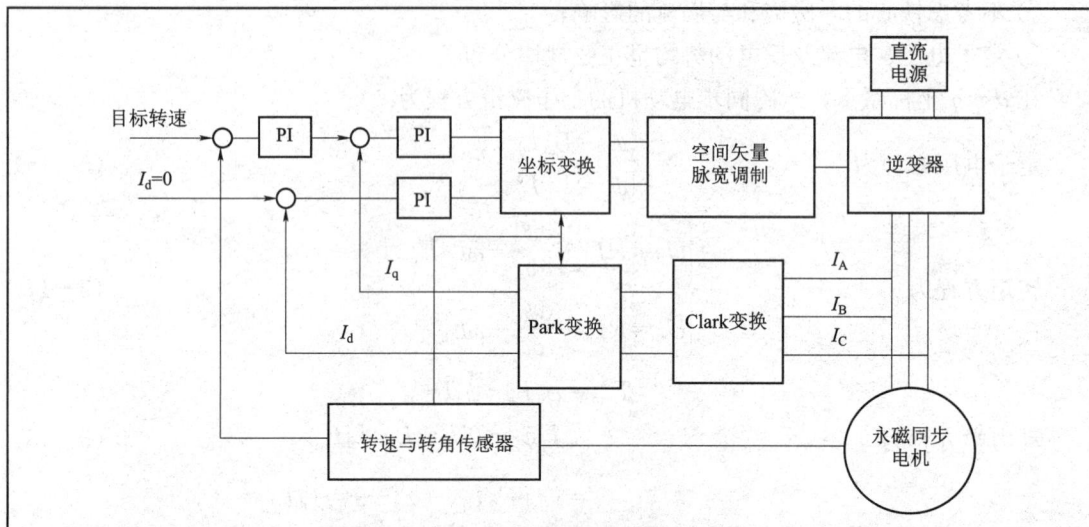

图 5-14　永磁同步电机磁场定向控制的原理

2）弱磁控制

当汽车高速行驶时，行驶阻力并不大，对转矩要求不高，此时电机工作于恒功率区，电机转速较高，位于基速以上。由于受到逆变器能够提供的电压和输出电流的限制，一般的控制方法已经无法继续调节电机的转速。如果这时仍需要提高电机的转速就要借助弱磁控制。弱磁调速的基本思想是模仿他励直流电机的调磁控制方法，直流电机在调速过程中，当端电压达到极限时，要继续升高电机转速就需要适当地减小励磁电流，以保持电压平衡。在永磁同步电机中，励磁磁场由永磁体产生，磁场恒定。由于直轴电流具有削弱气隙磁场的作用，因此适当增大直轴去磁电流可以使电机运行于更高的转速。由电机的电压方程可以推导出（忽略电阻）

$$U=\omega L_d\sqrt{I_q^2+(I_d+\omega_f/L_d)^2} \qquad (5-21)$$

当逆变器输出电压达到极限时，若要继续增加电机转速，只能够通过调节磁场定向控制电流 I_d 和 I_q 来实现，为了防止定子电流超过极限值，若要增加直轴电流就需要相应地减小交轴电流，以达到弱磁控制的目的。进行弱磁控制时，必须满足逆变器最大输出电流和电压的限制，即

$$\begin{cases} I_d^2+I_q^2\leqslant I_{max}^2 \\ (\omega L_dL_q)^2+(\omega\psi_f+\omega L_dI_d)^2\leqslant U_{max}^2 \end{cases} \qquad (5-22)$$

如图 5-15 所示，采用磁场定向控制时，交轴电流 $I_d=0$，直轴电流在电流极限圆内的变化范围为 OA 段，当电机以较低转速 ω_1 运行时，通过磁场定向控制，I_q 可以在 OA 段任意变化；当电机以较高转速 ω_2 运行时，电压极限圆与 OA 相交于 B 点，当 I_q 的变化超过 OB 段时，电压将超过逆变器限制；此时，若要求更大的转矩就需要借助直轴去磁电流 I_d，此时，如果使定子电流矢量偏离 I_q，由 B 点移到 C 点，I_d 将变大，产生的磁场削弱了由永

磁体产生的磁场，从而可以得到更高的转速。

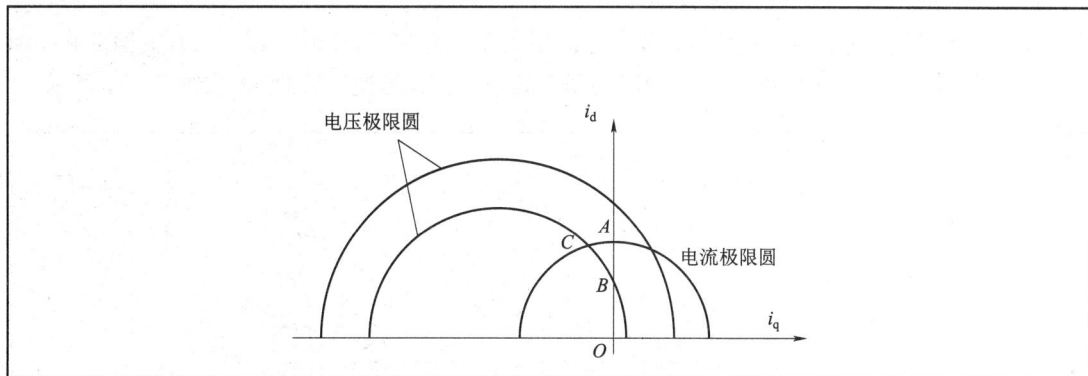

图 5-15 弱磁控制的原理

当电机转速超过基速以恒功率运行时，电压保持其极限值不变，直轴电流的计算公式为

$$I_{d}=-\frac{\psi_{f}}{L_{d}}+\frac{1}{L_{d}}\sqrt{\left(\frac{U_{max}}{L_{d}\omega}\right)-I_{q}^{*2}} \qquad (5-23)$$

永磁同步电机弱磁控制的原理如图 5-16 所示。

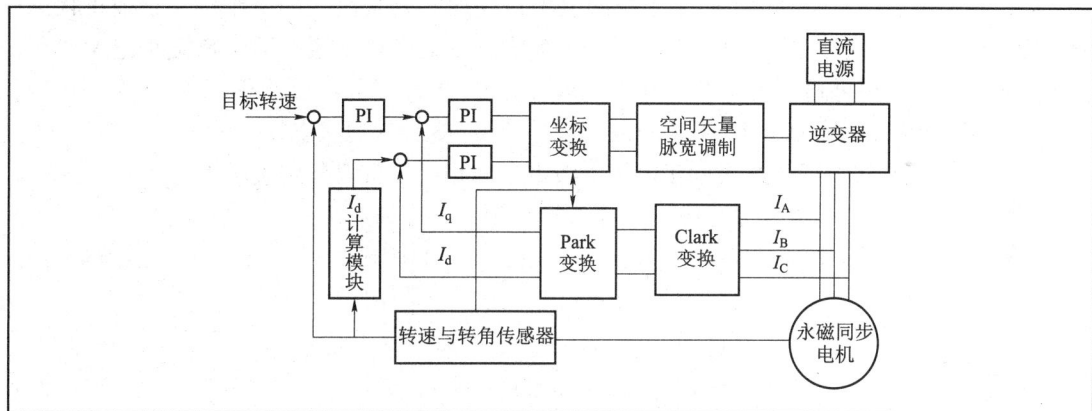

图 5-16 永磁同步电机弱磁控制的原理

如图 5-14 与图 5-16 所示，以目标转速与永磁同步电机实际反馈回来的转速的差值作为转速 PI 调节器的输入量，经过限幅处理以后，输出量作为同步电机的目标交轴电流 I_q 输入坐标变换模块。直轴电流由反馈回来的电机转速确定，采用磁场定向控制时，$I_d=0$；如果采用弱磁控制，需加入一个弱磁模块计算 I_d 的大小，然后连同目标交轴电流 I_d 一起输入坐标变换模块。经过 Park 变换和 Clark 变换得到目标三相电流，通过空间矢量脉宽调制模块计算出逆变器的驱动信号，驱动逆变器输出所需的电压、电流，从而完成对电机转速的控制。

2. 电压空间矢量脉宽调制的基本原理

脉宽调制（pulse-width modulation，PWM）技术是对脉冲宽度调整来获得等效波形的技术。在电机控制中，应用最广泛的是正弦波脉宽调制（sin usoidal pulse-width modulation，SPWM）和空间电压矢量脉宽调制（spacevector pulse-width modulation，SVPWM）。由于电压空间矢量脉宽调制方式具有电压利用率高，高次谐波含量少的优点。因此，永磁同步电机控制中广泛采用空间电压矢量脉宽调制技术。

空间电压矢量脉宽调制通过控制逆变器中三相交流逆变桥的 6 个功率器件的开关触发顺序和脉冲宽度的大小，在定子线圈中产生三相正弦波电流。三相交流逆变桥的结构如图 5-17 所示。

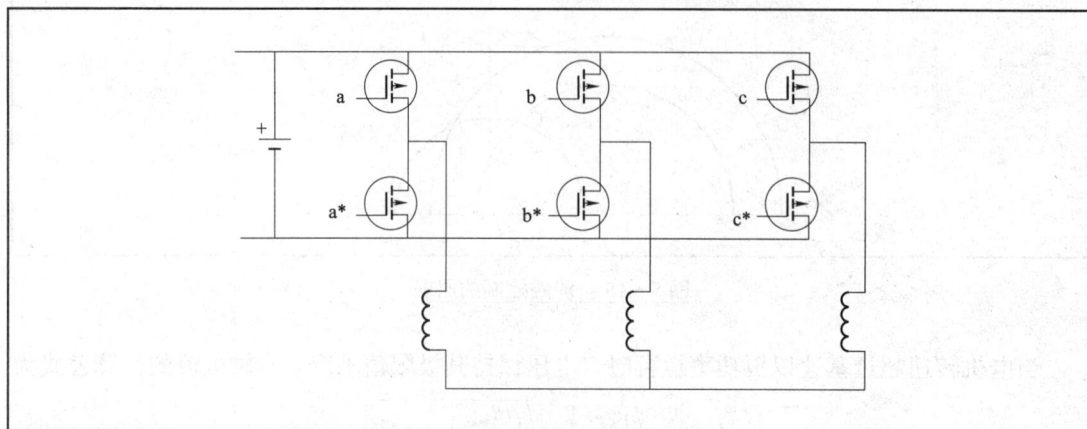

图 5-17　三相交流逆变桥的结构

当三相电压源型逆变器中每一个半桥的上半桥导通时，其对应的下半桥处于截止状态。设三相逆变桥的导通状态分别对应 a、b、c 3 个状态，上半桥导通、下半桥截止记为 "1"，上半桥截止、下半桥导通记为 "0"，则 V（a，b，c）共有 V（111）、V（110）、V（101）、V（100）、V（011）、V（010）、V（001）和 V（000）8 种导通状态。

设 U 为直流母线电压，永磁同步电机的线电压和相电压可以分别表示为

$$\begin{bmatrix} U_u \\ U_v \\ U_w \end{bmatrix} = \frac{1}{3}U \begin{bmatrix} 2 & -1 & -1 \\ -1 & 2 & -1 \\ -1 & -1 & 2 \end{bmatrix} \begin{bmatrix} a \\ b \\ c \end{bmatrix} \tag{5-24}$$

$$\begin{bmatrix} U_{uv} \\ U_{vw} \\ U_{wu} \end{bmatrix} = U \begin{bmatrix} 1 & -1 & 0 \\ 0 & 1 & -1 \\ -1 & 0 & 1 \end{bmatrix} \begin{bmatrix} a \\ b \\ c \end{bmatrix} \tag{5-25}$$

由此可得到线电压和相电压与不同开关状态的对照表，如表 5-2 所示。

表 5-2　线电压和相电压与不同开关状态的对照表

a	b	c	U_{uv}	U_{vw}	U_{wu}	U_u	U_v	U_w
0	0	0	0	0	0	0	0	0
1	0	0	U	0	$-U$	$2U/3$	$-U/3$	$-U/3$
1	1	0	0	U	$-U$	$U/3$	$U/3$	$-2U/3$
0	1	0	$-U$	U	0	$-U/3$	$2U/3$	$-U/3$
0	1	1	$-U$	0	U	$-2U/3$	$U/3$	$U/3$
0	0	1	0	$-U$	U	$-U/3$	$-U/3$	$2U/3$
1	0	1	U	$-U$	0	$U/3$	$-2U/3$	$U/3$
1	1	1	0	0	0	0	0	0

由 Clarke 变换式可以得到在 $\alpha-\beta$ 坐标系下相电压与不同开关状态的对照表，如表 5-3 所示。

于是可以确定 8 种开关状态对应的空间矢量，如图 5-18 所示。

表 5-3　相电压与不同开关状态在 $\alpha-\beta$ 坐标系下的对照表

U	V	W	U_α	U_β	电压矢量
0	0	0	0	0	U_0
0	0	1	$-U/3$	$-U/\sqrt{3}$	U_1
0	1	0	$-U/3$	$U/\sqrt{3}$	U_2
0	1	1	$-2U/3$	0	U_3
1	0	0	$2U/3$	0	U_4
1	0	1	$U/3$	$-U/\sqrt{3}$	U_5
1	1	0	$U/3$	$U/\sqrt{3}$	U_6
1	0	1	0	0	U_7

不同开关状态确定的非零空间电压矢量只有 6 个，只能得到一个六边形的旋转磁场，远远不能满足要求，为了获得更加细致的控制状态，需要通过 8 个空间矢量的线性组合来合成理想的空间矢量。

任意一个空间矢量都可以由与它相邻的两个矢量来合成，而向量大小又可以通过各种状态的导通时间来调节。设基本空间矢量 U_1U_2 总的作用时间分别是 T_1 和 T_2，t_0 和 t_7 为零矢量的作用时间，总和记为 T_0，$U(k)$ 为合成的空间矢量。如图 5-19 所示，通过不断地改变时间 T_1 和 T_2 的长度便能使合成矢量 $U(k)$ 逐步从矢量 U_2 的方向旋转至矢量 U_1 方向。

T_1+T_2 的时间小于或等于总的作用时间 T，剩余的时间由零矢量来弥补，因此

$$T_0=T_1+T_2+T_3 \tag{5-26}$$

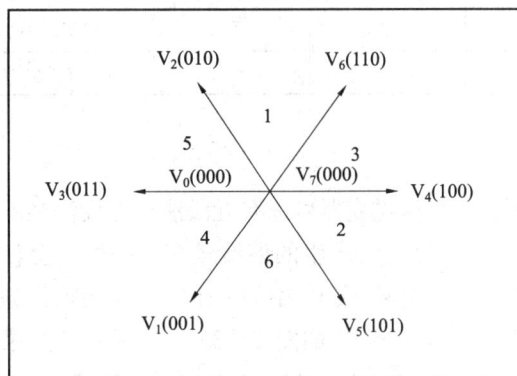

图 5-18　基本电压的空间矢量图

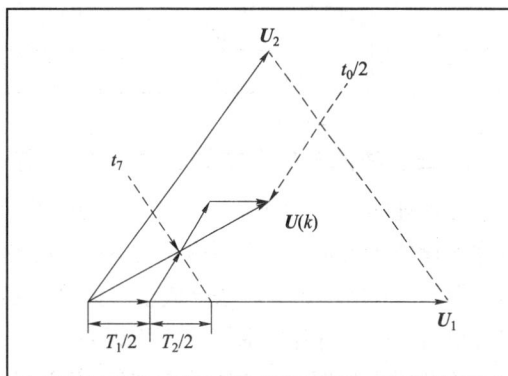

图 5-19　电压空间矢量的合成

由图 5-19 中的几何关系可以得到两个相邻向量的作用时间与合成向量大小和方向的关系为

$$\begin{cases} T_1 = \dfrac{2U(k)}{\sqrt{3}U_1} T\sin(\pi/3-\theta) \\ T_2 = \dfrac{2U(k)}{\sqrt{3}U_2} T\sin\theta \end{cases} \tag{5-27}$$

由于 T_1、T_2 的计算公式与合成矢量所在扇区有关，因此需要首先判断合成矢量所在的扇区，然后根据不同扇区计算 T_1、T_2 的大小。

为了判断扇区，需要将空间矢量在 $\alpha-\beta$ 轴坐标系中分解，设中间变量分别为 A、B、C。当 $\mu_\beta>0$ 时，$A=1$；反之，$A=0$。当 $\dfrac{\sqrt{3}}{2}\mu_\beta+\dfrac{3}{2}\mu_\alpha>0$ 时，$B=0$，反之，$B=1$。当 $\dfrac{\sqrt{3}}{2}\mu_\beta+\dfrac{3}{2}\mu_\alpha<0$ 时，$C=1$，反之 $C=0$。扇区号 N 的判断公式为

$$N=A+4B+2C$$

为了简化模型，同时设置另外三个中间变量 T_x、T_y、T_z，其计算公式为

$$\begin{cases} T_x = \sqrt{3}\mu_\beta \dfrac{T}{U_{dc}} \\ T_y = \left(\dfrac{\sqrt{3}}{2}\mu_\beta+\dfrac{3}{2}\mu_\alpha\right)\dfrac{T}{U_{dc}} \\ T_z = \left(\dfrac{\sqrt{3}}{2}\mu_\beta-\dfrac{3}{2}\mu_\alpha\right)\dfrac{T}{U_{dc}} \end{cases} \tag{5-28}$$

于是可以根据扇区号 N 判断 T_1、T_2 与中间变量 T_x、T_y、T_z 的对应关系，如表 5-4 所示。

表 5-4　基本电压空间矢量与作用时间的对照表

N	1	2	3	4	5	6
扇区	I	II	III	IV	V	VI
T_1	T_z	T_y	$-T_z$	$-T_x$	T_x	$-T_y$
T_2	T_y	$-T_x$	T_x	T_z	$-T_y$	$-T_z$

3. 三相桥的开关模式及 PWM 的输出波形

在保证同一时刻只有一个功率管动作的前提下，三相桥逆变器可以有五段法、七段法和不对称矢量分配法等多种矢量合成方法，由于不对称矢量分配法产生的谐波较多，一般不会使用。图 5-20 所示为五段法合成空间矢量，零矢量可以采用 V_0 或 V_7 中的一个。当采用 V_0 作为零矢量时，逆变桥各功率管开关的顺序为 $V_0 \rightarrow V_1 \rightarrow V_2 \rightarrow V_1 \rightarrow V_0$，如图 5-20 （a）所示。当采用 V_7 作为零向量时，逆变桥各功率管开关的顺序为 $V_1 \rightarrow V_2 \rightarrow V_7 \rightarrow V_2 \rightarrow V_1$，如图 5-20 （b）所示。

图 5-21 所示为七段法合成空间矢量，零矢量可以采用 V_0、V_7。以 V_0、V_7 为零矢量时，三相逆变桥功率管的开关顺序为 $V_0 \rightarrow V_1 \rightarrow V_2 \rightarrow V_7 \rightarrow V_2 \rightarrow V_1 \rightarrow V_0$。与五段法相比，采用七段法会使功率管的开关频率变大，开关损耗也相对较多，但七段法拆分更细，电流谐波含量小。设 ABC 三相逆变桥开关变换的时刻分别为 T_a、T_b 和 T_c，图 5-21 以第三扇区为例显

示了以三角形载波进行 PWM 调制的过程，只要控制 T_a、T_b 和 T_c 的大小就可以得到不同大小和方向的第三扇区矢量。

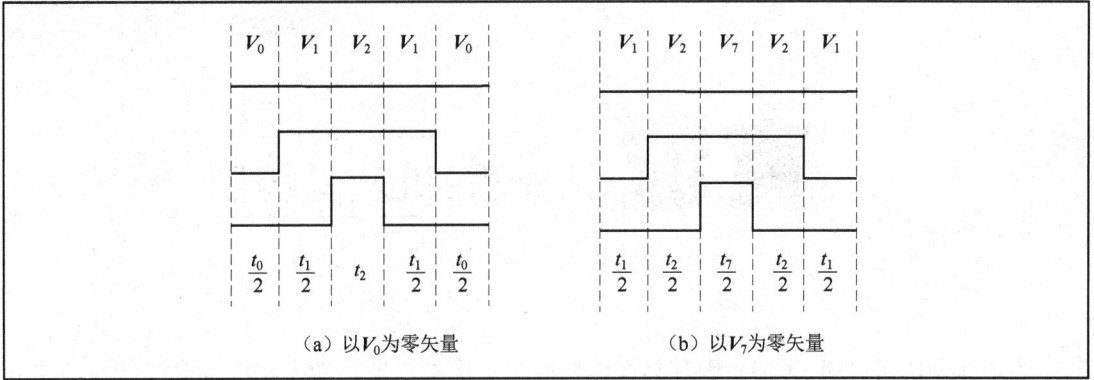

图 5-20　五段式空间矢量分配方法

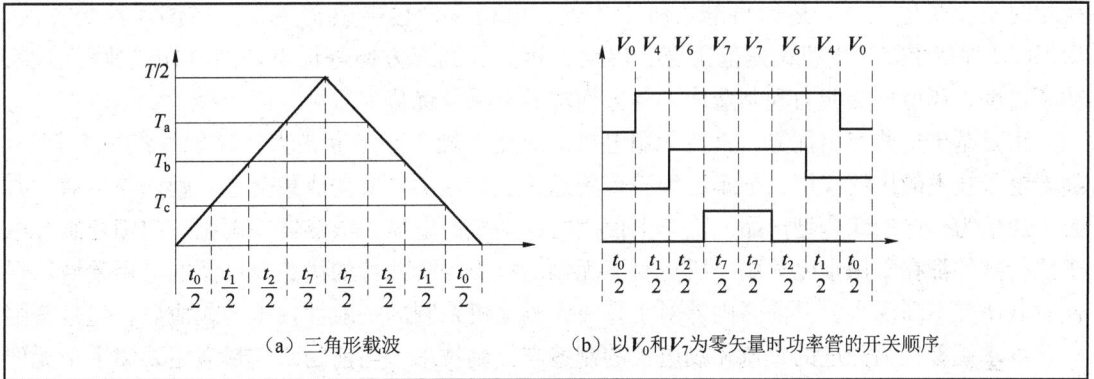

图 5-21　七段式空间矢量分配方法

第6章

直流无刷电机及其控制

直流无刷电机（BLDCM）因其具有结构简单，成本低廉，功率密度较高等特点，在变速驱动领域广泛应用。

直流无刷电机最明显的优势在于去除了电刷、换向器等机械摩擦构件，所以在电机旋转换相时不会产生火花，运行可靠，维护方便，电机寿命也会改善很多。在调速性能方面，BLDCM 保持了直流电机调速范围宽、启动力矩大、调速方便等优点，同时在快速可控性、功率密度、环境承受能力和制造成本等方面均具有明显优势。

正是基于这些突出优势，直流无刷电机的应用领域正在不断扩大。在现代汽车工业中，随着电子技术的广泛应用，汽车已突破传统意义上交通工具演变成集交通、娱乐与生活、办公、通信为一体的综合型产品。汽车上使用的起动机、电喷、散热器、雨刷、门锁控制等电子执行部件都在采用永磁无刷电机。直流无刷电机由于其独特的优势及广泛的应用领域，促使对其研究不断深入。目前国内外对于直流无刷电机控制的一般性技术比较成熟，但是美国和日本掌握着较为先进的直流无刷电机的制造与控制技术。当前的研究热点主要集中于无位置传感器控制技术和转矩脉动抑制等方面。这些研究的初衷则在于在直流无刷电机控制领域寻求一种低成本、控制相对简单、调速性能优良、稳定可靠的控制方法。

BLDCM 一般采用传统的 120°方波电流驱动控制。当绕组通以 120°电角度的电流时，其输出扭矩为恒值。但在实际应用中，这种方波电流驱动方式在换相时因电机绕组电流不能突变，导致在换相时刻产生很大的转矩脉动，这种转矩脉动会造成很大的电机噪声，限制了BLDCM 在电动汽车领域的应用范围。相比永磁同步电机（PMSM）来说，由于（PMSM）电流为正弦规律变化，不存在阶梯变化，所以它的扭矩脉动较低。

因此，对于 BLDCM 来说，减小运行时较大的转矩脉动一直是该研究领域的重要课题。BLDCM 的转矩脉动按产生原因可分为电磁脉动和电流换向脉动。电磁脉动主要涉及电机绕组与转子磁场的设计问题，当前主要通过对电机的电磁结构进行优化设计以改进或减小这种由电磁脉动引起的转矩波动。主要方法有电流反馈法、滞环电流法、重叠换相法、PWM 斩波法等用于对电流换向脉动的抑制。此外，也有一些新的方法如在人工智能的基础上实现的专家系统、基于模糊集合理论的模糊控制、基于神经网络的神经化控制等，也可以用于以减小这种换向转矩脉动。由于直流无刷电机实际上是一种交流电机，具有一定的非线性、强耦合、时变性的特征，加上电机运行过程中还会受到各种外界环境因素的干扰，因此如果按照常态化的控制策略对其进行控制，则不能适应对于高性能无刷电机的控制需求，再者这些方法要么只是针对特定的对象，要么需要较好的参数辨识，要么对电流传感器等器件的要求较高，在成本、实用性上尚存不足。

6.1　直流无刷电机的组成结构和数学模型

6.1.1　直流无刷电机的基本组成结构

直流无刷电机组成结构及原理如图 6-1 所示。

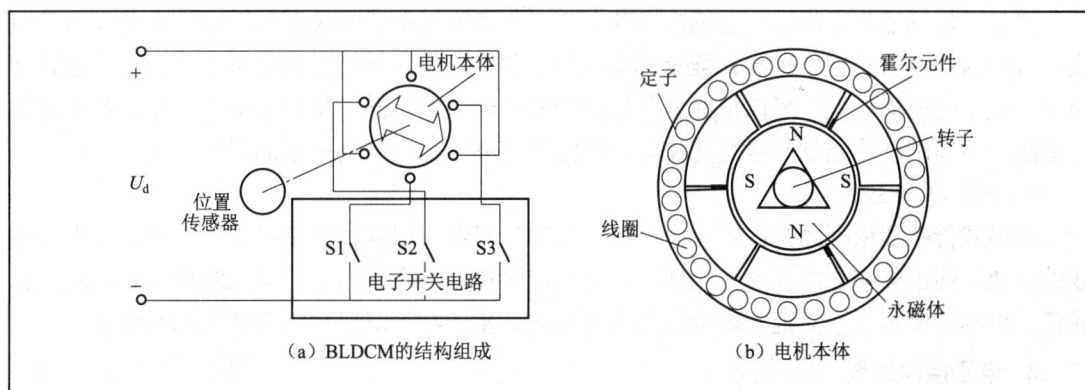

图 6-1　直流无刷电机的组成结构及原理

　　直流无刷电机（BLDCM）的基本构成主要有三部分，分别为电机本体、转子位置传感器和定子绕组电子换向电路，如图 6-1（a）所示。在结构上，直流无刷电机是由直流电机旋转的转子绕组与定子永磁体倒置过来的无刷化电机。简单的讲，直流电机中的电刷与换向器在转子连续旋转时将直流电流转变为转子绕组中的交变电流，而 BLDCM 通过电力电子换向电路在定子绕组中导通交流电流，进而产生交变的旋转磁场，该磁场与转子永磁体产生的磁场相互作用，从而使得转子连续旋转。BLDCM 中的电力电子换向电路将直流电机中电刷和换向器的机械换向替代为电子换向，避免了机械摩擦与损耗，从而提高了可靠性。此时，永磁无刷电机的定子绕组相当于直流电机的电枢。为了保持 BLDCM 转子的连续旋转，需要准确确定每一时刻转子永磁体与定子绕组的相对位置，然后根据磁极位置，通过电力电子换向控制定子绕组的导通顺序及规律。

1. 电机本体

　　BLDCM 本体主要由定子绕组和转子永磁体组成。定子和转子若要产生电磁作用，就必须满足电磁方面的特性要求，首先需要有足够的气隙磁通，其次，定子绕组能够允许一定的电流流通，这样才能保证一定的电磁转矩。再者，在机械方面需要考虑到结构的稳定性及外界环境的作用等。图 6-1（b）所示的是 BLDCM 本体的工作原理。

2. 位置传感器

位置传感器主要用来检测转子永磁体磁极的位置，以便依据转子的位置控制电子换向器导通相应的绕组。可以说位置传感器就像 BLDCM 的一双眼睛，其检测的精准与否将会直接影响 BLDCM 运行的可靠与稳定。在对控制性能要求较高的场合，其精准程度对控制性能的影响越明显。位置传感器有很多种，可以大致分为电磁式、光电式和磁敏式等。

1）电磁式传感器

电磁式传感器是通过电磁效应来实现检测的，常见的有旋转变压器。旋转变压器原边和副边的一侧通过电压给定励磁，另一侧通过电磁耦合来产生感应电压。旋转变压器的原边和副边在转子旋转时，其相对位置也发生变化，输出的感应电压随转子位置成正弦或余弦规律变化。这种传感器工作稳定，使用寿命长，适应各种复杂环境，但其成本偏高，输出波形还要经过整流、滤波、解码等处理过程。

2）光电式传感器

光电式传感器依据的是光电感应原理，主要由可旋转的遮光装置和固定的发射光源等组成，可分为绝对式光电传感器和增量式光电传感器两种。这种传感器输出的位置信号是脉冲信号，抗干扰能力较强，可以很好地匹配如今常见的数字电路，精度也很高。但其对环境条件敏感，当周围环境温度与湿度变化时，性能和可靠性也会受到一定的影响。

3）磁敏式传感器

磁敏式传感器依据的是霍尔效应原理。这种传感器主要通过磁敏式霍尔元件感应周围磁场的变化，输出数字化的开关变化信号，其响应迅速，寿命也很长，结构简单，制造成本也较低。但其精度很差，只能简单地检测磁场变化，常用在 BLDCM 六脉波驱动系统中。

3. 电子换向装置

电子换向装置是用来控制无刷电机定子各绕组电流导通情况的，由电力电子开关元件和位置信号处理模块组成。电子换向装置将检测到的位置信号进行相应的处理后解析出用来控制电力电子开关器件的逻辑信号，从而使相应的相绕组导通，产生能推动转子连续运转的旋转磁场。

6.1.2　直流无刷电机与永磁同步电机的结构比较

作为同步电机，BLDCM 和 PMSM（永磁同步电机）的基本结构是相同的，他们都属于永磁交流电机。二者的转子均为永磁体结构，定子安装有多相交流绕组，通过转子的永磁磁场与定子的交变磁场相互作用产生转矩并且它们定子绕组中电流的流通情况都需要与转子磁极位置保持同步。

尽管在结构上基本相同，但二者有着不同的设计目标。永磁同步电机要求呈正弦曲线的反电势波形，所以其转子永磁体以获得正弦波分布的气隙磁通密度为设计目标。而对于梯形波反电势要求的 BLDCM，其转子气隙磁通密度分布越接近方波效果越好。以表贴式磁钢结构为例，气隙磁场的分布会因磁钢的形状与充磁方式的不同有很大变化，从图 6-2 可以看出，通过径向充磁产生的气隙磁场趋近于方波，而通过平行充磁产生的气隙磁场趋近于正弦波分布。

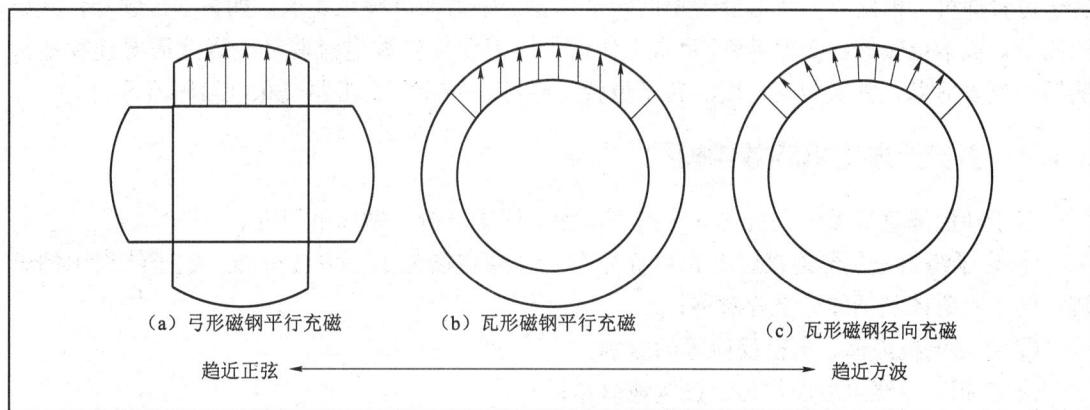

图 6-2 转子永磁体的充磁分布

其次，由于二者绕组结构的不同，因此各自感应的反电势波形也会有所不同。永磁无刷电机（PMSM）一般采用短距分布绕组，以减少绕组反电势产生的部分谐波。而直流无刷电机（BLDCM）一般采用整距集中绕组，这样可以保证相反电势具有较大的宽度，产生理想的呈 $120°$ 分布的梯形波反电势。

由于二者绕组分布的不同，各自产生的旋转磁场的幅值也不同。对于 BLDCM，只考虑基波磁场，假定每一相方波磁动势的幅值为 F，对该磁动势进行傅里叶分解，其基波分量幅值为 $F \cdot \dfrac{\pi}{4}$，如图 6-3 所示。

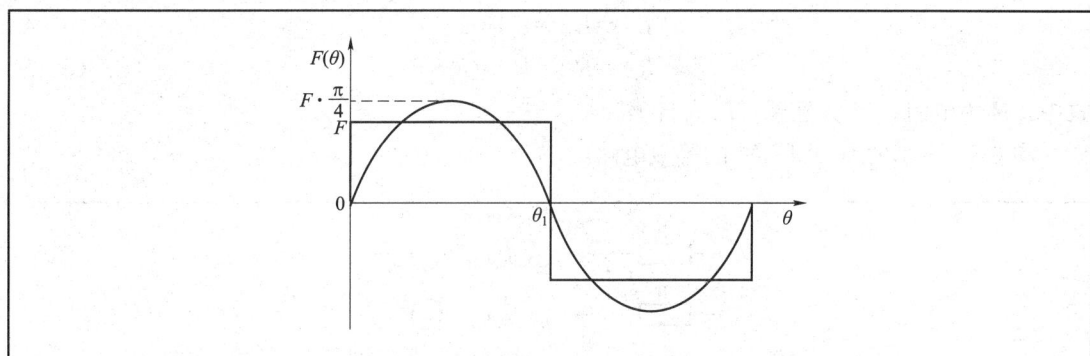

图 6-3 方波磁动势及其基波磁动势

将其与正弦分布的合成磁动势比较，其基波合成磁动势的幅值为 $F \cdot \dfrac{\pi}{4} \cdot \dfrac{3}{2}$，即 $1.909F$。由此可推知，当绕组匝数与电流相同时，PMSM 的正弦波每相合成磁动势为 $1.5F$，BLDCM 的磁场强度要比 PMSM 高出 27%。

对于两种不同的永磁同步电机来说，各自的驱动方式也存在不同。BLDCM 由直流电机演变而来，传统上通过简单的电子换向通以方波电流驱动即可。而 PMSM 作为改进的永磁交流电机，其磁通设计成正弦分布，其定子交流绕组一般采用正弦或类正弦电流驱动。

为了实现对永磁体转子的同步跟踪，两种电机都安装有转子位置反馈装置。BLDCM 要求驱动电流为方波，在方波电流导通时只需要检测电流换向点，即只需要每 $60°$ 电角度检测转子位置即可，因此只需要低分辨率的转子位置传感器即可满足要求，如霍尔传感器，其结构简单，成本也较低。而 PMSM 正常工作运行时需要正弦波电流驱动，因此需要连续地检测转子位置信息，常采用高精度的转子位置传感器，如旋转变压器或光电编码器等。

6.1.3 直流无刷电机的数学模型

对于梯形波直流无刷电机的动态模型，为了便于分析，做以下假设。

① 定子绕组呈星形连接，三相对称分布，气隙磁场为 $120°$ 方波分布，定子绕组中的电流、转子永磁体磁场的分布皆对称；

② 忽略电机齿槽、电枢反应等的影响；

③ 三相定子绕组表面均匀、连续地分布；

④ 磁路不饱和，忽略涡流、磁滞损耗，忽略集肤效应和温度的影响。

对于 BLDCM 的相电压方程，由于三相绕组星形连接且对称，对于其中一相有

$$\dot{U}=\dot{E}+(R+jX)\dot{I} \tag{6-1}$$

式中，$\dot{U}$ 为电机相电压；$\dot{E}$ 为单相空载反电动势。

式（6-1）也可表示为

$$\dot{U}=\dot{E}+R\dot{I}+\frac{Xd\dot{I}}{dt} \tag{6-2}$$

假设三相对称的理想情况，三相绕组互感、自感和电阻之间的关系分别为

$$M1=M2=M3=M \tag{6-3}$$
$$L1=L2=L3=L \tag{6-4}$$
$$R1=R2=R3=R \tag{6-5}$$

式中，R 为电阻；M 为互感；L 为自感。

图 6-4 表示的是 BLDCM 的等效电路图

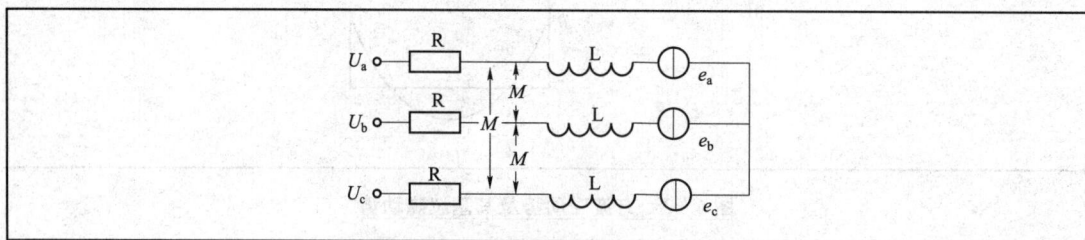

图 6-4 BLDCM 的等效电路

则三相绕组的电压平衡方程可表示为

$$\begin{bmatrix} u_a \\ u_b \\ u_c \end{bmatrix}=\begin{bmatrix} R & 0 & 0 \\ 0 & R & 0 \\ 0 & 0 & R \end{bmatrix}\begin{bmatrix} i_a \\ i_b \\ i_c \end{bmatrix}+p\begin{bmatrix} L & M & M \\ M & L & M \\ M & M & L \end{bmatrix}\begin{bmatrix} i_a \\ i_b \\ i_c \end{bmatrix}+\begin{bmatrix} e_a \\ e_b \\ e_c \end{bmatrix} \tag{6-6}$$

式中，u_a、u_b、u_c 为定子各相绕组的电压；i_a、i_b、i_c 分别为定子各相绕组的电流；e_a、e_b、e_c 分别为定子各相绕组的反电动势；L 为相绕组自感；M 为相绕组间的互感；p 为微分算子 p=d/dt。

由于三相绕组为星形连接，有

$$i_a + i_b + i_c = 0 \tag{6-7}$$

$$Mi_a + Mi_b + Mi_c = 0 \tag{6-8}$$

化简得到最终状态方程

$$\begin{bmatrix} u_a \\ u_b \\ u_c \end{bmatrix} = \begin{bmatrix} R & 0 & 0 \\ 0 & R & 0 \\ 0 & 0 & R \end{bmatrix} \begin{bmatrix} i_a \\ i_b \\ i_c \end{bmatrix} + p \begin{bmatrix} L-M & 0 & 0 \\ 0 & L-M & 0 \\ 0 & 0 & L-M \end{bmatrix} \begin{bmatrix} i_a \\ i_b \\ i_c \end{bmatrix} + \begin{bmatrix} e_a \\ e_b \\ e_c \end{bmatrix} \tag{6-9}$$

对于 BLDCM，为产生恒定的电磁转矩，要求定子绕组通以方波电流，反电动势为理想的 120°梯形波分布，此时输出的电磁转矩类似于直流电机，其电磁转矩与磁通或电流成正比，即

$$T_e = \frac{e_a i_a + e_b i_b + e_c i_c}{\omega_r} = P \frac{e_a i_a + e_b i_b + e_c i_c}{\omega} \tag{6-10}$$

式中，T_e 为电磁转矩，（N·m）；ω 为转子的电角速度，rad/s；ω_r 为转子的机械转速，rad/s；P 为极对数。

机械方程为

$$JP \frac{d\omega_r}{dt} = T_e - T_L - B \cdot \omega_r \tag{6-11}$$

式中，J 为电机的转动惯量；T_L 为负载转矩；B 为阻尼系数。

式（6-9）、式（6-10）和式（6-11）描述的是 BLDCM 的数学模型。

6.1.4 直流无刷电机的驱动原理

以三相六状态方波驱动 BLDCM 为例，其工作原理如图 6-5 所示。

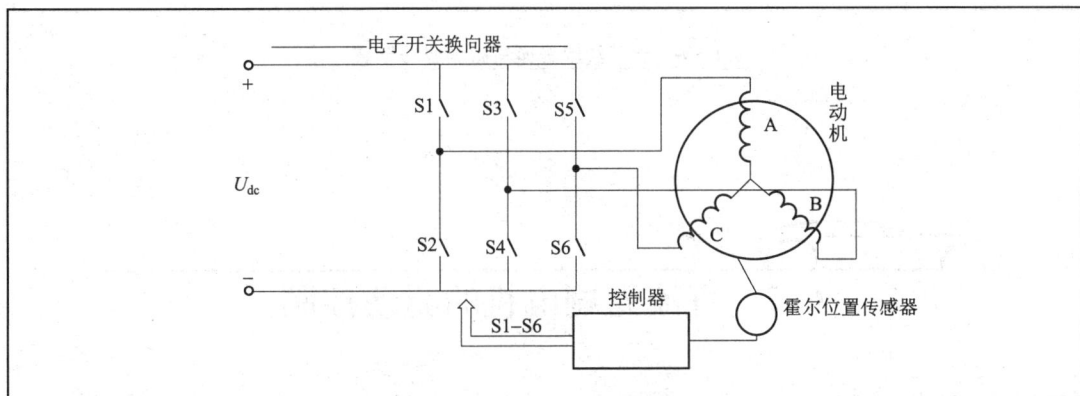

图 6-5 BLDCM 的工作原理

BLDCM 只有在定子绕组产生的磁场与转子磁场正交时，产生最大的电磁转矩，那么对于六状态方波驱动的 BLDCM 来说，在转子转动一周的情况下，定子三相绕组中的每一相会有 120°的导通宽度。

当位置传感器检测到转子的相对位置如图 6-6（a）所示时，输出相应的位置信号，驱

动相应的功率开关管 S1、S4 导通,使电流由绕组 A 流入绕组 B,合成的定子空间磁动势为 F_a,此时与转子磁动势轴线呈 120°电角度的夹角,定子磁场与转子磁场相互作用,推动转子以顺时针方向旋转。电流流通路径为:$U_{dc}^+ \rightarrow S1 \rightarrow A$ 相绕组 $\rightarrow B$ 相绕组 $\rightarrow S4 \rightarrow U_{dc}^-$。当转子转过 60°电角度,到达图 6-6(b)中所示位置时,两绕组磁动势轴线呈 60°电角度的夹角,此时转子位置传感器输出相应的位置指示信号,经控制器处理后驱动相应的功率开关管 S1、S6 导通,其他开关管截止,则电流由 A 相绕组进入 C 相绕组,定子绕组在空间合成磁动势为 F_a 如图 6-6(c)所示,此时定子磁动势和转子磁动势轴线间又恢复至 120°电角度的夹角。在定子与转子磁场的相互作用下,转子上获得的电磁转矩将基本不会变化,使永磁体转子得以继续沿顺时针方向转动。电流流通路径为:$U_{dc}^+ \rightarrow S1 \rightarrow A$ 相绕组 $\rightarrow C$ 相绕组 $\rightarrow S6 \rightarrow U_{dc}^-$。依此类推,每隔 60°电角度,功率开关管按照对应的导通逻辑依次导通,定子绕组电流顺序切换,使得同步旋转的转子始终受到一个旋转方向恒定的电磁转矩,转子得以连续转动。

从以上工作原理分析可知,定子绕组上形成的合成磁动势 F_a 以同步于转子的转速旋转,是一个每间隔 60°跳变的旋转磁动势。在 60°区间内,定子的合成磁动势在空间上保持静止不动,而在 60°换向点,此合成磁动势会瞬间跳变 60°,如图 6-6 所示。

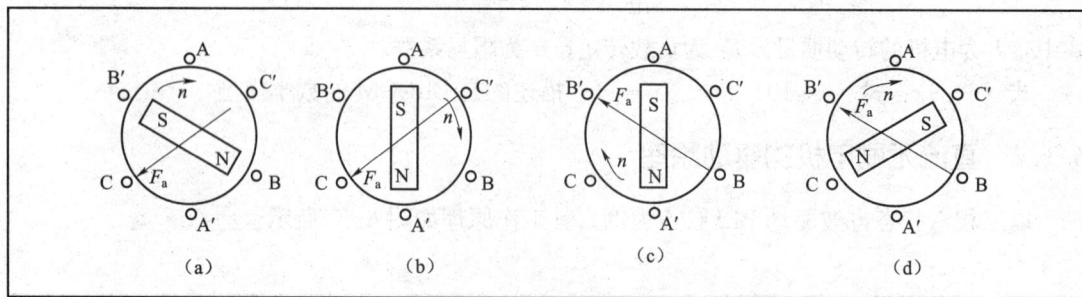

图 6-6 定子绕组导通与磁场旋转示意

6.2 直流无刷电机的驱动控制

电磁转矩是考察电机性能的一项重要指标。相较于 PMSM,BLDCM 存在着转矩脉动较大的问题。BLDCM 的转矩脉动按产生原因可分为电磁脉动和电流换向脉动,而电流换向脉动是 BLDCM 转矩脉动的主要成因。

本节将会详细分析基于转矩脉动抑制的几种不同的 BLDCM 驱动控制策略,通过仿真,分析不同驱动控制策略下 BLDCM 的转矩脉动等电机特性。

6.2.1　直流无刷电机的方波电流控制

1. 理想反电势下的方波电流驱动分析

方波电流驱动控制是最早使用在 BLDCM 的一种 PWM 控制方法，也是目前应用最广泛的控制方法。方波电流驱动实际上可称为六脉波驱动，这种控制方法依据转子 60°六状态 PWM 导通方式切换驱动控制。在这种控制方式下，换相模块通过检测转子位置，每隔 60°电角度改变一次，控制对应开关管的通断。

图 6-7 表示的是绕组电流的导通关断与反电势的对应关系，理想状态下，绕组各相反电势呈宽度为 120°的梯形波分布，对应的绕组相电流为 120°电角度导通，每 60°进行换向。由上一节对 BLDCM 工作原理的分析可知，这种对应关系可以使 BLDCM 获得最佳的转矩性能。

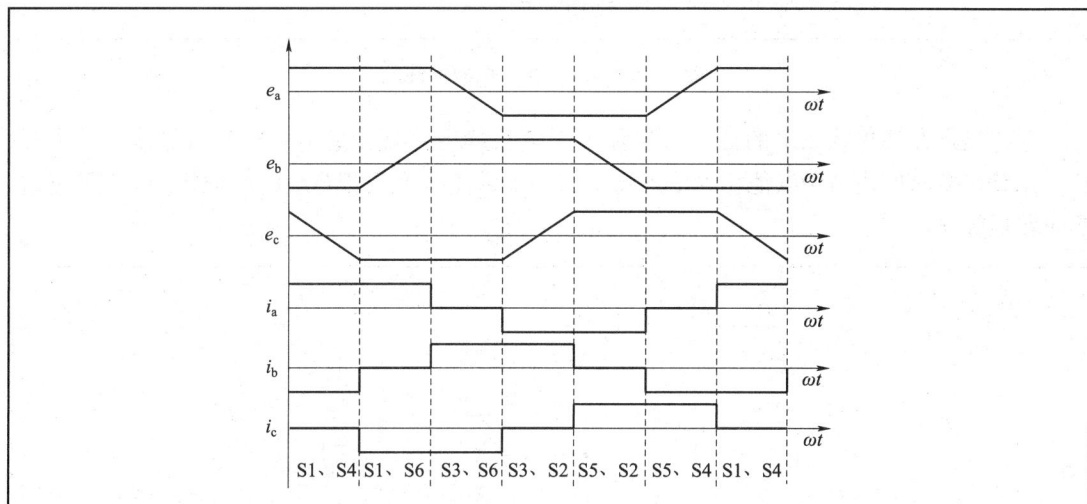

图 6-7　六脉波驱动中反电势与导通电流的对应关系

当 BLDCM 运行在上述六状态方波驱动时，三相绕组在每一时刻为两相导通。由此可以简单分析出在稳态下 BLDCM 的转矩与转速的关系。忽略损耗，输入功率 P_N 和输出转矩 T_e 有

$$P_N = e_a i_a + e_b i_b + e_c i_c = 2 I_{dc} V_e = T_e \omega_r \tag{6-12}$$

即

$$T_e = \frac{e_a i_a + e_b i_b + e_c i_c}{\omega_r} = \frac{2 I_{dc} V_e}{\omega_r} \tag{6-13}$$

式中，I_{dc} 为直流母线电流；V_e 为相绕组的反电势，与转子转速 ω_r 成正比，可表示为

$$V_e = K \cdot \omega_r \tag{6-14}$$

其中，K 为反电势系数。将式（6-14）代入式（6-13）可得

$$T_e = 2 K I_{dc} = K_1 I_{dc} \tag{6-15}$$

定子绕组两相导通运行时，导通回路方程为

$$U_{dc} = 2 R I_{dc} + 2 V_e \tag{6-16}$$

式中，U_{dc} 为直流母线电压。

当 $I_{dc}=0$ 时，定义 $\omega_e=U_{dc}/K_1$ 为基速。将式（6-14）和式（6-15）代入式（6-16），有

$$\omega_r=\frac{U_{dc}-2RI_{dc}}{K_1}=\frac{U_{dc}}{K_1}-\frac{2RT_e}{K_1^2}=\omega_e-\frac{2R}{K_1^2}T_e \tag{6-17}$$

由式（6-17）得到如图 6-8 所示的 BLDCM 的机械特性曲线，其斜率为 $-2R/K_1^2$，保持不变，与定子绕组阻抗和相反电势系数有关。由图 6-8 可知 BLDCM 有着和直流电机几乎一致的运行特性，因此很多人习惯称 BLDCM 为直流无刷电机。

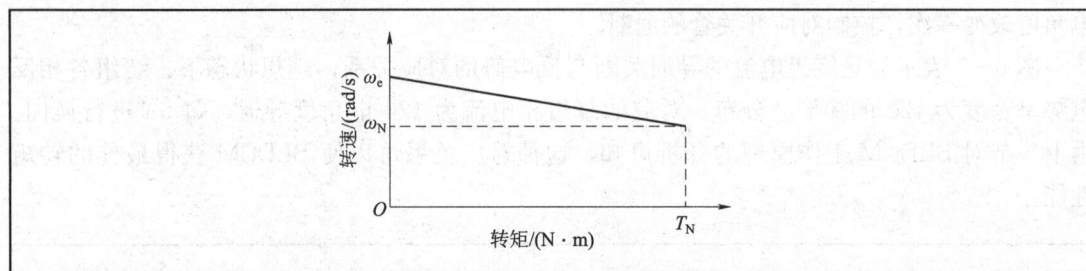

图 6-8　BLDCM 的机械特性

上述只是在理想状态下的分析，实际中因电机绕组呈现为感性，使得导通电流无法突变，尤其在换向期间由于其他相无法理想地通断导致了非换向相绕组的电流扰动，进而产生换向转矩脉动。

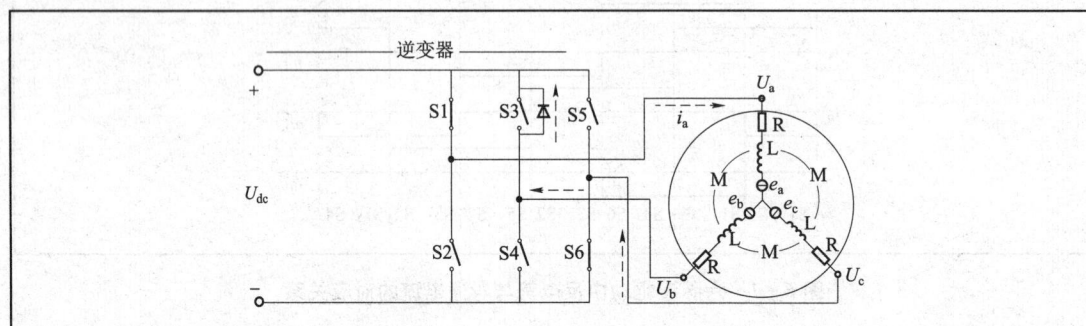

图 6-9　换向状态 1

以图 6-9 为例，当 S1、S4 开通时，AB 相绕组导通；S1、S6 开通时，AC 相绕组导通。换向导通阶段会经历几个状态，在 S1、S6 开通的初始阶段，B 相绕组中的电流经 S3 上的反并联二极管续流，与 S1、绕组 A 形成回路。另一条回路由 S1、绕组 A、绕组 C 和 S6 组成。如图 6-9 所示，这个状态的换向时间为 t，则应满足以下方程

$$R_a i_a+(L-M)di_a/dt+e_a-[R_c i_c+(L-M)di_c/dt+e_c]=U_{dc} \tag{6-18}$$

$$R_a i_a+(L-M)di_a/dt+e_a-[R_b i_b+(L-M)di_b/dt+e_b]=0 \tag{6-19}$$

由于 BLDCM 的三相绕组对称且为星形连接，因此有

$$i_a+i_b+i_c=0 \tag{6-20}$$

三相绕组的反电势在理想状态时，有

$$e_a=-e_b=-e_c=V_e \tag{6-21}$$

设 I 为绕组相电流的稳态值，为简化运算，这里忽略绕组电阻，即 $R_a=R_b=R_c=0$，

由式（6-18）～式（6-21）可求得

$$\begin{cases} i_a = I + \dfrac{U_{dc} - 4V_e}{3(L-M)}t \\[2mm] i_b = -I + \dfrac{U_{dc} + 2V_e}{3(L-M)}t \\[2mm] i_c = -\dfrac{2U_{dc} - 2V_e}{3(L-M)}t \end{cases} \tag{6-22}$$

此时，当 S1、S6 关断时，绕组 A 中的电流会通过 S2 上的续流二极管分别流经绕组 B 和绕组 C，然后通过 S3、S5 上的续流二极管分别与电源 U_{dc} 形成回路，此换向状态如图 6-10 所示。

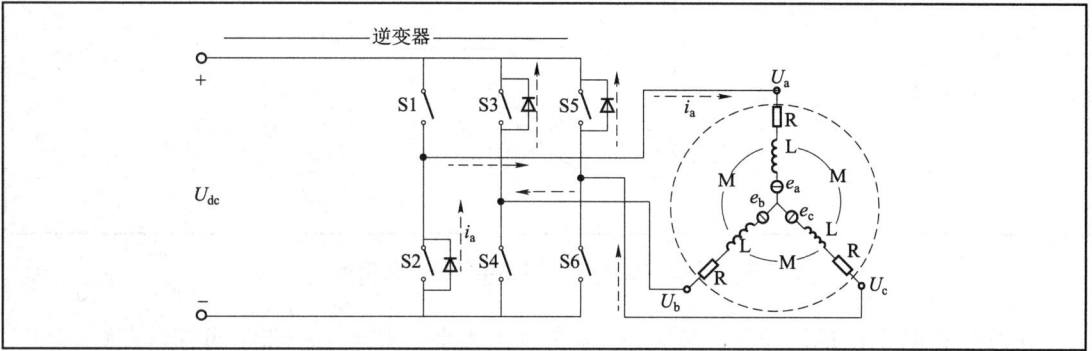

图 6-10 换向状态 2

同理，可求得绕组中的电流为

$$\begin{cases} i_a = I_{a1} - \dfrac{2(U_{dc} + 2V_e)}{3(L-M)}t \\[2mm] i_b = -I_{b1} + \dfrac{U_{dc} + 2V_e}{3(L-M)}t \\[2mm] i_c = -I_{c1} + \dfrac{2U_{dc} - 2V_e}{3(L-M)}t \end{cases} \tag{6-23}$$

式中，I_{a1}、I_{b1}、I_{c1} 分别为 i_a、i_b、i_c 在由换向状态 1 到换向状态 2 下的电流幅值。

3）转矩脉动

由式（6-18）和式（6-19）可知，当 $U_{dc} = 4V_e$ 时，有 $di_b/dt = di_c/dt$，即在换向时，i_b 和 i_c 的变化率一致，非换向相电流 i_a 保持恒值不变，此状态如图 6-11 所示。

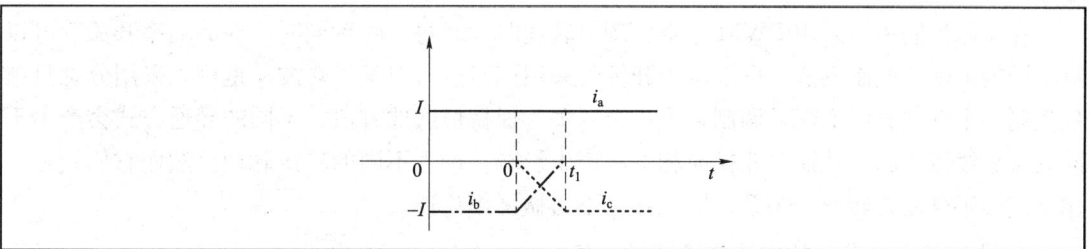

图 6-11 $U_{dc} = 4\,V_e$ 时相电流的变化情况

在理想反电势下，由式（6-15）所示的转矩公式可得

$$T_e = \frac{e_a i_a + e_b i_b + e_c i_c}{\omega_r} = \frac{V_e i_a - V_e(i_b + i_c)}{\omega_r} = \frac{2V_e i_a}{\omega_r} = 2K i_a \qquad (6-24)$$

由式（6-24）可看出，在理想反电势下，BLDCM 的转矩与非换向相电流成正比。在 $U_{dc} = 4V_e$ 时，非换向相电流 i_a 保持不变，此时转矩无脉动。但是当 $U_{dc} \neq 4V_e$ 时，相电流 i_b 和 i_c 在没有互相达到稳定值或零值同步的情况下，将造成非换向相电流 i_a 产生波动，进而造成转矩在换向时的脉动，如图 6-12 所示。

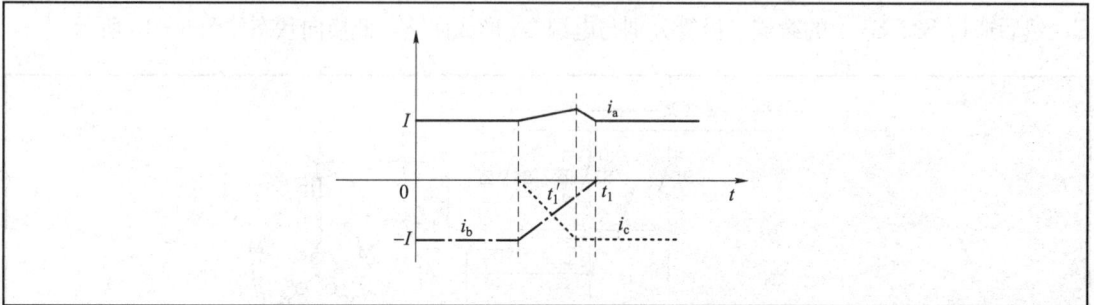

图 6-12　$U_{dc} \neq 4$ V_e 时相电流的变化情况

非换向相电流 i_a 的波动直接影响到转矩脉动的大小，由式（6-22）可知，在 $U_{dc} \neq 4V_e$ 时，i_a 会产生波动。以图 6-12 为例，在 t_1' 时 i_c 达到稳态值 I，由式（6-22）可求出

$$t_1' = \frac{3(L-M)I}{2(U_{dc} - V_e)} \qquad (6-25)$$

此时，i_a 的波动值为

$$\Delta i_a = \left| \frac{(U_{dc} - 4V_e)}{2(U_{dc} - V_e)} \right| = \left| \frac{(U_{dc} - 4K\omega_r)}{2(U_{dc} - K\omega_r)} \right| \qquad (6-26)$$

由式（6-26）可知，在母线电压保持不变的情况下，相电流 i_a 的波动与反电势系数 K_e、转速等相关。在 $U_{dc} = 220$ V，$K_e = 0.57$ V/(rad/s) 的条件下，基速 $n_e = 1\,833$ r/min，波动值 Δi_a 与转速的关系如图 6-13 所示。

由图 6-13 可以直观地看出，在理想反电势下，非换向相电流的波动值随转子转速的变化而变化，在 $0.5\,n_e$ 以下时，电流波动值会随着转速的升高而降低。然而经过 $0.5\,n_e$ 后，电流波动值会随着转速的继续升高而急剧增大。这也就是 BLDCM 在低速重载与高速运行时转矩噪声很大的原因。

在实际控制中，采用 PWM 占空比调节转速时，对每一时刻同时开通的功率开关管可以有不同的 PWM 调制方法。可以两个开关管采用同时进行 PWM 斩波，也可以采用分别只单独控制一个开关管的 PWM 调制，另一个开关管保持恒通的方法。不同的导通方式会产生不同的绕组续流回路，从而对非换向相电流产生影响，产生不同的转矩脉动。然而它们始终遵循上述转矩脉动与转速的关系，因此这里不再做详细论述。

2. 非理想反电势下的方波电流驱动分析

上节对于 BLDCM 方波电流驱动转矩脉动产生的机理进行了详细的分析，可以发现转矩脉动与电机相绕组反电势有着很密切的关系，会随着反电势大小的不同而变化，然而这些是

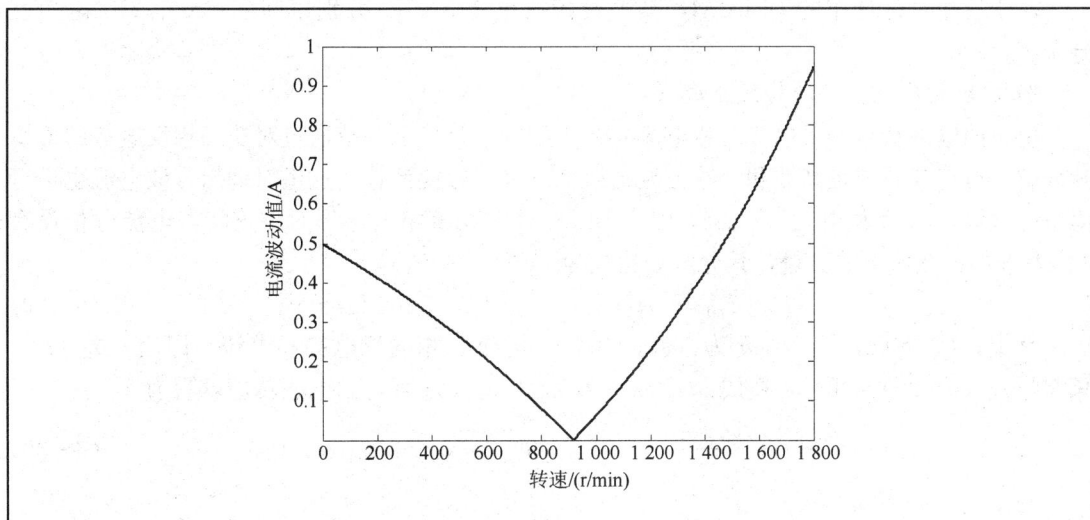

图 6 - 13　i_a 波动值随转速的变化曲线

基于理想反电势情况下进行讨论的。实际中，由于工艺等问题，相绕组反电势并不是理想的梯形波，其平顶宽度也并不一定是 120°分布。

1) BLDCM 的非理想反电势分布

如图 6 - 14 所示，BLDCM 的气隙磁通密度分布通常设计为接近于梯形波分布，平顶宽度为电角度 θ。

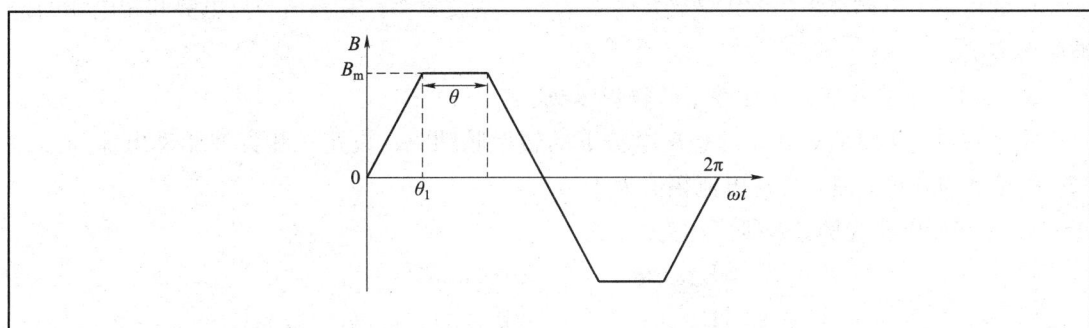

图 6 - 14　非理想气隙磁通分布下的波形

由傅里叶分析可知，其分布波形可看成一些不同频率的正弦波的合成，即

$$B=\frac{4B_m}{\theta_1\pi}\left[\sin\theta_1\sin(\omega t)+\frac{1}{9}\sin3\theta_1\sin(3\omega t)+\frac{1}{25}\sin5\theta_1\sin(5\omega t)+\cdots+\right.$$
$$\left.\frac{1}{k^2}\sin k\theta_1\sin(k\omega t)\right](k\text{ 为奇数}) \tag{6-27}$$

由式 (6 - 27) 可知，对 A 相反电势 e_a 有

$$e_a(t)=\frac{4E_m}{\theta_1\pi}\left[\sin\theta_1\sin(\omega t)+\frac{1}{9}\sin3\theta_1\sin(3\omega t)+\frac{1}{25}\sin5\theta_1\sin(5\omega t)+\cdots+\right.$$
$$\left.\frac{1}{k^2}\sin k\theta_1\sin(k\omega t)\right](k\text{ 为奇数}) \tag{6-28}$$

对于三相对称分布的 BLDCM，其另两相反电势 e_b、e_c 分别以间隔 120°、240°电角度分布。

2）非理想反电势下的转矩合成

电机的电磁转矩是反电势与相电流共同作用的结果，上一节通过对非理想反电势的傅里叶分解，可将其看成是基波和一些谐波的组合。为了方便计算，这里对理想方波电流也进行傅里叶分解，以 A 相电流 i_a 为例，因为 BLDCM 三相绕组按星形对称连接，电流分量没有 3 次及 3 的倍数次谐波分量，其分解表达式为

$$i_a(t) = I_{m1} \sin \omega t + I_{m5} \sin 5\omega t + I_{m7} \sin 7\omega t + \cdots \tag{6-29}$$

其中，$I_{mk} = (4I/\pi)/k$，k 为奇数。对于 B 相和 C 相的反电势和电流，因为互差 120°，只需将式（6-29）中的 ωt 换成 $\omega t - 2\pi/3$ 和 $\omega t + 2\pi/3$ 即可，则电磁转矩可写为

$$T_e(t) = \frac{e_a i_a + e_b i_b + e_c i_c}{\omega_r} = (T_{e0} + T_{e6} \cos 6\omega t + T_{e12} \cos 12\omega t + \cdots) \tag{6-30}$$

其中

$$T_{e0} = \frac{6E_m}{\omega_r \pi \theta_1} \left(\sin \theta_1 I_{m1} + \frac{1}{25} \sin 5\theta_1 I_{m5} + \frac{1}{49} \sin 7\theta_1 I_{m7} + \cdots \right) \tag{6-31}$$

$$T_{e6} = \frac{6E_m}{\omega_r \pi \theta_1} \left[\left(\frac{1}{49} \sin 7\theta_1 - \frac{1}{25} \sin 5\theta_1 \right) I_{m1} + \left(\frac{1}{121} \sin 11\theta_1 - \frac{1}{81} \sin \theta_1 \right) I_{m5} + \cdots \right] \tag{6-32}$$

$$T_{e12} = \frac{6E_m}{\omega_r \pi \theta_1} \left[\left(\frac{1}{169} \sin 13\theta_1 - \frac{1}{121} \sin 11\theta_1 \right) I_{m1} + \left(\frac{1}{289} \sin 17\theta_1 - \frac{1}{49} \sin 7\theta_1 \right) I_{m5} + \cdots \right]$$

$$\tag{6-33}$$

由此可知，电磁转矩中的纹波转矩主要为 6 次基波频率，其幅值与反电势和相电流的谐波幅值有关。

3）BLDCM 在非理想反电势下的转矩脉动

本节在讨论 BLDCM 在非理想反电势下的转矩脉动时，设定三相方波驱动电流为互差 120°电角度的理想方波，方波电流幅值为 I。

以 A 相反电势为例，分段表述为

$$e_a(t) = \begin{cases} E_m \omega t / \theta_1 & 0 \leqslant \omega t < \theta_1 \\ E_m & \theta_1 \leqslant \omega t < \pi - \theta_1 \\ E_m(\pi - \omega t)/\theta_1 & \pi - \theta_1 \leqslant \omega t < \pi + \theta_1 \\ -E_m & \pi + \theta_1 \leqslant \omega t < 2\pi - \theta_1 \\ E_m(\omega t - 2\pi)/\theta_1 & 2\pi - \theta_1 \leqslant \omega t \end{cases} \tag{6-34}$$

由图 6-15 可知，当 $\theta_1 \leqslant \pi/6$ 时，反电势为理想的梯形波，因此下面只讨论当 $\theta_1 > \pi/6$ 时的情形。

当 $\frac{\pi}{6} < \omega t < \theta_1$ 时，参考图 6-15，有

$$T_{ea} = \frac{E_m I \omega t}{\omega_r \theta_1}, \quad T_{eb} = \frac{E_m I}{\omega_r} \tag{6-35}$$

$$T_e = \frac{E_m I(\omega t + \theta_1)}{\omega_r \theta_1} \tag{6-36}$$

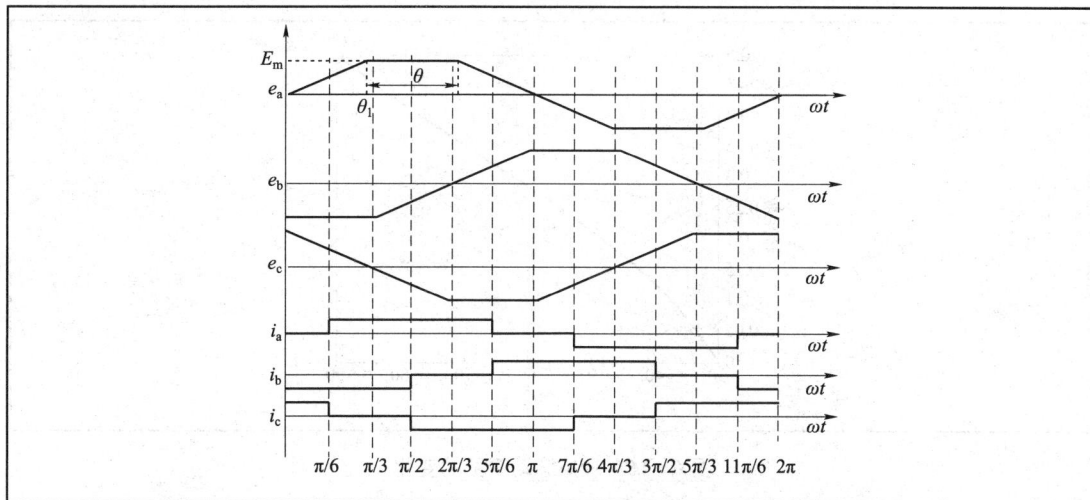

图 6-15　反电势与相电流的波形

当 $\theta_1 \leqslant \omega t < \dfrac{2\pi}{3} - \theta_1$ 时，有

$$T_e = \frac{2E_m I}{\omega_r} \tag{6-37}$$

当 $\dfrac{2\pi}{3} - \theta_1 \leqslant \omega t < \dfrac{\pi}{2}$ 时，有

$$T_e = \frac{E_m I}{\omega_r} + \frac{E_m I\left(\dfrac{2\pi}{3} - \omega t\right)}{\omega_r \theta_1} = \frac{E_m I\left(\dfrac{2\pi}{3} - \omega t + \theta_1\right)}{\omega_r \theta_1} \tag{6-38}$$

在 $\dfrac{\pi}{2} \sim 2\pi$ 和 $0 \sim \dfrac{\pi}{6}$ 之间，依次为 AC 相、BC 相、BA 相、CA 相、CB 相导通，转矩的变化状态与 AB 相导通时一样，在此不再赘述。

在一个周期内，转矩将会如 $\dfrac{\pi}{6} < \omega t < \dfrac{\pi}{2}$ 这一状态，变化 6 次。在这一状态内转矩的波动值和平均值为

$$\Delta T_e = \frac{E_m I(6\theta_1 - \pi)}{6\omega_r \theta_1} \tag{6-39}$$

$$T_{ev} = \frac{3E_m I}{\omega_r \pi} \cdot \left[4\left(\frac{\pi}{3} - \theta_1\right) + \left(3 + \frac{\pi}{6\theta_1}\right) \cdot \left(\theta_1 - \frac{\pi}{6}\right)\right] \tag{6-40}$$

转矩脉动可求得

$$T_{es} = \frac{\pi \cdot \left(\theta_1 - \dfrac{\pi}{6}\right)}{3\left[4\theta_1\left(\dfrac{\pi}{3} - \theta_1\right) + \left(3\theta_1 + \dfrac{\pi}{6}\right) \cdot \left(\theta_1 - \dfrac{\pi}{6}\right)\right]} \qquad \left(\frac{\pi}{6} < \theta_1 < \frac{\pi}{2}\right) \tag{6-41}$$

在具体的非理想反电势下，BLDCM 的转矩脉动系数随 θ_1 的变化情况如图 6-16 所示。

从图 6-16 可以直观地看出转矩脉动系数的变化，即随着反电势梯形波宽度的变窄，BLDCM 在方波电流驱动下的转矩脉动将会逐渐增大。

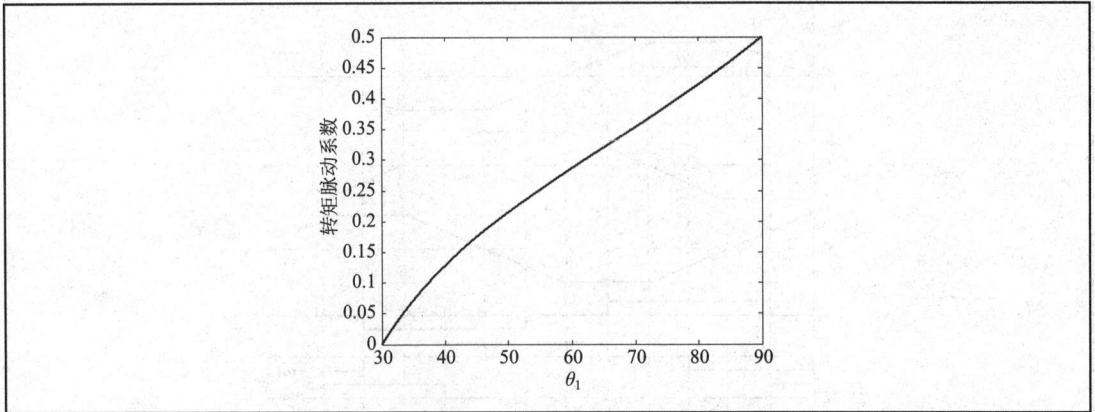

图 6 - 16　转矩脉动系数的变化

3. BLDCM 方波电流驱动控制系统的仿真分析

为了比较不同方波驱动控制下的转矩脉动及非理想反电势宽度对方波驱动下的转矩脉动的影响，本节将通过仿真方法，分析这些因素对转矩脉动的影响情况及相应的转矩脉动抑制策略。

1）BLDCM 方波双闭环驱动控制仿真

为了便于研究反电势宽度与反电势谐波影响分析，以及之后研究霍尔信号偏差的影响，Matlab/Simulink 自带的电机模型已不能满足要求，因此本节对 BLDCM 进行了本体独立建模。同时为了更好地实现 BLDCM 六脉波驱动，本节将采用类似于直流电机控制中应用的转速与电流双闭环控制模式，建立 BLDCM 六脉波驱动双闭环控制系统，并通过仿真分析来研究这种控制模式下 BLDCM 的调速特性与转矩输出等性能。

BLDCM 方波双闭环驱动控制系统主要由 PI 调节环（转速、电流），开关管换相模块、逆变器模块及电机本体组成。

在该仿真系统中，逆变器采用 Simulink 软件自带模块 Universal Bridge 中的三桥六臂 MOSFET/Diodes 模式。对于开关换向模块，采取编写针对方波导通控制方式的 S 函数来实现。表 6 - 1 为此控制方式下的开关状态表。

表 6 - 1　转子位置与开关管导通的对应关系

转子位置	0~60°	60°~120°	120°~180°	180°~240°	240°~300°	300°~360°
正向转动	S6、S1	S1、S2	S2、S3	S3、S4	S4、S5	S5、S6
反向转动	S3、S4	S4、S5	S5、S6	S6、S1	S1、S2	S2、S3

此处的方波控制指的是 120°电角度导通方式下的 PWM 电压控制方式。在这种控制方式下，换相模块通过检测转子位置，每隔 60°电角度改变一次，控制对应开关管的通断。通过改变开关管驱动 PWM 的占空比来控制电机绕组的给定电压来控制转速。采用 PWM_on 调制方式时，BLDCM 在换相期间产生的转矩脉动最小。

图 6 - 17 为方波控制系统的仿真框图，该控制系统采用转速与电流双闭环控制。电流环通过采样母线电流来实现。在使用 PWM 斩波控制方法时，由于方波导通模式下电流会经过

开关管和送变桥的续流二极管形成续流回路，这期间 DC 端没有电流流过，因此不能在此期间采样电流。此外，在 PWM 周期中的"开通"期间，电流的上升并不稳定，因此电流采样应在 PWM 周期中"开通"期间的中部。

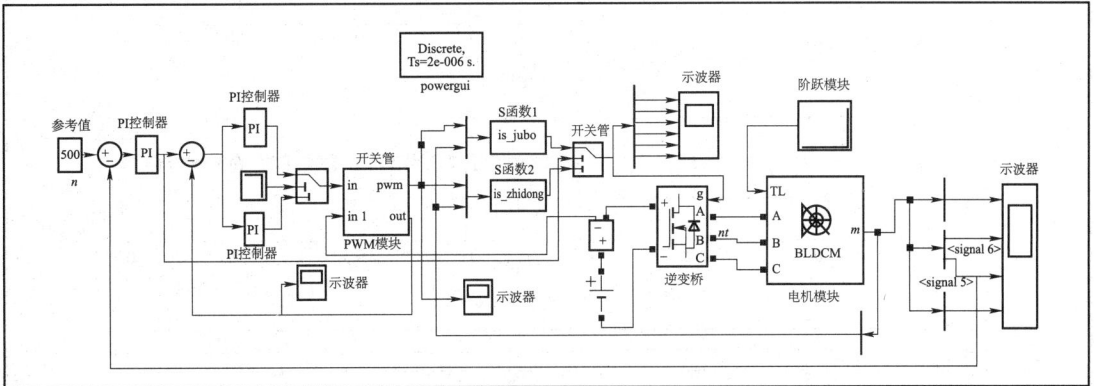

图 6-17　BLDCM 方波控制双闭环系统的仿真结构图

仿真对象是一台三相 Y 型 BLDCM，具体参数如表 6-2 所示。

表 6-2　仿真电机的参数

定子相绕组电阻 R	1 Ω	阻尼系数 B	0.000 2 N·m·s/rad
定子相绕组自感 L	0.02 H	极对数 P	2
定子相绕组互感 M	0.061 H	反电势系数 K	0.57
转动惯量 J	0.005 kg·m²	DC 电压 U	220 V

仿真实验结果（0.3 s 加载 2 N·m）如图 6-18 所示。

图 6-18（a）所示的稳态电流波形有两个特点，分别为有一段较长的过零点和峰值处有明显的下凹，这是典型的导通换流过程所具有的特点，由图 6-18（d）所示的反电势波形可以发现，其幅值变化是随着图 6-18（c）所示的转速波形的大小而变化的，当转速增大时，反电势也随之增大，当转速经 PI 调节器作用达到恒定目标转速 500 r/min 时，反电势也保持不变。从图 6-18（c）所示的整体调速曲线可以看出，在转速、电流双闭环 PI 控制下的 BLDCM 在启动时以恒定转矩启动，当达到目标转速时，给定转矩减小并保持稳定状态，BLDCM 在六脉波双闭环控制下的调速效果良好。

从图 6-18（b）所示的转矩波形可以看出，电机在空载、转速稳定的情况下基本没有转移脉动，在 0.3 s 时加载 2 N·m，并通过 Matlab 数据处理，结果如图 6-19（b）所示。由图 6-19（b）可知电机的稳态转矩波动值和平均值分别为 $\Delta T_e = 0.901\,6$ N·m 和 $T_{ev} = 2.011$ N·m，转矩脉动系数为 $T_{es} = 0.448\,3$。

2）BLDCM 在理想方波电流跟踪控制模式下的仿真

上一节通过软件仿真分析了 BLDCM 在六脉波方波电流驱动下的调速性能与转矩脉动。在理想反电势下，对开关管在换向期间的导通切换会造成不同程度的非换向相电流的变化，进而产生很大的换向转矩脉动。为了减小这种转矩脉动，就需要通过减小非换向相电流突变的方式（即电流能以接近理想方波）来驱动。而这显然很难通过控制母线电流回路达到预期的目的。

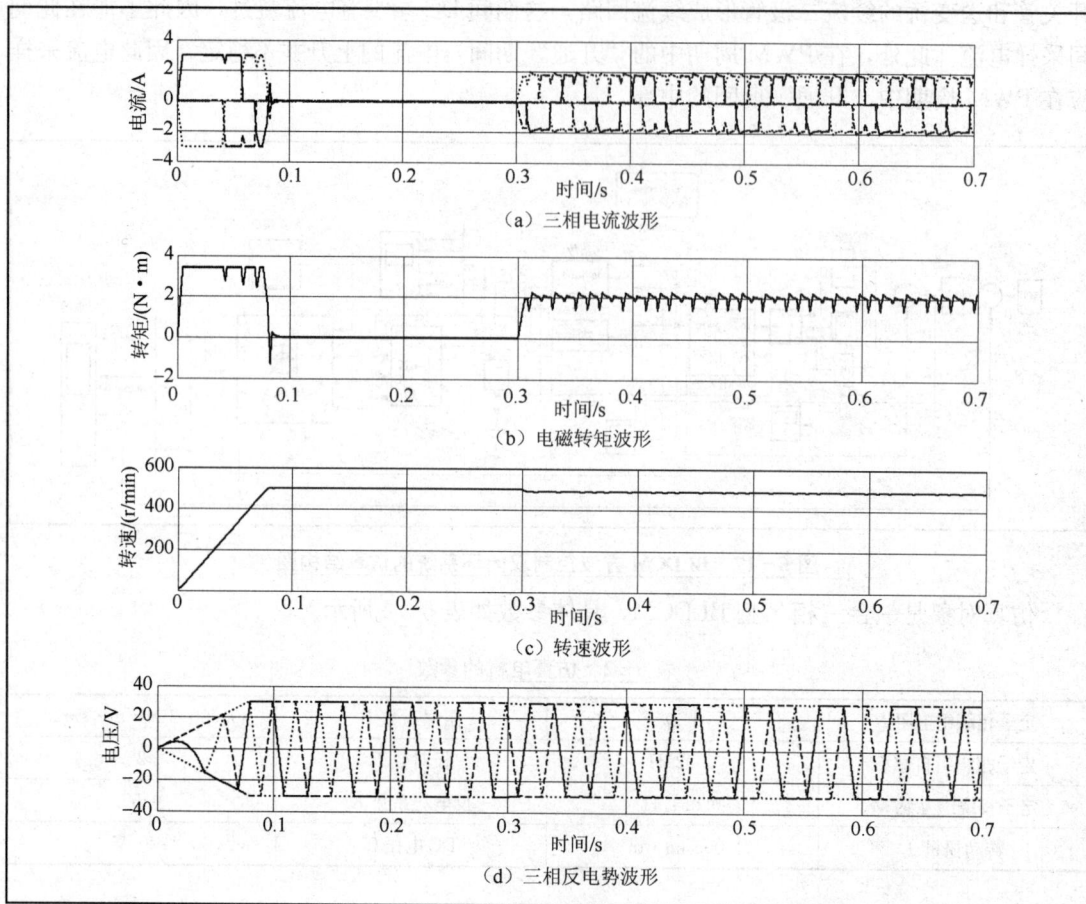

图 6-18　仿真结果

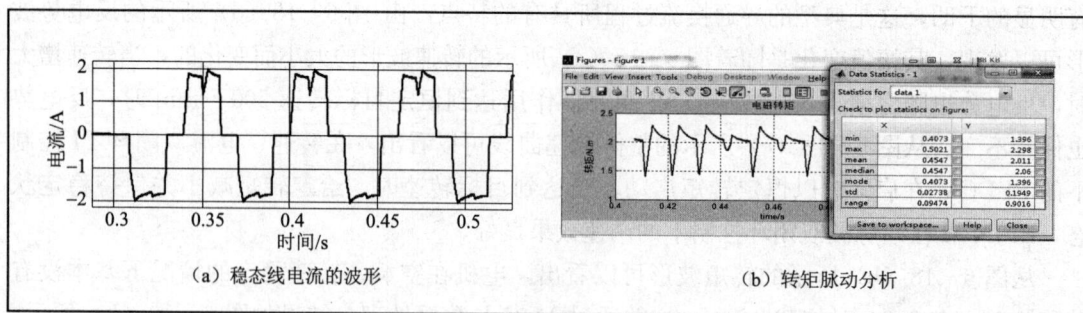

（a）稳态线电流的波形　　　　（b）转矩脉动分析

图 6-19　稳态线电流与转矩脉动分析

　　如果可以以理想方波电流为参考，将驱动线电流作为反馈，通过跟踪理想参考方波，建立以线电流为对象的控制环路，就可以使驱动线电流跟踪方波参考电流，这就是电流跟踪型PWM控制。在这种电流驱动控制方式下，尽管不能避免电机绕组中电感对换向的干扰，但可降低驱动电流波形的超调，进而减小电磁转矩脉动。

　　电流跟踪控制实际上是一种瞬态线电流反馈PWM控制方法，使用这种控制方法可以在一定的滞回环带内连续跟踪控制参考电流。该控制方法将参考电流与实际反馈电流做比较，当实际电流低于滞环带时，相应的上桥臂导通，使实际电流上升；反之，则下桥臂导通，使实际电流下降。以此使电流在一定滞环带内跟踪参考电流。其跟踪控制原理如图 6-20 所示。

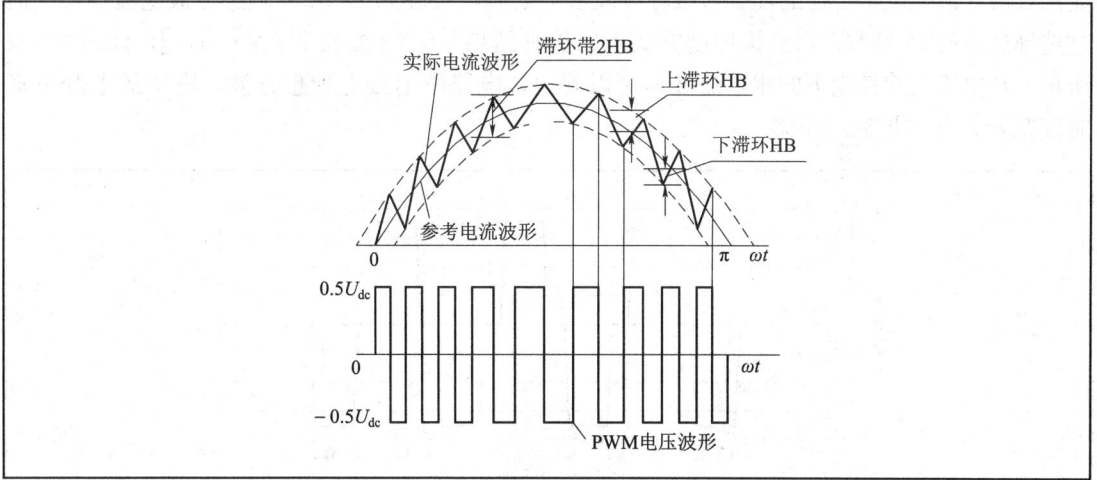

图 6-20　理想方波电流跟踪控制原理

由上述工作原理可知，电流跟踪 PWM 控制是一种相对简单的控制方法，动态响应迅速，可直接限制峰值电流。这种控制方法有利于研究 BLDCM 在理想方波驱动下的转矩脉动情况。

为此，需要建立 BLDCM 电流跟踪控制系统以便于仿真分析接近理想方波电流驱动下的电机转矩脉动，以及在非理想反电势宽度下的转矩输出性能。

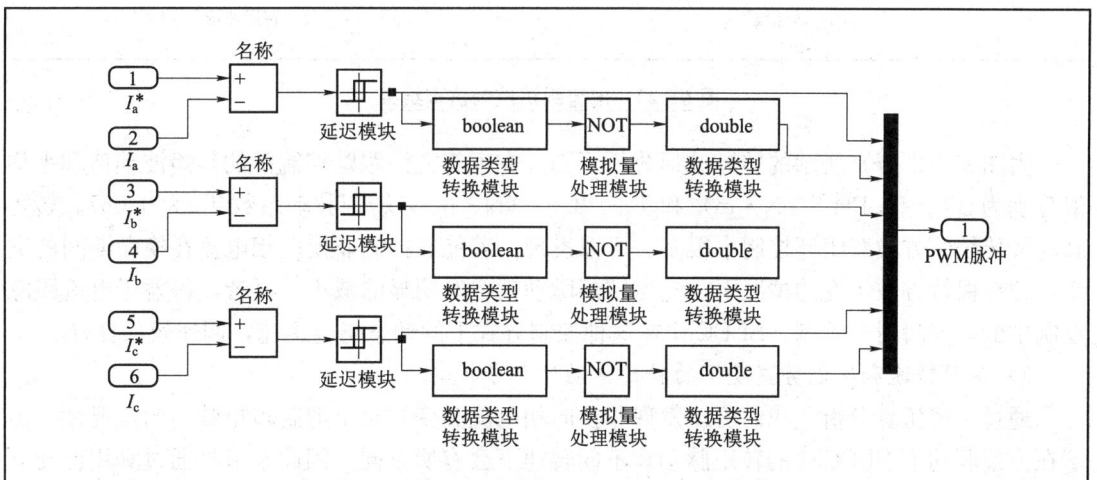

图 6-21　BLDCM 电流跟踪控制模块

图 6-21 所示为该电流跟踪控制仿真模块，主要包括电流滞环比较和比较输出信号处理。该模块通过对三相线电流进行采样，并与理想方波下的参考电流波形进行滞回比较，然后通过信号处理，输出符合逆变器驱动的 PWM 开关量信号，从而驱动 BLDCM 运行。

其中参考电流模块按照表 6-1 所示的两相导通方波给定，仿真模块采用 S 函数实现。通过对 BLDCM 转子位置的检测，输出对应的导通参考电流，给定电流跟踪比较模块。通过为电流比较滞环模块设定合适的环宽来跟踪方波参考电流，实现 BLDCM 的理想方波电流驱动。通过选择适合的 PI 参数，得到该控制方式下的仿真结果 [0.3 s 加载 2（N·m）]，如图 6-22 所示。从电流跟踪控制下的相电流波形可以看出，电流波形接近理想方波，电流的上升下降时间都较六脉波控制小很多。

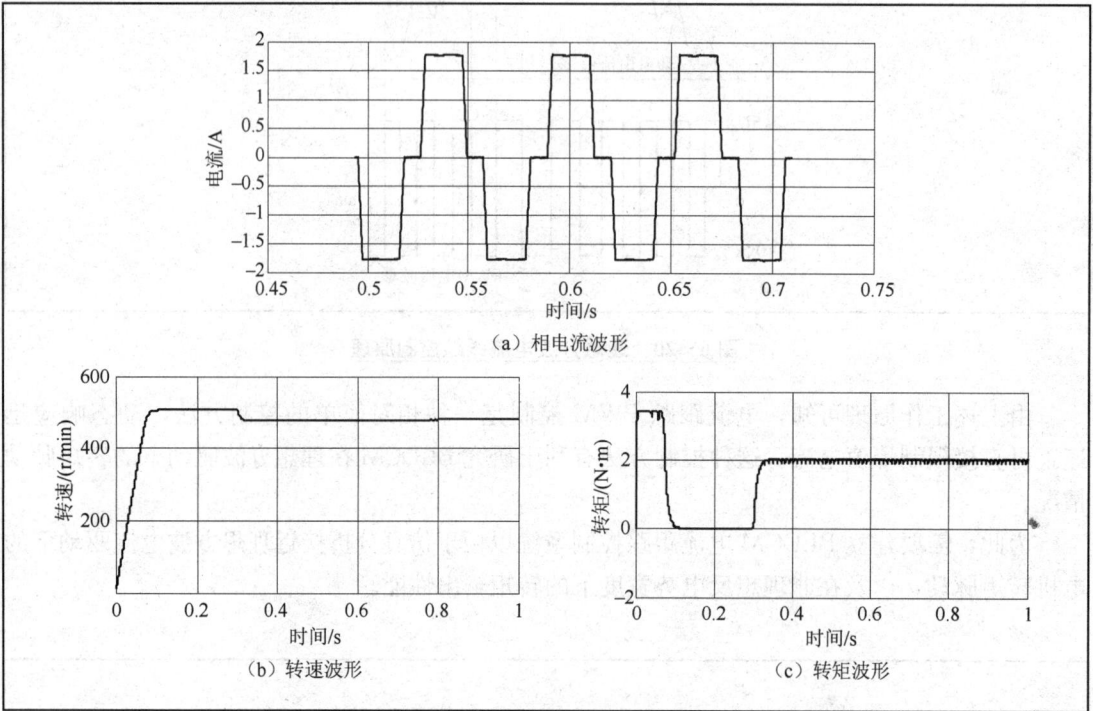

(a) 相电流波形

(b) 转速波形

(c) 转矩波形

图 6-22　电流跟踪控制仿真结果

由图 6-22（c）所示的转矩波形分析可知，在理想方波跟踪控制下的转矩波动值和平均值分别为 $\Delta T_e = 0.134\,5$（N·m）和 $T_{ev} = 2.01$（N·m），转矩脉动系数 T_{es} 为 0.067。转矩脉动较传统的方波双闭环控制小很多。可以发现，若能够抑制非换向相电流在换向期间的突变，并在保持方波不变的情况下，电磁转矩脉动就会有明显的减小。再者，得益于电流跟踪控制中的电流瞬时性控制，BLDCM 在这种控制方式下的动态响应迅速，调速效果良好。

3）不同转速和反电势宽度下的转矩脉动仿真分析

通过上述仿真分析，我们可以发现非换向相电流突变的对于抑制转矩脉动的重要性。由于在方波驱动下 BLDCM 的转矩脉动在不同转速下会有所不同。因此本节将通过利用已建立的仿真模型，分析不同控制方式下的电机在不同转速时的转矩脉动对比。

图 6-23 是以表 6-2 中的参数来进行仿真分析的，基速 $n_e = 1\,800$ r/min。图 6-23（a）、图 6-23（c）和图 6-23（e）为六脉波驱动下电机在不同转速时的仿真结果，图 6-23（b）、图 6-23（d）和图 6-23（f）为采用电流跟踪控制后电机在不同转速下的相电流与转矩波形。对于六脉波控制下的转矩脉动，随着转速的增加，转矩脉动由大到小，过了 $0.5n_e$ 后，再由小变大。当 $n_r = 900$ r/min 时，电流在换向时的突变很小。随着转速继续升高，电流在

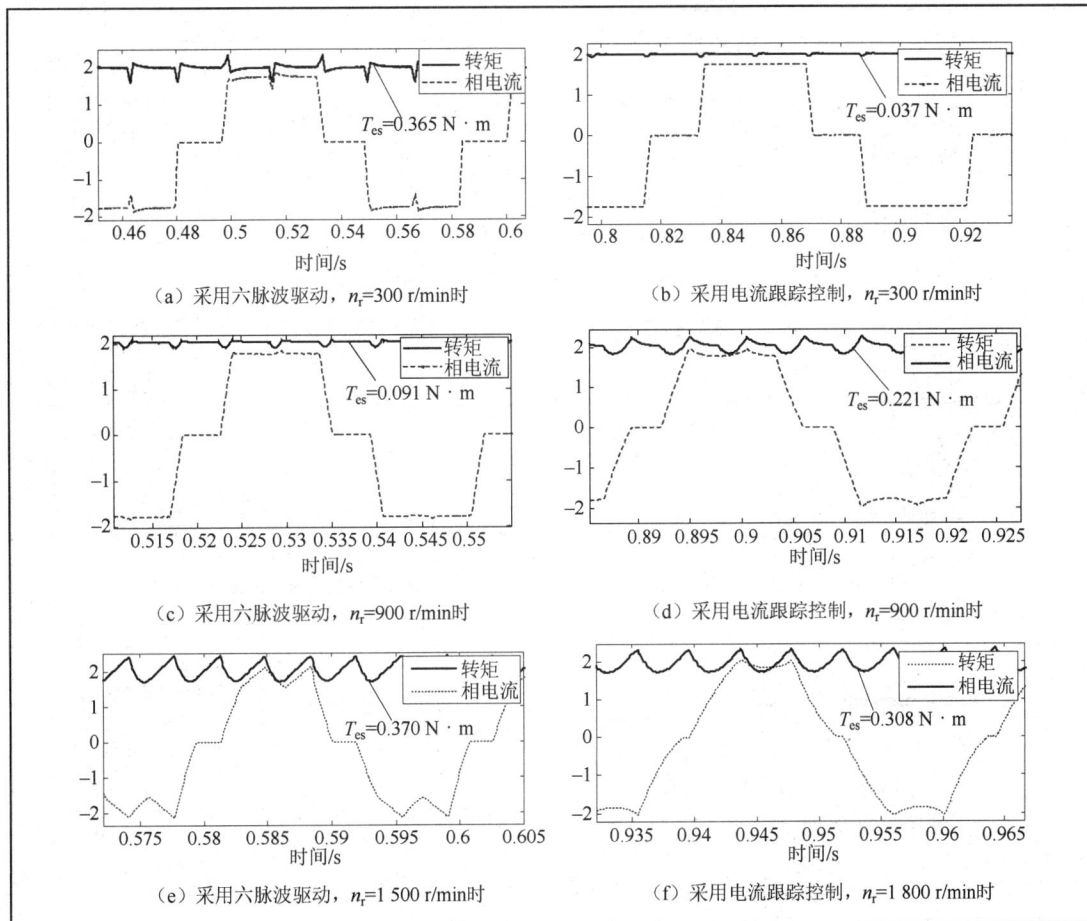

图 6-23　电机在不同控制方式和不同转速下的相电流与转矩脉动的对比

换向时的突变增加，甚至出现凹凸性，如图 6-23 （e） 所示的 $n_r=1\,500$ r/min 时的仿真结果。电机在电流跟踪控制方式下的转矩脉动并没有随着转速的升高而出现折线特性，而是随转速的增加而逐渐变大，甚至在 $n_r=900$ r/min 时比六脉波驱动下的转矩脉动大。这是因为在电流跟踪控制模式下，BLDCM 在低速区间的相反电势很小，可以很好地跟踪参考电流；当转速升高，相反电势增大，电流控制器出现饱和，此时基波幅值就会减少，相位滞后于参考电流。这时，由这种相位滞后造成的电流畸变逐渐增大，甚至会超过换向造成的电流畸变。

此前我们分析到，反电势宽度的不同也会影响方波电流驱动下的转矩脉动。为此，另选取几组典型的反电势宽度进行仿真对比分析，如图 6-24 所示。

图 6-24 （a）、图 6-24 （c） 和图 6-24 （e） 所示的是六脉波驱动下电机在不同反电势宽度下的相电流与转矩波形，图 6-24 （b）、图 6-24 （d） 和图 6-24 （f） 所示的是采用电流跟踪控制后电机在不同转速下的转矩和相电流波形。可以发现，随着反电势宽度的减小，两种控制方式下的转矩脉动都明显增大，相电流波形畸变也很大，出现较多的尖峰突变。相比之下，电流跟踪控制下的理想方波电流驱动产生的转矩脉动要小一些，在 $\theta_1=60°$ 时的转矩脉动接近于六脉波驱动下的 0.463。然而不论采用哪种电流驱动控制方法，在反电势宽度较小的时候都无法有效减小这种由电流换向造成的转矩脉动。

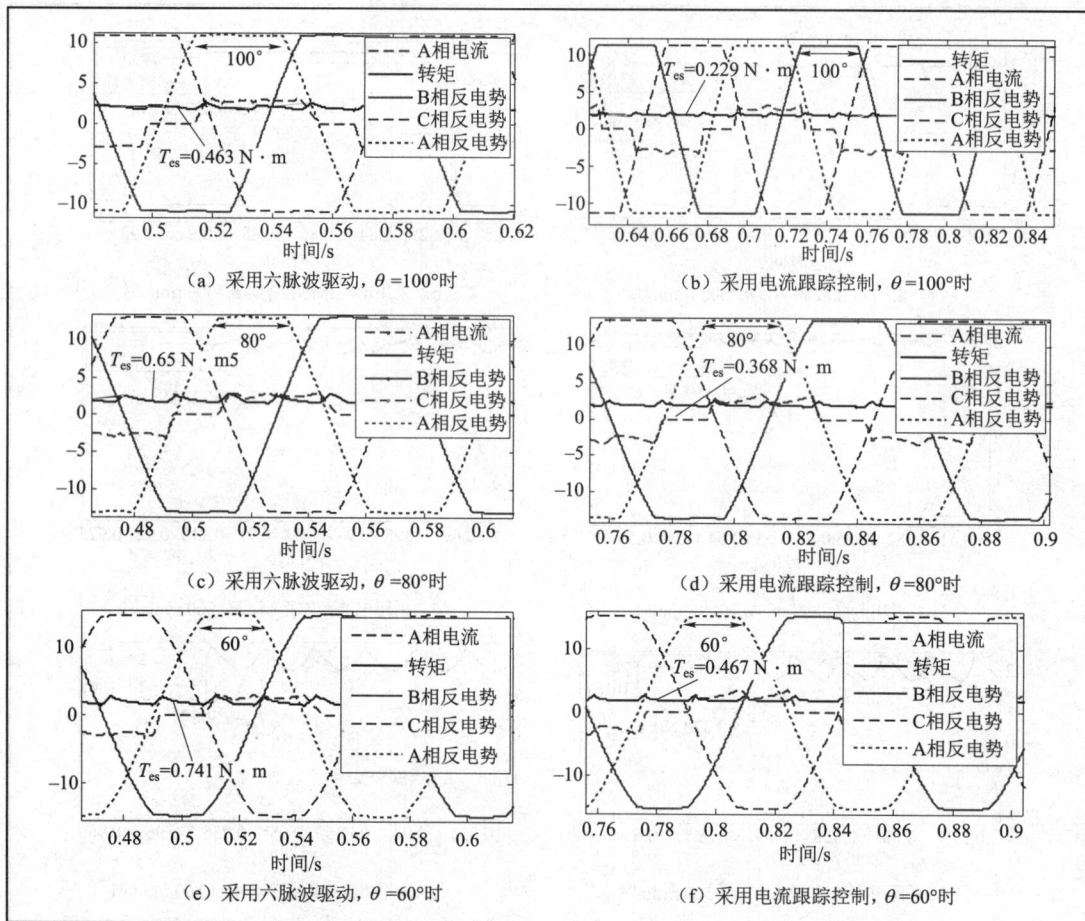

图 6 - 24　不同控制方式下电机在不同反电势宽度时的相电流与转矩脉动对比

6.2.2　直流无刷电机的混合矢量控制

通过上一节对方波驱动下 BLDCM 的转矩脉动分析，可以发现转矩脉动与驱动电流的波形和反电势的波形相关。为了减小换向引起的转矩脉动，以尽量趋近于理想方波的电流驱动，需要依靠高精度传感器实时检测线电流的变化情况以抑制换向突变，但这种方式在实际工程实现代价高昂，难以大规模采用。此外，由于方波驱动下的转矩脉动受转速、反电势宽度等诸多因素影响，因而难以在高性能应用领域推广。

本节将会以一种新的思路来分析和研究 BLDCM 的低扭矩脉动驱动控制策略，通过仿真分析、验证，实现 BLDCM 的高性能驱动控制。

1. BLDCM 的正弦波电流驱动

从以上两种控制方法的对比可以发现，抑制换向时的转矩脉动主要通过抑制换向期间电流的突变来实现，而又由于电机绕组为感性，方波电流始终无法在短时间内完成换向切换。能够有效解决这一问题的方法就是需要引入一种新的电流驱动策略，使得 BLDCM 在换向时，电流可以缓慢地变化，不会因电流突变产生较大的换向转矩脉动。

这里我们不难联想到正弦波电流驱动，在这种电流驱动下，BLDCM 换向时的电流将会以三角函数曲线变化，从而避免了换向时的电流突变，进而减小了换向转矩脉动。实际上，因工艺问题，BLDCM 的相反电势宽度通常小于 120°电角度，而且还会因为磁链泄漏到临近磁极使反电势出现圆角效应，使得相反电势的实际波形趋近于正弦曲线。因此，本节将会针对实际应用中 BLDCM 所采用的正弦波驱动方法，分析 BLDCM 在正弦波驱动下的转矩脉动等特性。

1）正弦波驱动下的 BLDCM 模型分析

与 6.2.1 节所述的方波电流驱动下的工作方式不同，BLDCM 通过注入三相正弦波电流，在定子绕组产生一个连续的合成磁动势。通过控制三相正弦波电流的相位，使得其产生的磁场与转子永磁体磁场保持同步，从而形成旋转磁动势，如图 6-25 所示。为了方便分析，本节将参考 PMSM 对 BLDCM 的数学模型进行分析。

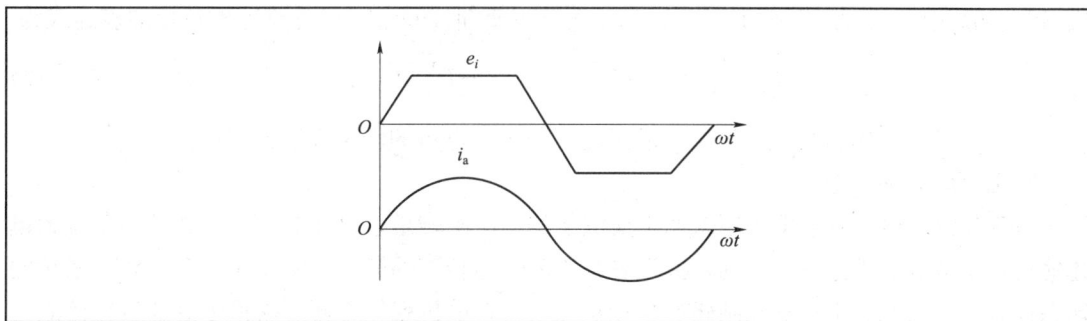

图 6-25　正弦波驱动下 BLDCM 的输出模型

建立两相 $d-q$ 旋转坐标系下的数学模型为

$$\begin{bmatrix} \boldsymbol{u}_{qs} \\ \boldsymbol{u}_{ds} \end{bmatrix} = R \begin{bmatrix} \boldsymbol{i}_{qs} \\ \boldsymbol{i}_{ds} \end{bmatrix} + p \begin{bmatrix} L_{qq} & L_{qd} \\ L_{dq} & L_{dd} \end{bmatrix} \begin{bmatrix} \boldsymbol{i}_{qs} \\ \boldsymbol{i}_{ds} \end{bmatrix} + K \cdot \omega_r \begin{bmatrix} \sin \theta_r \\ \cos \theta_r \end{bmatrix} \tag{6-42}$$

式中，L_{qq}、L_{dd} 分别为 q 轴与 d 轴的自感；L_{qd}、L_{dq} 分别为 q 轴与 d 轴的互感，由于绕组对称，$L_{qd} = L_{dq}$；θ_r 为转子轴线与定子直轴的夹角。

定子绕组磁链的 q 轴和 d 轴分量可表示为

$$\lambda_{qs} = L_{qq} \boldsymbol{i}_{qs} + L_{qd} \boldsymbol{i}_{ds} + K \sin \theta_r \tag{6-43}$$

$$\lambda_{ds} = L_{dq} \boldsymbol{i}_{qs} + L_{dd} \boldsymbol{i}_{ds} + K \cos \theta_r \tag{6-44}$$

对于转子参考坐标系下有

$$\begin{bmatrix} \boldsymbol{i}_{qs} \\ \boldsymbol{i}_{ds} \end{bmatrix} = \begin{bmatrix} \cos \theta_r & \sin \theta_r \\ -\sin \theta_r & \cos \theta_r \end{bmatrix} \begin{bmatrix} \boldsymbol{i}_{qs}^r \\ \boldsymbol{i}_{ds}^r \end{bmatrix} \tag{6-45}$$

图 6-26 表示的是转子参考坐标系下的向量图。由图 6-26 可推导出转子参考坐标系下 BLDCM 的数学模型为

$$\begin{bmatrix} \boldsymbol{u}_{qs}^r \\ \boldsymbol{u}_{ds}^r \end{bmatrix} = \begin{bmatrix} R + L_q p & \omega_r L_d \\ -\omega_r L_q & R + L_d \boldsymbol{p} \end{bmatrix} \begin{bmatrix} \boldsymbol{i}_{qs}^r \\ \boldsymbol{i}_{ds}^r \end{bmatrix} + \begin{bmatrix} K \cdot \omega_r \\ 0 \end{bmatrix} \tag{6-46}$$

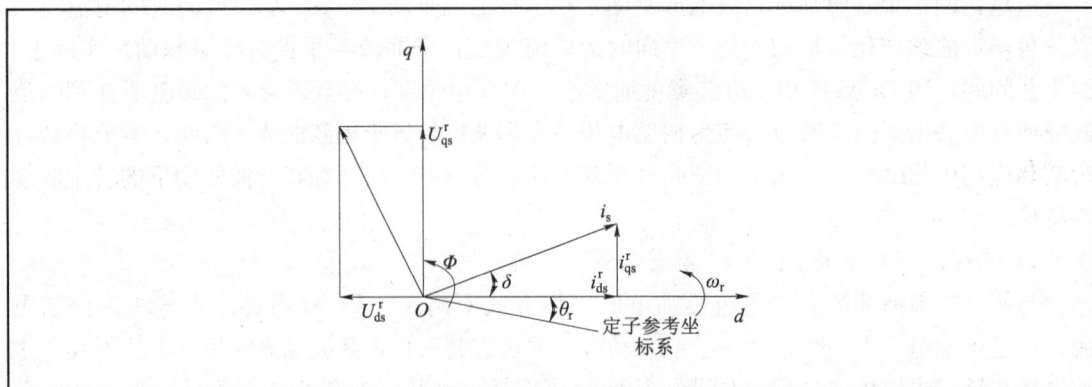

图 6-26　BLDCM 相量图

式 (6-46) 中，L_d 为 $\theta_r = 0$ 时的 L_{dd}，L_q 为 $\theta_r = 90°$ 时的 L_{qq}。可计算电磁转矩的表达式为

$$T_e = \frac{3}{2} \cdot \frac{P}{2} [K \cdot i_{qs}^r + (L_d - L_q) i_{qs}^r \cdot i_{ds}^r] \qquad (6-47)$$

可知，当 $L_d = L_q$ 时，转矩与 i_{qs}^r 成正比，与直流电机的转矩表达式很相似。

2）BLDCM 的矢量控制

对于交流电机，定子电流用来产生交流磁场与电磁转矩，以往对 BLDCM 的控制仅为单纯地对定子电流的幅值进行控制，并没有基于磁通与转矩的分解来实现对于 BLDCM 系统的动态控制。如果能分别独立控制磁通与转矩的大小，电机就能方便地获得更好的运行性能。

为了实现 BLDCM 的正弦波驱动，需要选用控制性能优良的矢量控制策略。交流电机的矢量控制策略以交流电机的数学模型为理论基础，通过坐标变换实现磁通量和转矩量的解耦控制，其基本思想是将以静止坐标系表示的交流电机的数学模型变换到转子磁场定向的旋转 $d-q$ 坐标系上，将定子绕组电流矢量解耦为励磁和转矩两个分量，以分别控制电机的磁通和转矩，进而得到与直流电机相同的动态性能。

设定子三相的相电流分别为

$$\begin{cases} i_{as}(t) = I_s \sin(\omega_r t + \delta) \\ i_{bs}(t) = I_s \sin(\omega_r t + \delta - 2\pi/3) \\ i_{cs}(t) = I_s \sin(\omega_r t + \delta + 2\pi/3) \end{cases} \qquad (6-48)$$

式中，δ 为转子磁场与定子电流相量的夹角。

转子磁场以 ω_r 的速度旋转，在转子参考坐标系下，q 轴与 d 轴的定子电流可以推导如下

$$\begin{bmatrix} i_{qs}^r \\ i_{ds}^r \end{bmatrix} = \frac{2}{3} \begin{bmatrix} \cos \omega_r t & \cos(\omega_r t - 2\pi/3) & \cos(\omega_r t + 2\pi/3) \\ \sin \omega_r t & \sin(\omega_r t - 2\pi/3) & \sin(\omega_r t + 2\pi/3) \end{bmatrix} \begin{bmatrix} i_{as} \\ i_{bs} \\ i_{cs} \end{bmatrix} \qquad (6-49)$$

化简得到

$$\begin{bmatrix} i_{qs}^r \\ i_{ds}^r \end{bmatrix} = I_s \begin{bmatrix} \sin \delta \\ \cos \delta \end{bmatrix} \qquad (6-50)$$

当 $\delta = 90°$ 时，$i_{qs}^r = I_s$，$i_{ds}^r = 0$。此时有

$$T_e = \frac{3}{2} \cdot \frac{P}{2} K \cdot i_{qs}^r = \frac{3P}{4} K I_s \qquad (6-51)$$

由上式可知，为了使电磁转矩对定子电流的敏感度最大，可使 d 轴电流给定为 0，此时定子电流全部用来产生转矩。这就是永磁同步电机的 $i_d = 0$ 控制策略。BLDCM 的矢量控制策略如图 6-27 所示。

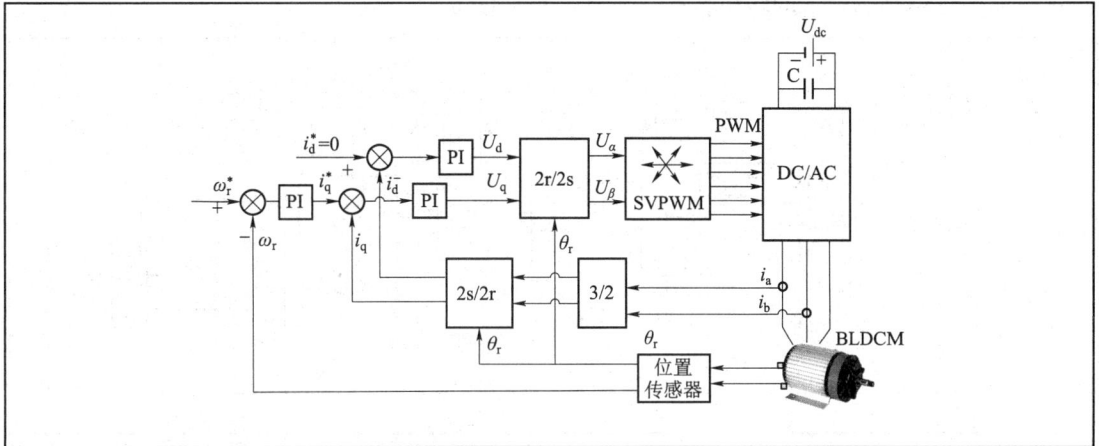

图 6-27　BLDCM 的矢量控制

BLDCM 矢量控制系统采用的矢量控制策略是以转子磁场定向为基础的，控制输入量分别是励磁给定与参考转速给定。对 i_d、i_q 电流的调节和转速 ω_r 的控制分别采用 PI 调节控制。定子电流励磁和转矩分量的参考量均是同步旋转 $d-q$ 坐标系中的给定量。其中，转矩分量参考给定量是转速环 PI 调节计算的输出量。由于永磁同步电机采用 $i_d = 0$ 的控制策略，励磁电流分量的参考给定为零。通过 i_d、i_q 电流环调节，输出两相参考电压矢量 U_d、U_q，然后经过 iPark 变换、输出相对定子磁场静止的参考电压矢量 U_α、U_β。SVPWM 模块的作用是依据相对定子磁场静止的参考电压矢量 U_α、U_β 的幅值与方向，产生相应的电压空间矢量，进而驱动逆变器产生三相对称的定子旋转磁场。其中，i_d、i_q 电流环的反馈是通过采集定子的两相旋转电流 i_a、i_b 并经过 Clarke 变换与 Park 变换，以实现相对转子磁场磁通与转矩分量的调节控制。由于该矢量控制系统采用转子磁场定向控制，因此需要采集转子的位置信息，以实现对转子磁链的跟踪。

3）矢量控制下转矩脉动的分析

本节将基于非理想宽度反电势下进行 BLDCM 正弦波驱动转矩脉动分析。假定各相电流与对应的相反电势相位一致，则有

$$T_{e0} = \frac{6E_m I}{\omega_r \pi} \cdot \frac{\sin \theta_1}{\theta_1} \qquad (6-52)$$

$$T_{e6} = \frac{6E_m I}{\omega_r \pi \theta_1} \left(\frac{1}{49} \sin 7\theta_1 - \frac{1}{25} \sin 5\theta_1 \right) \qquad (6-53)$$

由于其他高次谐波分量的幅值较小，可忽略不计，由上述两式可求得转矩脉动为

$$T_{es} = \frac{2T_6}{T_0} = \frac{2}{\theta_1} \left(\frac{1}{49} \sin 7\theta_1 - \frac{1}{25} \sin 5\theta_1 \right) \qquad (6-54)$$

由式（6-54）可知，正弦波驱动下的 BLDCM 的转矩脉动与反电势宽度相关。在反电势宽度为 120°时，即 $\theta_1 = 30°$ 时，转矩脉动并不为零。在 $\theta_1 = 42°$ 和 $\theta_1 = 74°$ 时，BLDCM 在正弦波驱动下的转矩脉动为零。

4）矢量控制系统的仿真

在 MATLAB/Simulink 软件中，可通过搭建 BLDCM 的矢量控制模型来分析 BLDCM 在正弦波矢量控制驱动下的转矩特性，仿真过程如图 6-28 所示。

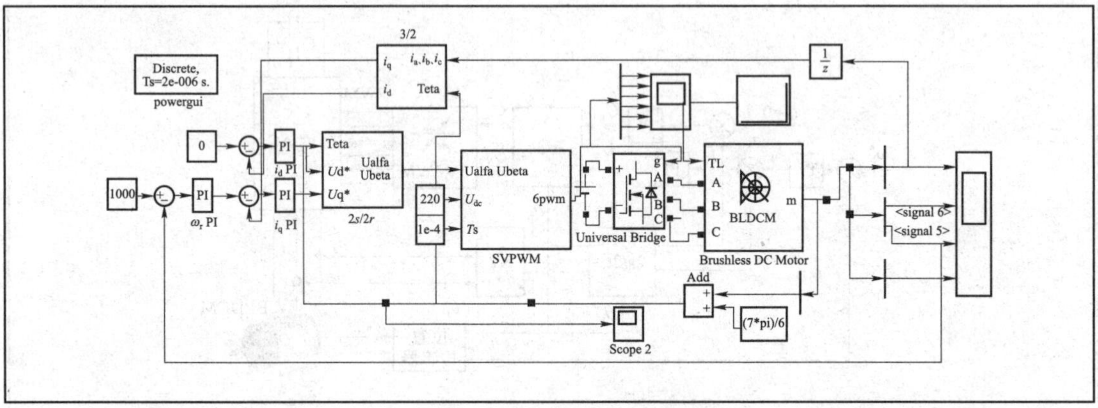

图 6-28 BLDCM 的正弦波矢量控制

设定初始位置角为 $\frac{7}{6}\pi$ 电角度，在宽度为 $\frac{2}{3}\pi$ 的理想反电势下进行仿真，在相同情况下仿真结果如图 6-29 所示。由图 6-29 中的仿真结果可以发现，矢量控制下的 BLDCM 动态调速性能很好，响应迅速。与六脉波方波电流驱动下的转矩脉动 0.448 3 N·m 相比，在相同负载的情况下，其转矩脉动仅为 0.091 N·m。由此可知，通过采用正弦波驱动，BLDCM 的转矩脉动可以大大降低。

2. BLDCM 的去三次谐波电流驱动

从上节可以看出，正弦波和方波电流驱动下的 BLDCM 转矩脉动都会受非理想反电势宽度的影响，并跟随其变化而变化。这使得控制方法需要根据电机种类及反电势宽度的不同来调整，不适于在多种类型的 BLDCM 上推广适用。实际上，已有一些学者针对非理想反电势来研究 BLDCM 的驱动方法，本节将通过分析非理想反电势波形，提出一种控制方法，使 BLDCM 的转矩脉动不会随着反电势的宽度变化。

1）非理想反电势去三次谐波分析

在 6.2.2 节我们分析了非理想反电势宽度下 BLDCM 产生转矩脉动的原因。其转矩脉动的产生不仅与驱动控制电流的波形及大小有关，还与三相反电势有关系。在 6.2.2 节只分析了反电势宽度的影响，并没有详细分析由于反电势波形不理想所造成的转矩脉动。我们可以发现，转矩的产生是与相反电势及对应的相电流有关。在反电势宽度非理想时，我们分析了理想方波驱动下的转矩脉动，并提出了相应的驱动控制策略。而当实际的反电势波形并不是梯形波分布时，我们就需要提出一种基于反电势波形的电流驱动控制策略，以抵消由反电势波形畸变带来的转矩脉动变化。前述内容已通过对反电势的波形进行傅里叶分解而直观地对其影响进行了数学分析。由此我们发现，电磁转矩中的纹波转矩主要为 6 次基波频率，其

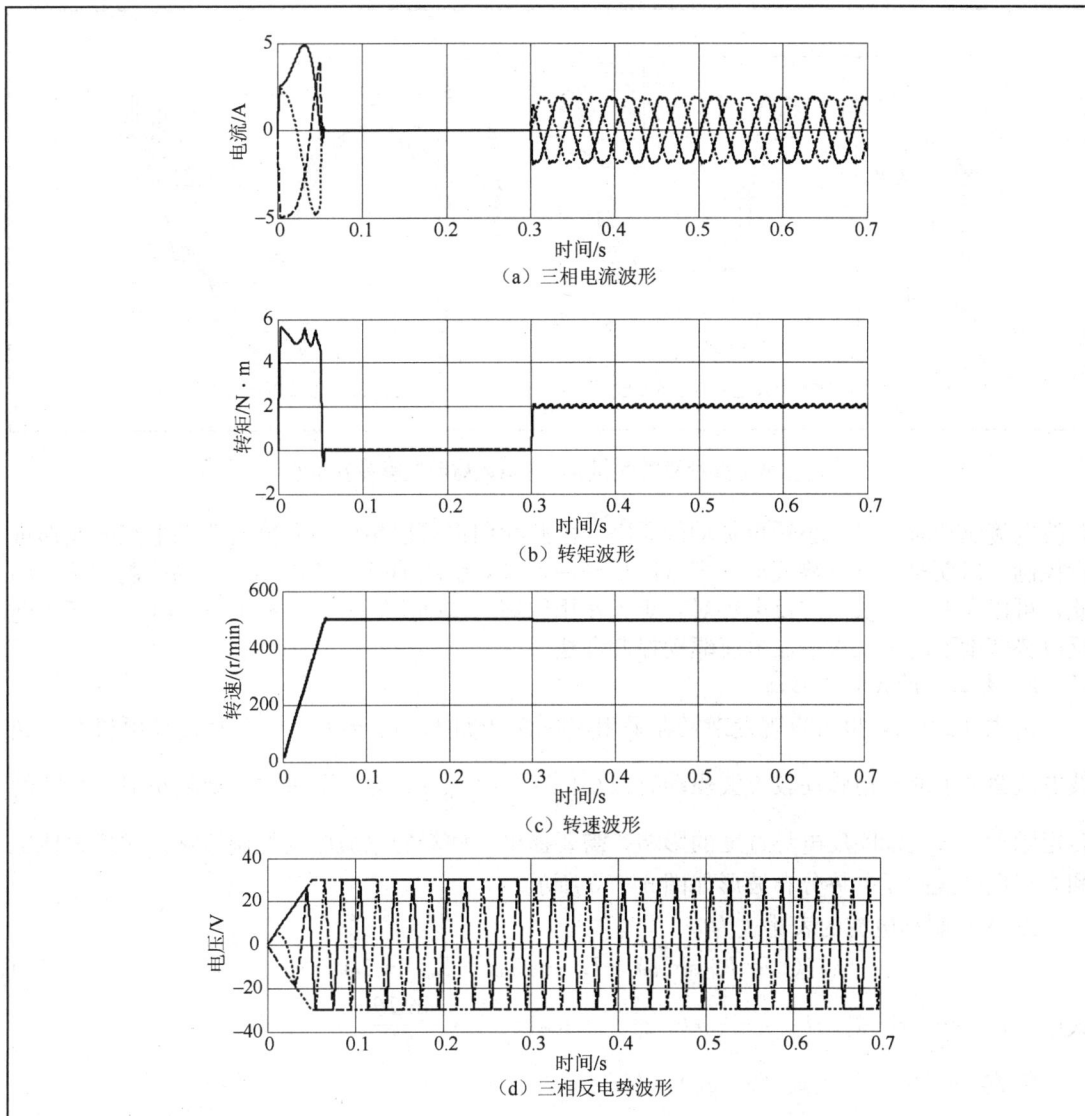

（a）三相电流波形

（b）转矩波形

（c）转速波形

（d）三相反电势波形

图 6 - 29　正弦波矢量控制的仿真结果

转矩脉动的数学表达式可以近似表示为

$$T_{es}=\frac{2T_6}{T_0}=2\,\frac{(E_{m7}-E_{m5})I_{m1}+(E_{m11}-E_{m1})I_{m5}+(E_{m1}-E_{m13})I_{m7}+\cdots]}{E_{m1}I_{m1}+E_{m5}I_{m5}+E_{m7}I_{m7}+\cdots} \tag{6-55}$$

式（6-55）中，$E_{mk}=(4E_m/\theta_1\pi)\cdot(\sin k\theta_1/k^2)$。可以发现反电势中的 3 次谐波含量并没有出现在转矩脉动的表达式中，即 3 次谐波反电势在转矩合成中已抵消为零，也就是说在实际中，三次谐波反电势并没有对转矩产生作用。

图 6-30（a）所示的是不同宽度下的反电势分布波形。通过上一章的分析我们知道，在反电势宽度理想的情况下，电流波形越趋近于方波，转矩脉动就越小。但在反电势宽度减小的时候，方波电流对于减小转矩脉动已不适用。由图 6-30（b）所示的去三次谐波反电势波形可以发现，随着反电势宽度的减小，其波形越来越趋近于正弦波形，这也就是采用正

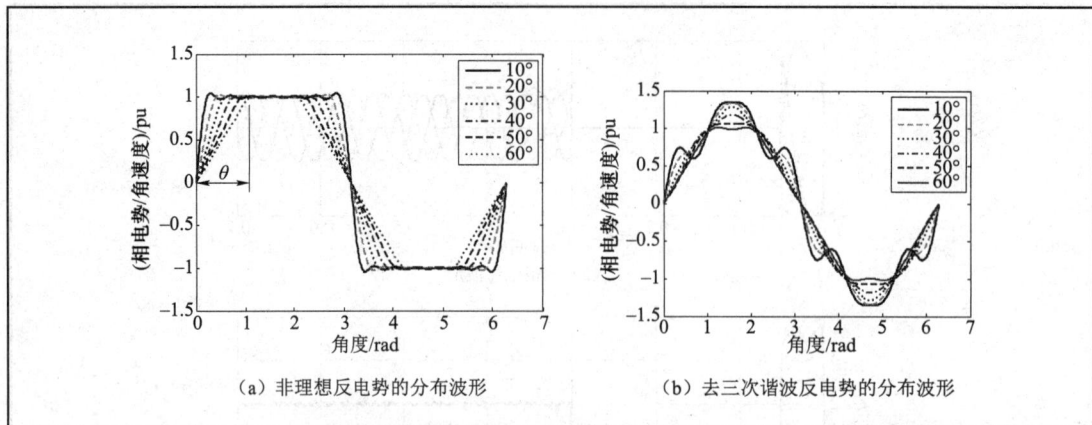

（a）非理想反电势的分布波形 （b）去三次谐波反电势的分布波形

图 6-30 非理想情况和去三次谐波后的反电势分布波形

弦波电流驱动时可以减小转矩脉动的原因。由此我们也可以想到，若能对驱动电流的波形进行控制，以期对应反电势波形，则可以找到一种有效解决 BLDCM 转矩脉动的控制方法。因此，可以在上述三次谐波反电势对转矩无作用原理的基础上，考虑一种 BLDCM 在基于当前反电势宽度下的去三次谐波电流驱动控制方法。

2）去三次谐波电流驱动

由式（6-55）也可直观发现，在采用正弦波驱动时，$I_{m5}=I_{m7}=0$，从而使电机在正弦波电流驱动下的转矩脉动较方波驱动时减小 $\left(\dfrac{\pi}{6}<\theta_1<\dfrac{\pi}{2}\right)$。为了更进一步地减小 BLDCM 的转矩脉动，甚至消除反电势宽度的影响，需要提出一种新的电流驱动控制策略。非理想情况和去三次谐波的反电势分布波形如图 6-30 所示。

设 A 相驱动电流的表达式为

$$i_a(t)=I_{m1}\sin\omega t+I_{m5}\sin 5\omega t+I_{m7}\sin 7\omega t+\cdots \tag{6-56}$$

式中，$I_{m1}=\dfrac{4I}{\theta_1\pi}\sin\theta_1$，$I_{m5}=\dfrac{4I}{\theta_1\pi}\cdot\dfrac{\sin 5\theta_1}{5^2}$，$I_{m7}=\dfrac{4I}{\theta_1\pi}\cdot\dfrac{\sin 7\theta_1}{7^2}$。

将式（6-56）代入式（6-55），有

$$\begin{aligned}
T_{es}=\frac{2T_6}{T_0}=2\Bigg[&\frac{\left(\frac{1}{49}\sin 7\theta_1-\frac{1}{25}\sin 5\theta_1\right)\sin\theta_1}{\sin^2\theta_1+\frac{1}{25}\sin 5\theta_1\frac{1}{49}\sin 7\theta_1+\frac{1}{25}\sin 5\theta_1\frac{1}{49}\sin 7\theta_1+\cdots}+\\
&\frac{\left(\frac{1}{121}\sin 11\theta_1-\sin\theta_1\right)\frac{1}{49}\sin 7\theta_1}{\sin^2\theta_1+\frac{1}{25}\sin 5\theta_1\frac{1}{49}\sin 7\theta_1+\frac{1}{25}\sin 5\theta_1\frac{1}{49}\sin 7\theta_1+\cdots}+\\
&\frac{\left(\frac{1}{169}\sin 13\theta_1+\sin\theta_1\right)\frac{1}{25}\sin 5\theta_1+\cdots}{\sin^2\theta_1+\frac{1}{25}\sin 5\theta_1\frac{1}{49}\sin 7\theta_1+\frac{1}{25}\sin 5\theta_1\frac{1}{49}\sin 7\theta_1+\cdots}+\cdots\Bigg]\\
=2\cdot&\frac{0}{\sin^2\theta_1+\frac{1}{25}\sin 5\theta_1\frac{1}{49}\sin 7\theta_1+\frac{1}{25}\sin 5\theta_1\frac{1}{49}\sin 7\theta_1+\cdots}
\end{aligned} \tag{6-57}$$

由式（6-57）的推导可以发现，当电流以式（6-56）驱动 BLDCM 时，电机的理论转矩脉动可为 0，且不会因反电势宽度大小的不同而变化，这就是本节提出的去三次谐波电流驱动。在这种控制方式下，BLDCM 可以实现低转矩脉动驱动。

3）去三次谐波电流驱动策略的仿真分析

为了验证上述去三次谐波电流驱动理论，搭建基于去三次谐波电流驱动的 BLDCM 控制仿真模型，如图 6-31 所示。

设定在 60°的反电势宽度下进行仿真，在相同情况下的仿真结果如图 6-32 所示。

由图 6-32 可以看出，转子转速为 500 r/min 时，电机在采用去三次谐波电流驱动时的转矩脉动仅为 0.034 5（N·m），而正弦波驱动下的转矩脉动为 0.059 3（N·m）。验证了去三次谐波电流驱动对抑制转矩脉动的有效性。

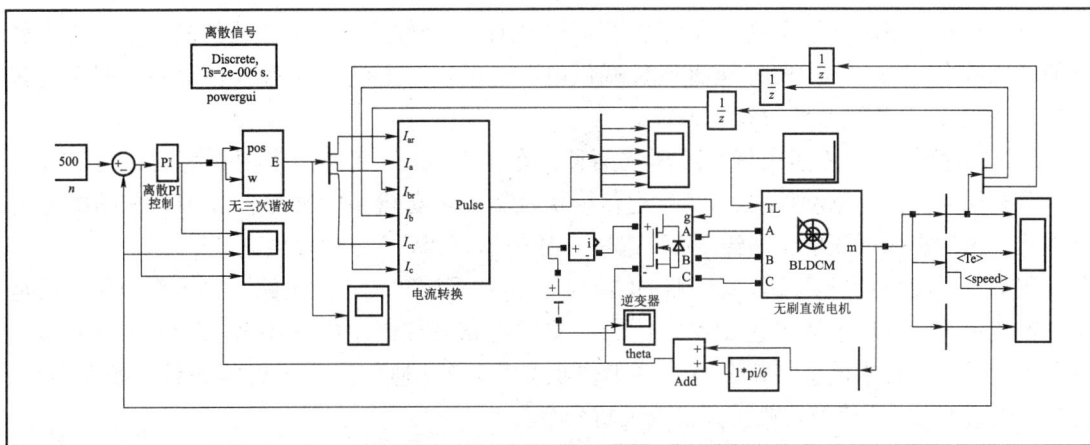

图 6-31　BLDCM 的去三次谐波电流驱动控制

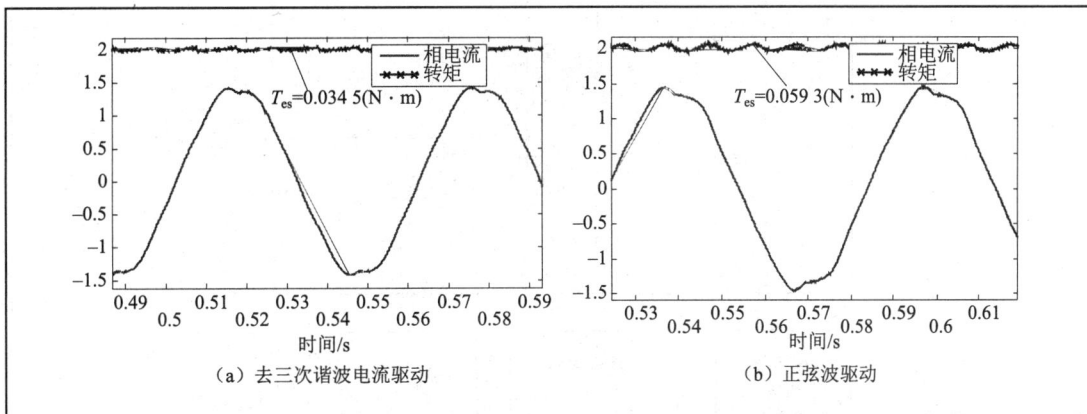

（a）去三次谐波电流驱动　　　　　　　（b）正弦波驱动

图 6-32　不同电流驱动下的仿真比较

第 7 章

DC/DC 电源技术及应用

直流负载供电系统的主要功能是将电动汽车中蓄电池输出的直流母线的高压电转化为稳定的低压输出，为汽车中的低压直流负载供电，包括：车上电子底盘（含制动、刹车、转向）、安全系统、雨刷系统及音响系统等。

DC/DC 变换器有隔离式与不隔离式两种，车用 DC/DC 变换器采用隔离式，主要包含主电路模块、控制与驱动模块、CAN 通信模块及辅助电源模块等部分。其中，辅助电源为其他几个模块提供低压电，如给 MCU 芯片、比较器、PWM 芯片等供电。

图 7-1 所示的是 DC/DC 变换器的结构，主电路采用双管正激电路，整流部分采用的是同步整流模式，控制模块产生 PWM 信号经驱动电路来控制主电路中各 MOS 管的工作状态，与此同时，控制模块将整个系统的工作状况经 CAN 通信模块传送给外界（如 VCU），也同样通过 CAN 通信模块接受开机或关机命令。

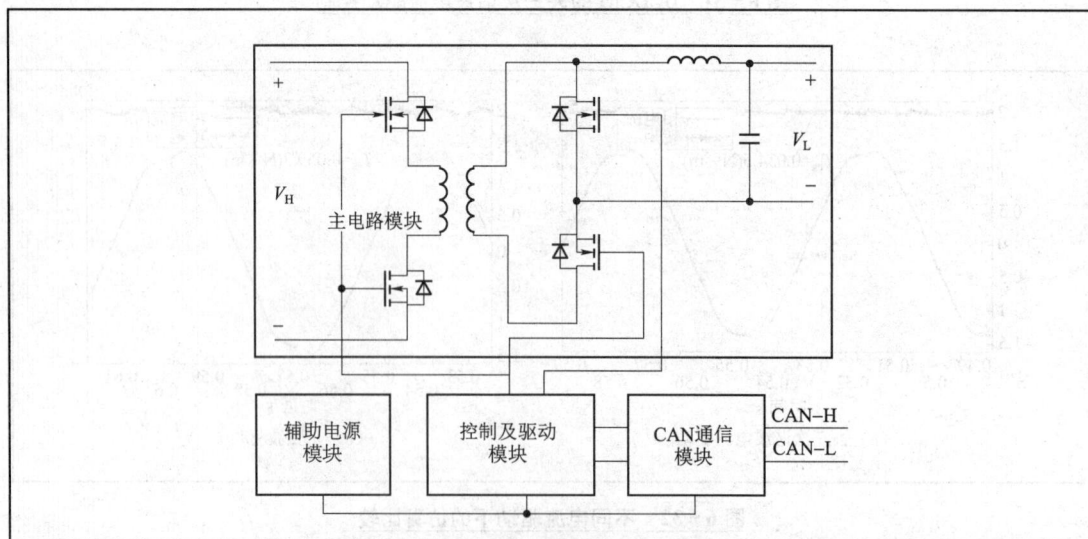

图 7-1 DC/DC 变换器的结构

本章介绍的车用直流负载供电系统的主电路拓扑采用移相控制全桥变换器（phase shift full bridge，PSFB）。变换器的原边开关管采用移相 PWM 控制，具有零电压开关、损耗小的优点。由于此变换器应用于高压转低压场合，为减小副边的整流压降，需采用全波整流方式。又由于副边的输出为低电压、大电流，因此采用了同步整流技术，用低导通电阻的MOSFET 代替普通二极管进行整流，同时每个整流桥臂采用多只 MOSFET 并联，极小的导通电阻可以大大提高变换器的效率。变换器的总体结构如图 7 - 2 所示。

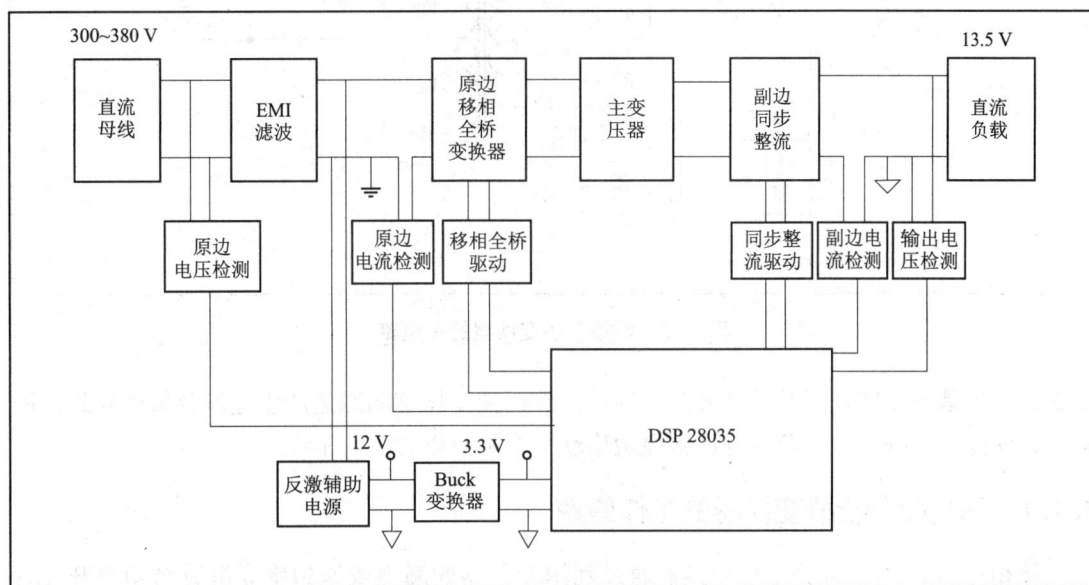

图 7 - 2　移相全桥变换器的总体结构

全桥变换器由全桥逆变部分、变压部分和整流滤波部分组成，全桥变换器因其四只开关管的电压、电流应力小，因而在高输入电压和中大功率场合得到了广泛的应用。全桥逆变电路部分一般有双极性控制、有限双极性控制和移相控制三种工作方式。副边的整流电路一般有半波整流、全波整流、全桥整流等几种方式。其中采用移相控制方式的全桥变换器比较容易实现开关器件的软开关，开关损耗小，并且容易实现高频化、小型化，器件的电压和电流定额也能得到较好应用，电磁干扰小，因此越来越广泛地应用在 DC/DC 变换器中。

7.1　移相控制全桥变换器的主电路

直流负载供电系统大多采用移相控制全桥电路拓扑，原边采用移相 ZVS 软开关控制方式，副边采用全波整流，其主电路如图 7 - 3 所示。

图 7 - 3 所示的主电路中，$Q_1 \sim Q_4$ 为 4 只主开关管，Q_1 和 Q_3 是超前桥臂，Q_2 和 Q_4 是滞后桥臂。$D_1 \sim D_4$ 分别是 $Q_1 \sim Q_4$ 的内部寄生二极管，$C_1 \sim C_4$ 分别是 $Q_1 \sim Q_4$ 的寄生电容。L_r 是谐振电感，它包括了变压器的漏感，可以辅助实现软开关的功能。C_b 是隔直电容，其

123

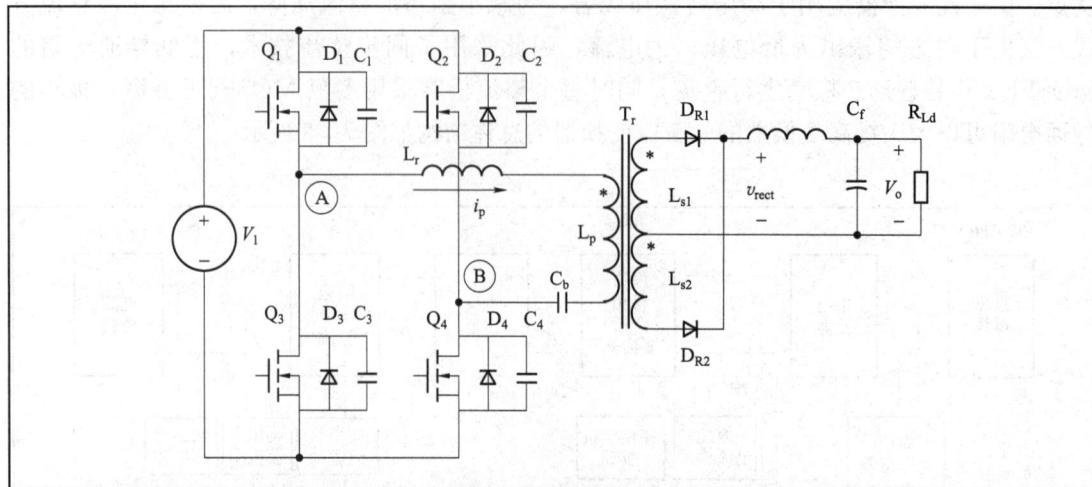

图 7-3 移相全桥变换器的主电路

设置的目的是为了防止因开关管开关特性不一致而使变压器的原边产生直流分量而导致偏磁问题，使变压器饱和，为此在变压器原边串联一个隔直电容。

7.1.1 移相控制全桥变换器的工作原理

移相控制 ZVS 软开关全桥变换器通过利用变压器的漏感或原边串联电感与功率开关管的寄生电容（或外接电容）来实现开关管的零电压开关，大大提高了变换器的工作效率。其中，电路中同一桥臂中的每个开关管成 180°互补导通（留有一定的死区），两个桥臂的开关管的导通角相差一个相位，即所谓的移相角，通过调节移相角的大小来调节输出电压。

移相控制 ZVS 软开关全桥变换器的主要优点包括如下几个方面。

① 原边桥臂上所有的开关管均实现了零电压软开关，大大减小了开关损耗和 EMI 噪声，适合变换器的高频化和集成化；

② 开关管的电压、电流应力小，其电压应力仅为输入电压的大小，电流应力仅为副边输出电流折算到原边的等效电流值，适合于变换器的大功率化；

③ 变压器为双向磁化，磁芯利用率高，适合变换器的小型化。

图 7-4 是移相控制 ZVS 软开关全桥变换器在理想工作情况下各点的主要波形。

在一个开关周期内，移相控制 ZVS 软开关全桥变换器有 12 种开关状态，在分析之前，做以下假设：

① 所有二极管、电感、电容、变压器均为理想元件；

② 所有的开关管存在反并联二极管和寄生电容，而且所有开关管都满足

$$C_1 = C_3 = C_{lead}, \quad C_2 = C_4 = C_{lag};$$

③ 输入源 V_1 为理想的电压源。

如图 7-3 所示，移相控制全桥变换器有以下开关模态。

1. 开关模态 1

在 t_0 时刻，Q_1 和 Q_4 导通，原边电流分别流经电源的正极，开关管 Q_1，谐振电感 L_r，

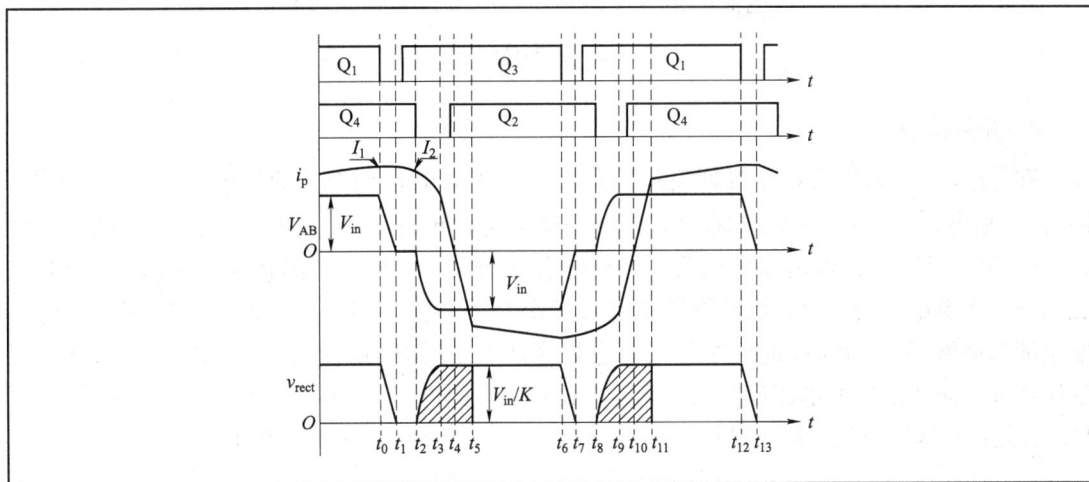

图 7 - 4　移相全桥变换器的主要工作波形

变压器的原边绕组 L_p，开关管 Q_4，最后回到电源的负极。副边电流分别流经副边绕组 L_{s1} 的正端，经上端的整流管 D_{R1}，滤波电感 L_f，负载 R_{ld}，最后回到 L_{s1} 的负端。

2. 开关模态 2

在 $[t_0，t_1]$ 时间段，t_0 时刻关断开关管 Q_1，电流从开关管 Q_1 转移到 C_1 和 C_3 支路中，C_1 充电，同时 C_3 放电。因为 C_1 和 C_3 的存在，电压不能突变，开关管 Q_1 零电压关断。在这段时间内，原边的谐振电感 L_r、变压器的漏感、副边的滤波电感 L_f 三者是串联在一起的，而且总的电感值很大，由于电感电流不能突变，因此可以近似认为原边电流 i_p 是不变的。所以有

$$i_p = i_p(t_0) = I_1 \tag{7-1}$$

电容 C_1，C_3 两端的电压为

$$v_{c1}(t) = \frac{I_1}{2C_{lead}}t \tag{7-2}$$

$$v_{c3}(t) = V_{in} - \frac{I_1}{2C_{lead}}t \tag{7-3}$$

在 t_1 时刻，C_3 两端的电压放电为零，开关管 Q_3 两端的反并联二极管 D_3 自然导通，从而结束此开关模态，进入下一个开关模态，整个开关模态 2 经历的时间为

$$t_{01} = \frac{2C_{lead}V_{in}}{I_1} \tag{7-4}$$

3. 开关模态 3

在 $[t_1，t_2]$ 时间段，D_3 导通后开关管 Q_3 开通，原边电流由 D_3 流通，此时开关管 Q_3 两端电压为零，开关管 Q_3 开通，所以开关管 Q_3 为零电压 ZVS 开通。

同一桥臂上的开关管 Q_1 和 Q_3 如果要实现软开关，同时为了防止同一桥臂上的开关管同时导通，开关管 Q_1 和 Q_3 的驱动信号要留有足够的死区，所以要保证 $t_{d,lead} > t_{01}$，即

$$t_{d,lead} > \frac{2C_{lead}V_{in}}{I_1} \tag{7-5}$$

在此开关模态中，原边电流的值等于副边负载电流折算到原边的值，即

$$i_p(t) = \frac{i_{Lf}(t)}{K} \qquad (7-6)$$

4. 开关模态4

在 $[t_2, t_3]$ 时间段，t_2 时刻关断开关管 Q_4，类似于 t_0 时刻，原边电流 i_p 给 C_4 充电，同时 C_2 放电。因为 C_2 和 C_4 的存在，电压不能突变，开关管 Q_4 为零电压 ZVS 关断。此时 $V_{AB} = -V_{c4}$，V_{AB} 的极性由零变成负，由于同名端的关系，变压器副边绕组 L_{S2} 的下端电压变为正，上端电压变为负，因此下端整流二极管 D_{R2} 导通。于是，上端整流二级管 D_{R1} 与下端整流二级管 D_{R1} 和 D_{R2} 一起处于导通状态，这样，变压器的副边绕组就相当于被短路了，变压器原、副边绕组的电压都被钳位到零，桥臂中点的电压 V_{AB} 相当于直接加在谐振电感 L_r 上。因此，在这段时间实际上谐振电感 L_r 与 C_2、C_4 在谐振工作，原边电流 i_p 为

$$i_p = I_2 \cos[\omega(t - t_2)] \qquad (7-7)$$

电容 C_2、C_4 两端的电压分别为

$$V_{c4}(t) = Z_p I_2 \sin[\omega(t - t_2)] \qquad (7-8)$$

$$V_{c2}(t) = V_{in} - Z_p I_2 \sin[\omega(t - t_2)] \qquad (7-9)$$

式中，$Z_p = \sqrt{L_r/2C_{lag}}$，$\omega = 1/\sqrt{2L_r C_{lag}}$

在 t_3 时刻，当 C_4 两端的电压被充电到 V_{in} 时，D_2 自然导通，于是结束开关模态4，开始下一开关模态。整个开关模态4经历的时间为

$$t_{23} = \frac{1}{\omega} \arcsin \frac{V_{in}}{Z_p I_2} \qquad (7-10)$$

5. 开关模态5

在 $[t_3, t_4]$ 时间段，t_3 时刻，D_2 自然导通，将开关管 Q_2 的电压钳位到零，此时就可开通开关管 Q_2，开关管 Q_2 为零电压 ZVS 开通。为了实现软开关，同时为了防止同一桥臂上的开关管同时导通，开关管 Q_2 和 Q_4 的驱动信号要留有足够的死区，驱动信号之间的互不导通的死区时间要保证 $t_{d(lag)} > t_{23}$，即

$$t_d = \frac{1}{\omega} \arcsin \frac{V_{in}}{Z_p I_2} \qquad (7-11)$$

虽然此时开关管 Q_2 已经开通，但开关管 Q_2 没有电流流过，原边电流流过其反并联二极管 D_2。原边谐振电感中储存的能量返回到电源。电源电压 V_{in} 加在谐振电感两端，原边电流下降。原边电流为

$$i_p(t) = I_p(t_3) - \frac{V_{in}}{L_r}(t - t_3) \qquad (7-12)$$

到 t_4 时刻，原边电流从 $I_p(t_3)$ 下降到零，二极管 D_2 和 D_3 自然关断，开关管 Q_2 和开关管 Q_3 中开始有电流流过，整个开关模态5经历的时间为

$$t_{34} = L_r I_p t_3 / V_{in} \qquad (7-13)$$

6. 开关模态6

在 $[t_4, t_5]$ 时间段，t_4 时刻，原边电流下降到零，并向负向增大，此时开关管 Q_2 和 Q_3 为其提供导通回路。由于此时原边电压被钳位到零，不足以提供负载所需的电流，此时

的负载电流仍由上端整流管 D_{R1} 和下端整流管 D_{R2} 提供续流回路，因此原、副边绕组的电压仍然都被钳位到零，电源输入电压 V_{in} 相当于直接加在谐振电感 L_r 的两端，流过电感的原边电流大小为

$$i_p(t) = -\frac{V_{in}}{L_r}(t-t_4) \qquad (7-14)$$

到 t_5 时刻，原边电流负向增大到了负载所需的电流 $-I_{Lf}(t_5)/K$，此时便可以提供负载所需的电流。于是，上端整流管 D_{R1} 关断，下端整流管 D_{R2} 导通，并且流过整个负载电流。开关模态 6 结束，开始下一个开关模态，整个开关模态经历 6 的时间为

$$t_{45} = \frac{L_r I_{Lf}(t_5)/K}{V_{in}} \qquad (7-15)$$

7. 开关模态 7

在 $[t_5, t_6]$ 时间段，开关管 Q_2 和 Q_3 导通，电源给负载供电，原边电流大小为

$$i_p(t) = -\frac{V_{in}-KV_o}{L_r+K^2L_f} \qquad (7-16)$$

可简化为

$$i_p(t) = -\frac{V_{in}/K-V_0}{KL_f}(t-t_5) \qquad (7-17)$$

在 t_6 时刻，开关管已关断，变换器要开始另一半周期的工作，其工作情况类似于上述的半个周期。

7.1.2 移相控制全桥变换器主要参数的计算

下面将以一个实际的设计为例进行阐述。

1. 高频变压器的设计

为了在任意输入电压时能够输出所要求的电压，变压器的变比应按最低输入电压 $V_{in,min}$ 选择。由于移相控制全桥变换器存在固有的副边占空比丢失的现象，选择副边的最大占空比 $D_{sec,max}=0.85$，则副边电压最小值 $V_{sec,max}$ 为

$$V_{sec,min} = \frac{V_{0,max}+V_{lf}+V_D}{D_{sec,max}} \qquad (7-18)$$

故变压器的原副边变比 K 为

$$K = \frac{V_{in,min}}{V_{sec,min}} \qquad (7-19)$$

取 K 为整数，再根据选定的开关频率和功率等级，并参考磁芯材料手册，得到变压器的设计结果，磁芯的最高工作密度为

$$B_m = \frac{UD}{4f_S N_P A_e} \qquad (7-20)$$

式中，A_e 为磁芯截面；N_P 为初级匝数；D 为初级线径。

对比磁芯的最高工作磁密，确定此变压器磁芯的工作磁密是否处于安全范围内。考虑高频时导线的集肤效应，导线的穿透深度为

127

$$\Delta = \sqrt{\frac{2}{\omega\mu\gamma}} \qquad (7-21)$$

式中，ω 为角频率；μ 为磁导率；γ 为电导率。

为了更有效地利用导线，减小集肤效应的影响，绕组应选用线径较小的铜导线。

若选用线径为 0.44 mm 的漆包线绞成的多股线，则导线的导电面积为

$$S_1 = \frac{\pi d_1^2}{4} = \frac{\pi 0.44^2}{4} \text{ mm}^2 = 0.152 \text{ mm}^2 \qquad (7-22)$$

式中，d 为截面半径。

原边交流电流的最大有效值为 $I_{P,max} = 7.14$ A，取电流密度为 $J = 5$ A/mm²，则原边导线的总面积为

$$S_P = \frac{I_{P,max}}{J} \frac{7.14 \text{ A}}{5 \text{ A/mm}^2} = 1.43 \text{ mm}^2 \qquad (7-23)$$

因此，需要线径为 0.44 mm 的多股线为：$S_P/S_1 = 1.43/0.152 = 9.4$ 根，选取 10 根并绕。副边为由两个机械压制的铜条共同组成的带有中心抽头的绕组。

2. 主功率管的选择

蓄电池提供的电压最大值为 380 V，电路工作在零电压开关条件下，开关管两端的电压波形没有很大的尖峰和毛刺，所以功率开关管的额定电压没有必要选择得特别高，按照 650 V 选取即可。

滤波电感输出电流的最大值为

$$I_{L,max} = I_{o,max} + \frac{1}{2}\Delta I_{max} = 100 \text{ A} \qquad (7-24)$$

式中，$I_{o,max}$ 为输出电流的最大值；ΔI_{max} 为电流脉动的最大值。

变压器原边电流的最大值 $I_{P,max} = 100/K = 7.1$ A，这也是功率开关管中流过的最大电流。综合对额定电压、额定电流、$R_{ds,on}$、Q_g 等参数的要求，来选择合适的功率开关管，其最大反向耐压及最大漏极电流均需要满足设计要求。

3. 输出整流管的选择

由于直流负载供电系统的副边为低压大电流输出，如果采用普通的二极管进行整流，会因为其本身所存在的固有的较大的导通压降，在流经满载电流（100 A）的时候，整流管上的损耗会很高，致使整个变换器的效率会变得很低。因此副边采用了同步整流技术，即采用导通电阻较小的低压大电流开关管 MOSFET 来取代普通的二极管进行整流，以降低损耗，这样就可以大大提高整个变换器的效率。

4. 谐振电感

谐振电感用来帮助实现滞后桥臂的零电压开关，为开关管实现零电压开关提供足够的能量，其计算公式为

$$\frac{1}{2}L_1 I^2 = \frac{4}{3}C_{MOS}V_{in}^2 \qquad (7-25)$$

式中，C_{MOS} 为 MOS 管的电密值。

考虑在 1/5 满载时实现零电压开关，负载电流需要在 10% $I_{0,max}$（即 10 A）时临界连

续，则输出电流脉动 Δi_{Lf} 为 20 A。

$$I = \frac{I_{0,max}/5 + \Delta i_{Lf}/2}{K} = \frac{100/5 + 20/2}{14} = 2.14 \text{ A} \qquad (7-26)$$

若确定了 C_{MOS}、C_{DS} 的值，并已知 $V_{in,max} = 380$ V，则可以得到 $L_1 = 16.96\ \mu H$。

根据以上所得数值来确定电感型号，需要注意的是，谐振电感的大小需要根据实际实验进行衡量。如果取值太小，则滞后桥臂不容易实现软开关；如果取值太大，则会造成副边占空比丢失比较严重。

5. 滤波电感

电感值的计算公式为

$$I_L = \frac{V_{0,min}}{2 \cdot (2f_s) \cdot (10\% I_{0,max})} \left[1 - \frac{V_{0,min}}{\dfrac{V_{in,max}}{K} - V_L - V_D} \right] \qquad (7-27)$$

具体的选择方法与原边谐振电感一样，若电感采用卧式放置，则需要考虑直流去磁作用的影响。

6. 副边整流滤波电路的设计

对于系统而言，影响电源效率提高的主要因素是整流二极管的功率损耗，其通常占到系统功率损耗的 1/6～1/5，尤其是在功率越大的时候，整流二极管的功率损耗所占的比例也越大。整流二级管的损耗包括正向导通时的损耗和反向关断时恢复过程中的损耗，普通二极管不仅正向导通压降大，而且在关断的瞬间会产生很大的电压尖锋，不仅会产生较大的EMI 噪声，而且很容易将二极管反向击穿。因此，在此采用肖特基二极管，其具有独特的快恢复、低损耗等特点，反向恢复时间可在几个纳秒内完成，正向导通压降也比普通二极管小很多，所以特别适合于用作开关电源的整流管。

为了减小输出电压的纹波和噪声，保证输出电压的稳定和平滑，系统采用两级滤波。第一级电容滤波的主要目的是滤除变压器中的高、低次谐波，为此选择 370 uF 的电解电容和 10 uF 的贴片电容。第二级采用 LC 滤波，电感主要用于吸收二极管造成的噪声，电容与电感组成的 LC 低通滤波器可进一步减小输出电压和电流的纹波，提高输出电压的质量。

7.2　双主动全桥变换器的主电路

车载动力电池组的直流稳压部分采用双主动全桥变换器（dual active bridge，DAB）。由于该变换器用于高压转高压，所以原副边采用的都是全桥结构，并且采用双重移相控制方式，开关管可实现 ZVS 软开关。该控制方式在满足电路功率双向传递的基础上，提高了DAB 单元的调压范围，减小了电感电流的峰值，提高了功率密度，同时减小了由于电感电流换向所引起的无功功率损耗。该变换器的总体结构如图 7-5 所示。

在双主动全桥变换器中，原边和副边各由两个全桥构成，原、副边的两个全桥之间可以通过合理的驱动逻辑实现移相。与此同时，同一个全桥的桥臂之间也可以与上一节中介绍的移相控制全桥变换器一样实现移相，其控制方式灵活多样。双主动全桥变换器利用变压器的漏感或原边串联电感与功率管的寄生电容或外接电容来实现零电压开关，大大提高了变换器的效率，将变压器等效为电感模型，并将副边电路等效到原边，可以得到如图 7-6 所示的等效电路。

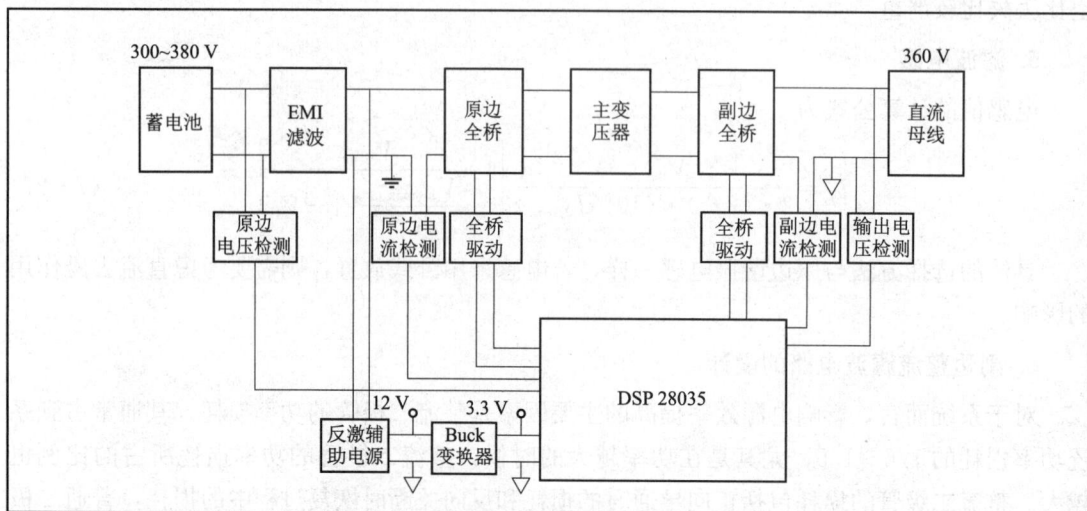

图 7-5 双主动全桥变换器的总体结构

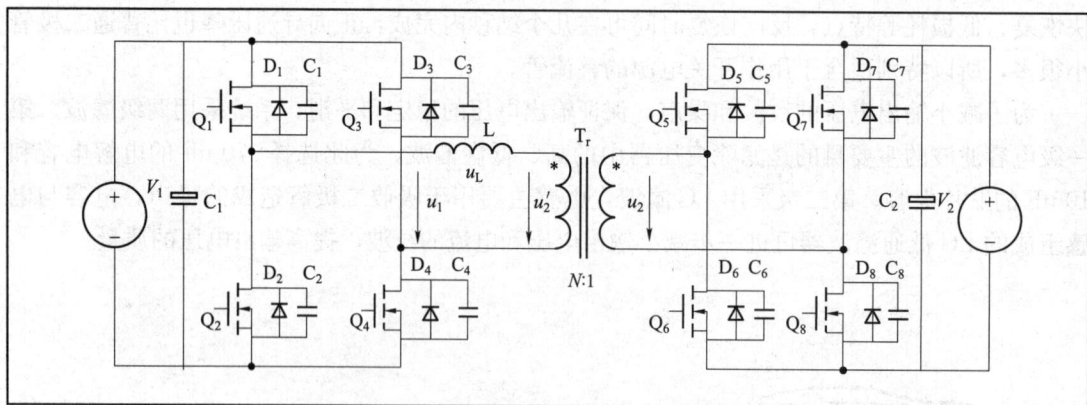

图 7-6 双主动全桥变换器的等效电路

7.2.1 双主动全桥变换器的工作原理

在一个开关周期内，采用普通控制策略（同一桥臂之间没有移相）的双主动全桥变换器有 10 种开关模式，在分析之前，做出如下假设：

① 所有二极管、电感、电容、变压器均为理想元器件；

② 所有开关管存在反并联二极管和寄生电容，而且所有开关管满足
$$C_1 = C_2 = C_3 = C_4, C_5 = C_6 = C_7 = C_8;$$

③ 输入源 V_1 为理想的电压源。

结合图 7-7，对双主动全桥变换器开关模态的分析如下。

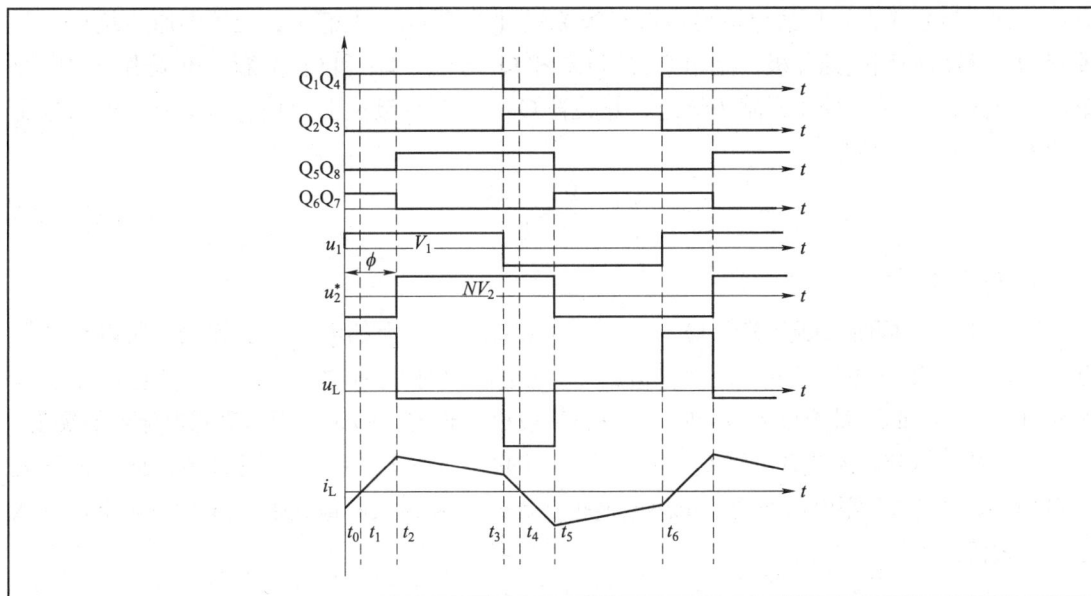

图 7-7　传统普通控制策略的双主动全桥变换器主要开关模态

1. 开关模态 1

在 t_0 时刻，同时关断开关管 Q_2 和 Q_3，由于 C_2 和 C_3 的电压不能突变，所以开关管 Q_2 和 Q_3 为 ZVS 零电压关断。此时原边电流给 C_2 充电，同时 C_1 被放电；给 C_3 充电，同时 C_4 被放电。当 C_2 和 C_3 被充电到 V_{in} 时，C_1 和 C_4 被放电到零，同时，因为电感电流不能突变，电流方向维持不变，因此开关管 Q_1 和 Q_4 的反并联二极管 D_1 和 D_4 导通续流。此时，开关管 Q_1 和 Q_4 为 ZVS 零电压开通。与此同时，电感电流从负向最大值处开始减小，电感电流为

$$i_L(t_0) = \frac{TV_1[d(1-2D)-1]}{4L} \qquad (7-28)$$

式中，D 为占空比；T 为周期；$d = \dfrac{NV_2}{V_1}$。

2. 开关模态 2

在 $[t_0, t_1]$ 时段，原边开关管 Q_1 和 Q_4 导通，Q_2 和 Q_3 关断，原边电流由电源负极流经开关管 Q_4、变压器原边绕组、电感 L、开关管 Q_1，最后回到电源正极。副边开关管 Q_6 和 Q_7 导通，Q_5 和 Q_8 关断，电流由副边电源负极流经开关管 Q_6、变压器原边绕组、开关管 Q_7，最后回到电源正极。这一阶段电感电流上升，其上升率为

$$\frac{di_L}{dt} = \frac{V_1 + NV_2}{L} \qquad (7-29)$$

式中，N 为匝数。

3. 开关模态 3

在 $[t_1, t_2]$ 时段，t_1 时刻，电流上升到零，电流开始正向流动。原边开关管 Q_1 和 Q_4 导通，Q_2 和 Q_3 关断，原边电流由电源正极流经开关管 Q_1、电感 L，变压器原边绕组、开关管 Q_4，最后回到电源负极。副边开关管 Q_6 和 Q_7 导通，Q_5 和 Q_8 关断，电流由副边电源正极流经开关管 Q_7、变压器副边绕组、开关管 Q_6，最后回到电源负极。这一阶段电感电流继续上升，其上升率为

$$\frac{di_L}{dt} = \frac{V_1 + NV_2}{L} \tag{7-30}$$

4. 开关模态 4

在 t_2 时刻，同时关断开关管 Q_6 和 Q_7，由于 C_6 和 C_7 上的电压不能突变，所以开关管 Q_6 和 Q_7 为 ZVS 零电压关断。副边电流给 C_6 充电，同时 C_5 被放电。给 C_7 充电，同时 C_8 被放电。当 C_6 和 C_7 被充电到 V_2 时，C_5 和 C_8 被放电到零，同时，因为电感电流不能突变，电流方向维持不变，因此开关管 Q_5 和 Q_8 的反并联二极管 D_5 和 D_8 导通续流。此时，开关管 Q_5 和 Q_8 为 ZVS 零电压开通。电感电流也在此时上升到正向最大值，并开始减小，电感电流最大值为

$$i_L(t_2) = \frac{TV_1[d - (1-2D)]}{4L} \tag{7-31}$$

5. 开关模态 5

在 $[t_2, t_3]$ 时段，原边开关管 Q_1 和 Q_4 导通，Q_2 和 Q_3 关断，电流由电源正极流经开关管 Q_1、电感 L，变压器原边绕组、开关管 Q_4，最后回到电源负极。副边开关管 Q_5 和 Q_8 导通，Q_6 和 Q_7 关断，电流由副边电源负极流经开关管 Q_8、变压器副边绕组、开关管 Q_5，最后回到电源正极。这一阶段电感电流的下降率为

$$\frac{di_L}{dt} = -\frac{V_1 - NV_2}{L} \tag{7-32}$$

6. 开关模态 6

在 t_3 时刻，同时关断开关管 Q_1 和 Q_4，由于 C_1 和 C_4 上的电压不能突变，所以开关管 Q_1 和 Q_4 为 ZVS 零电压关断。此时原边电流给 C_1 充电，同时 C_2 被放电。给 C_4 充电，同时 C_3 被放电。当 C_1 和 C_4 被充电到 V_{in} 时，C_2 和 C_3 被放电到零，同时，因为电感电流不能突变，电流方向维持不变，因此开关管 Q_2 和 Q_3 的反并联二极管 D_2 和 D_3 导通续流。此时，开关管 Q_2 和 Q_3 为 ZVS 零电压开通。电感电流在此时继续下降。

7. 开关模态 7

在 $[t_3, t_4]$ 时段，原边开关管 Q_2 和 Q_3 导通，Q_1 和 Q_4 关断，原边电流由电源负极流经开关管 Q_2、电感 L，变压器原边绕组、开关管 Q_3，最后回到电源正极。副边开关管导通，Q_5 和 Q_8 关断，电流由副边电源负极流经开关管 Q_8、变压器副边绕组、开关管 Q_5，最后回到电源正极。这一阶段电感电流的下降率为

$$\frac{di_L}{dt} = \frac{V_1 + NV_2}{L} \tag{7-33}$$

8. 开关模态 8

在 $[t_4, t_5]$ 时段，t_4 时刻，电感电流下降到零，电流开始负向流动。原边开关管 Q_2 和 Q_3 导通，Q_1 和 Q_4 关断，原边电流由电源正极流经开关管 Q_3、变压器原边绕组、电感 L、开关管 Q_2，最后回到电源负极。副边开关管 Q_5 和 Q_8 导通，Q_6 和 Q_7 关断，电流由副边电源正极流经 Q_5、变压器副边绕组、开关管 Q_8，最后回到电源负极。这一阶段电感电流的下降率为

$$\frac{\mathrm{d}i_L}{\mathrm{d}t} = \frac{V_1 + NV_2}{L} \tag{7-34}$$

9. 开关模态 9

在 t_5 时刻，同时关断开关管 Q_5 和 Q_8，由于 C_5 和 C_8 上的电压不能突变，所以开关管 Q_5 和 Q_8 为 ZVS 零电压关断。此时副边电流给 C_5 充电，同时 C_6 被放电；给 C_8 充电，同时 C_7 被放电。当 C_5 和 C_8 被充电到 V_2 时，C_6 和 C_7 被放电到零，同时，因为电感电流不能突变，电流方向维持不变，因此开关管 Q_6 和 Q_7 的反并联二极管 D_6 和 D_7 导通续流。此时，开关管 Q_2 和 Q_3 为 ZVS 零电压开通。电感电流在此时下降到负向最大值。

10. 开关模态 10

在 $[t_5, t_6]$ 时段，原边开关管 Q_2 和 Q_3 导通，Q_1 和 Q_4 关断，原边电流由电源正极流经开关管 Q_3、变压器原边绕组、电感 L（电感电流上升）、开关管 Q_2，最后回到电源负极。副边开关管 Q_6 和 Q_7 导通，Q_5 和 Q_8 关断，电流由副边电源负极流经开关管 Q_6、变压器副边绕组、开关管 G，最后回到电源正极。这一阶段电感电流的上升率为

$$\frac{\mathrm{d}i_L}{\mathrm{d}t} = \frac{V_1 - NV_2}{L} \tag{7-35}$$

11. 开关模态 11

电路回到开关模态 1，开始下一次循环。

从对于主拓扑结构的分析可知，双主动全桥电路拓扑的控制方式主要是基于 PI 的传统移相控制。这种传统的移相控制方式下，每个全桥中呈对角位置的开关管的驱动信号是相同的，之间没有移相。原副边相同位置的开关管之间的驱动信号是相互移相的，移相角为 ϕ，该角度不仅决定了功率流向，同时决定了所传输的功率大小。当 $\phi > 0$ 时，功率由原边向副边传递；当 $\phi < 0$ 时，功率由副边向原边传递。这种控制比较简单，容易实现，能极大地提高传输功率，但是缺少灵活性，并且在稳定工作和起动时给器件带来额外的压力。

为了提高系统性能，许多学者提出了不同的控制方法。这些研究中，每个开关管的驱动信号的占空比都是变化的。其他的几种移相控制方式通过另外增加桥臂之间的移相（即原副边全桥对角开关管之间的移相）提高了拓扑的自由度。系统理论分析表明，这种控制方式与普通控制方式相比，提高了系统的动态和稳态性能。在本节简单介绍两种控制方式。

单移相控制方式是指原副边两个全桥中，其中一个全桥的对角开关管之间增加了移相，如图 7-8 所示。该控制方式可以实现减小无功功率、电感电流峰值及电流的有效值，同时很好地传输有功功率。

双移相控制方式是指原副边两个全桥的对角开关管之间都增加了移相，如图 7-9 所示。

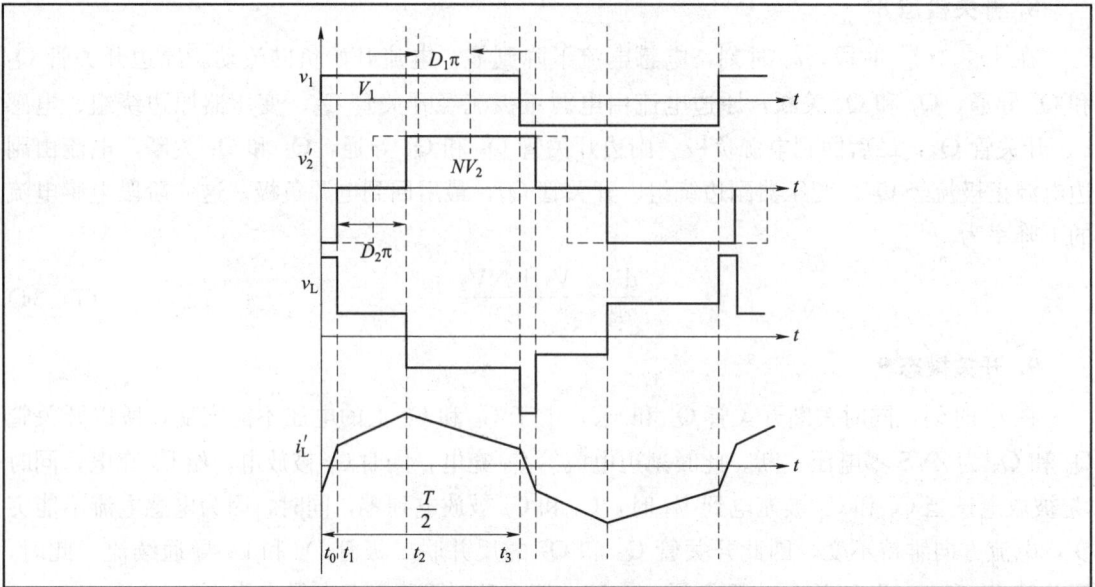

图 7 - 8　单移相控制策略的主要波形

这样可以减小电感电流峰值和系统的无功功率，提高系统效率，减小输出电容值，同时可以在系统开机瞬间抑制冲击电流。这种控制方式特别适用于安全工作区域较难设计的高压大功率的变换器，但相比前两种控制方式，这种控制方式的功率传输能力会有相应的降低。

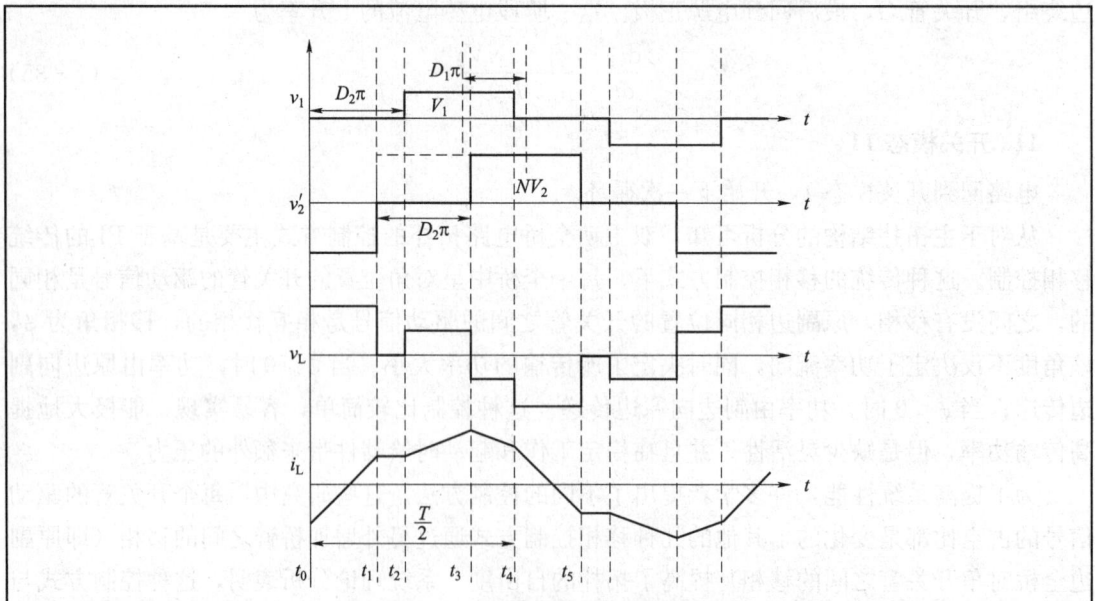

图 7 - 9　双移相控制策略的主要波形

7.2.2　双主动桥式变换器主要参数的计算

对于采用普通控制策略的双主动桥式变换器，其简化的理想工作状态如图 7 - 10 所示，相当于两个有一定移相角的电压方波加在电感两端。图 7‑11 为这种理想工作状态下，变换器工作于 4 个子模态时的主要工作波形。

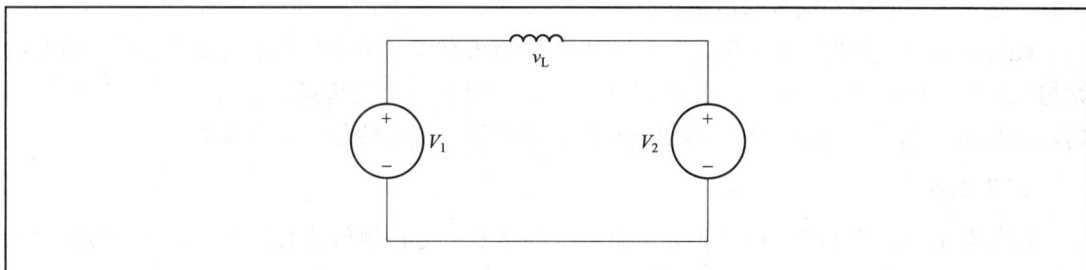

图 7‑10　双主动桥式变换器的理想工作状态

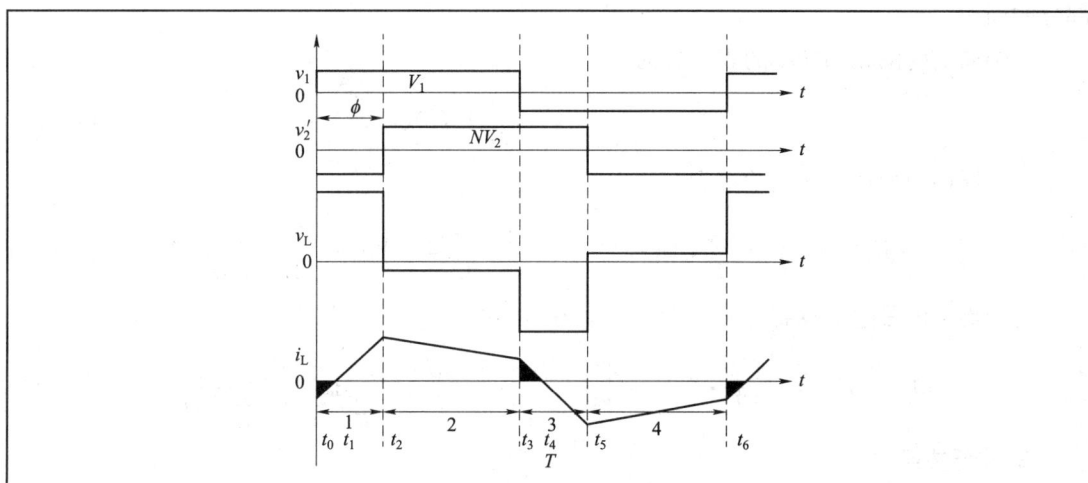

图 7‑11　双主动桥式变换器的理想工作波形

1. 有功功率

为表示方便，定义：$D = \dfrac{\phi}{\pi}$，$d = \dfrac{NV_2}{V_1}$。

由电感电流的正负对称性 $i(t_3) = -i(t_0)$ 可得

$$i(t_2) = i(t_0) + \frac{(V_1 + NV_2)DT}{2L} + \frac{(V_1 - NV_2)(1-DT)}{2L} \tag{7-36}$$

$$i_L(t_0) = \frac{TV_1[d(1-2D)-1]}{4L} \tag{7-37}$$

$$i_L(t_2) = \frac{TV_1[d-(1-2D)]}{4L} \tag{7-38}$$

假设系统为理想模型，开关管的开关是瞬态的，无开关损耗，则系统传输的功率为

$$P = V_1\left(I_0 \cdot \frac{t_{10}}{0.5T} + I_1 \cdot \frac{t_{21}}{0.5T}\right) = V_1 \cdot \left(\frac{i_L(t_0)+i_L(t_1)}{2} \cdot \frac{t_{10}}{0.5T} + \frac{i_L(t_1)+i_L(t_2)}{2} \cdot \frac{t_{21}}{0.5T}\right)$$

$$= \frac{V_1^2 dTD(1-D)}{2L}$$

由上述计算可以看出，输出电压 V_1 的大小与功率 P、原副边桥臂之间的移相角 ϕ、电感值 L 变压器变比 N 和工作频率 $1/T$ 有关。而普通的正激、反激、全桥等变换器的输出电压只与输入电压和驱动信号的占空比有关。

此外，还可以看出，功率的方向和大小与移相角有关，当 $\phi>0$ 时，功率为正，功率由原边向副边传递；当 $\phi<0$ 时，功率为负，功率由副边向原边传递；在 $[-90°，90°]$ 区间内，移相角 ϕ 越大，电感上的伏秒积就越大，变换器所能传输的功率也越大。

2. 无功功率

对于双主动桥式电路，由于加在电感两端的是有一定移相角的电压方波，原副边通过电感来传递能量，因此原边的电压和电流总是不在一个相位。在一个开关周期内，一部分功率传递到副边，另一部分返回原边，这部分不做功的功率定义为无功功率，如图 3-8 中阴影部分的面积。

一个周期内的无功功率的表达式为

$$Q=\frac{1}{0.5T_s} \cdot V_1 \cdot \int_{t_0}^{t_q} i_L(t)\mathrm{d}t \tag{7-39}$$

一个周期内原边的无功功率为

$$Q(d,P)=\frac{1}{0.5T} \cdot V_1 \int_0^{\frac{|i_L(t_0)|L}{(1+d)V_1}} \left(\frac{(1+d)V_1t}{L}\right)\mathrm{d}t=\frac{i_L^2(t_0)L}{(1+d)T} \tag{7-40}$$

一个周期内副边折算到原边的无功功率为

$$Q'(d,P)=\frac{1}{0.5T} \cdot NV_2 \cdot \int_0^{\frac{|i_L(t_1)|}{(1+d)}} \left[\frac{(1+d)V_1t}{L}\right]\mathrm{d}t=\frac{i_L^2(t_1)Ld}{(1+d)T} \tag{7-41}$$

3. 软开关条件

由对于各个模态的原理分析可知，原边开关管如要实现软开关，需要满足

$$i_L(t_0)<0 \Rightarrow D>\frac{1}{2}\left(1-\frac{1}{d}\right) \tag{7-42}$$

副边开关管如要实现软开关，还需要满足

$$i_L(t_1)>0 \Rightarrow D>\frac{1}{2}(1-d) \tag{7-43}$$

对于所有开关管都实现软开关的条件是

$$\begin{cases} d>1 \\ i_L(t_0)<0 \Rightarrow D>\frac{1}{2}\left(1-\frac{1}{d}\right) \Rightarrow d^2-\frac{8PLd}{V_1^2T}-1<0 \\ i_L(t_1)>0 \end{cases} \tag{7-44}$$

4. 电感电流的峰值和有效值

电感电流可能出现的峰值为

$$i_{L,max}=\max\{|i_L(t_0)|, |i_L(t_1)|\} \tag{7-45}$$

$$i_{L,max}(d,P)=\max\left\{\left|\frac{TV_1-\sqrt{Td(TdV_1^2-8PL)}}{4L}\right|, \left|\frac{Td^2V_1^2-\sqrt{TdV_1^2(TdV_1^2-8PL)}}{4dV_1L}\right|\right\}$$

电感电流的有效值为

$$I_{\mathrm{rms}}(d,P) = \sqrt{\frac{2}{T_s}\left\{\int_0^{\frac{(|i_L(t_0)|+|i_L(t_1)|)L}{(1+d)V_1}}\left[-i_L(t_0)+\frac{(1+d)V_1 t}{L}\right]^2 dt + \int_0^{\frac{(|i_L(t_1)|+|i_L(t_0)|)L}{(d-1)V_1}}\left[i_L(t_1)-\frac{(d-1)V_1 t}{L}\right]^2 dt\right\}}$$

综上所述，经反复计算和试验验证，在输出功率为 5 kW、输入电压为 300～380 V、输出电压为 360 V、开关频率为 100 kHz 时，得到了一套合理的参数。具体的计算过程可以参考上一节中对于移相控制全桥变换器参数的计算方法。

7.3　DC/DC 变换器的其他模块

7.3.1　EMI 滤波电路

在电子设备上，存在有各种各样的外来电磁干扰信号。很多电子设备本身在完成其功能的同时，也会产生各种各样的 EMI 信号。高密度、宽频谱的电磁信号充满着整个空间，形成了复杂的电磁环境，这些 EMI 信号通过传导和辐射的方式影响着该环境中运行的电子设备。纯电动汽车所处的复杂的电磁环境要求车载电源具有更高的电磁兼容性，而采用 EMI 滤波器则是抑制电磁干扰的有效措施。

开关电源中的功率开关管一直处于高频的开通、关断状态，因此其本身就是很强的 EMI 噪声源，其产生的 EMI 噪声既有很宽的频率范围，又有很高的强度。这些电磁干扰噪声同样通过辐射和传导的方式污染电磁环境，从而影响其他电子设备的正常工作。

对于开关电源来说，其内部除了主功率电路外，还有 PWM 驱动电路、采样电路、保护电路、闭环控制电路、逻辑控制电路、通信电路等信号电路部分，它们一般都是由数字或模拟的集成电路组成的，这些电路相对于功率电路而言都是一些比较弱小的信号，比较容易受到干扰，当受到严重的电磁干扰时，很容易工作紊乱、发生误动作，轻则会使电源不能正常工作，重则会使电源发生炸机，损坏电源，进而影响整个系统的安全可靠运行。虽然可以通过采用吸收等方式，来抑制或吸收开关管产生的电压尖峰和毛刺，但整个变换器的 EMI 噪声还是很大，所以需要采用 EMI 噪声滤波器来有效地防止电源因外来电磁噪声干扰而产生误动作。另外，从电源输入端进入的 EMI 噪声中的一部分可出现在电源的输出端，它在电源的负载电路中会产生感应电压，导致电路产生误动作或干扰电路中的传输信号。这些问题同样也可用噪声滤波器来加以防止。

在开关电源设备中采用 EMI 噪声滤波器的主要作用一般有两点。一是防止周围的 EMI 电磁噪声干扰开关电源本身的正常工作；二是同时抑制和吸收开关电源本身所产生的 EMI 电磁噪声，防止对周围其他电气设备的正常运行造成干扰。

7.3.2 辅助电源

车载直流电源系统的辅助供电部分采用反激式变换器，其具有电路拓扑简洁、能够实现输入、输出电气隔离、电压升/降范围宽、适合于中小功率场合、易于多路输出等优点，因而是电源系统辅助电源的理想电路拓扑。图 7-12 所示为反激式变换器的主电路。

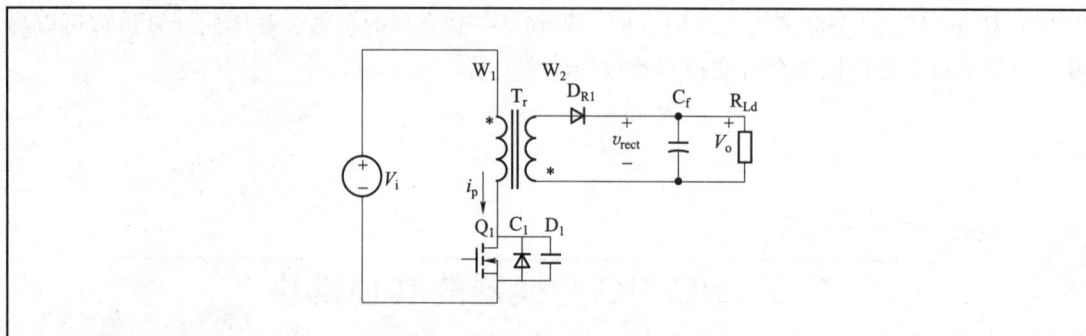

图 7-12 反激式变换器的主电路

1. 反激式变换器的工作原理

当开关管开通时，由于变压器同名端的缘故，副边绕组电压下正上负，副边的二极管不会导通，变压器存储能量；当开关管关断时，副边绕组中压上正下负，二极管导通，变压器中的能量向副边传递。反激式变换器有两种工作模式，分别为电流连续工作模式和电流断续工作模式，本节中的变换器工作在电流断续工作模式。其优点是可以实现开关管零电流开通和二极管零电流关断，因此二极管没有反向恢复及由此引起的器件损耗。要使电路工作在电流断续工作模式，只需要很小的电感就能满足要求，通常还可以有效地减小变压器的体积。但这种方式中电路的峰值电流会比较高，开关管、整流二极管、变压器和电容上的损耗也会较大。

2. 反激变压器的设计

反激变压器是整个变换器的核心器件，其设计的优劣直接关系到整个变换器的工作特性。反激式变压器通过一次绕组将能量存储在磁芯材料中，一次侧关断后再将能量传递到二次回路。因此，典型的变压器阻抗折算和一次、二次绕组的匝比关系不能在这里直接使用。

由于负载在 $30\% \sim 100\%$ 的状况下，芯片需工作在准谐振模式下，故可由此来计算变压器参数。

由原副边的伏秒积相等得公式（7-46），其中 V_{or} 为开关管反射电压。

$$T_{off} = \frac{V_{in} T_{on} N_s}{(V_{out} + V_D + V_L) N_P} = \frac{V_{in} T_{on}}{V_{or}} \tag{7-46}$$

当变压器副边功率传输完毕，一次侧电感与开关管两端的寄生电容 C 便开始发生谐振，并且在第一个最低点时，驱动信号打开，开关管将再次导通。

$$T_w = t_2 - t_1 = \pi \sqrt{L_P C_0} \tag{7-47}$$

$$T_{on} = \frac{L_P I_P}{V_{in}} \tag{7-48}$$

则实际的开关频率为

$$F_{sw} = \cfrac{1}{\cfrac{L_P I_P}{V_{in}}\left(\cfrac{V_{in}}{V_{or}}+1\right)+\pi\sqrt{L_P C_0}} \tag{7-49}$$

原边所需要的电感值为

$$L_P = \frac{2P_{out}}{\eta I_P^2 F_{sw}} \tag{7-50}$$

变压器原副边的变比需要满足

$$\frac{N_P}{N_S} = \frac{D}{1-D} \cdot \frac{V_{in}}{V_0} \tag{7-51}$$

式中，N_P、N_S 分别为原、副边匝数。

由法拉第电磁感应定律，原边匝数需满足

$$N_P \geqslant \frac{V_{in,min} D_{max}}{A_e \Delta B f} \tag{7-52}$$

式中，ΔB 为磁感应的变化量。

由于高频变压器的导线具有集肤效应，因此当导线中电流较大时应选用较粗的导线。但又由于集肤效应使电流集中在导线外侧，中心没有电流流过，这样在导线选择较粗时并没有起到较好的传导电流的作用，因此在满足线径要求的情况下应选择多股并绕。根据工作频率范围，试验中所选导线为线径 0.2 mm 的铜线，根据原边峰值电流 0.7 A 计算得到每股导线的电流密度为 0.4（A/mm²），这样可以得到原边应该为 2 股并绕，考虑到原边电流为三角波，在线径计算中应取电流计算的有效值，所以 1 股并绕也可满足需要。12 V 输出绕组的满载为 1.7 A，试验中可以采用 10 股并绕。5 V 输出绕组的负载较小，采用 1 股绕制。

第8章

DC/AC 与AC/DC 变换技术及应用

汽车是机械设备与电子设备的有效组合，处在复杂、多变的电磁环境中。汽车内部的干扰源来讲（如点火系统开关等），它们在刚开始工作的瞬间可能会发生电压突变或者电流突变，从而产生较强的电磁辐射。DC/AC 逆变器能产生较强的电磁干扰，危害比较严重，是电动汽车内部主要的电磁辐射源之一。本章就电动汽车的 DC/AC 逆变器进行介绍，并且分析其产生电磁辐射的原因及提出治理措施。

DC/AC 逆变器与 AC/DC 变换器分别如图 8-1（a）和图 8-1（b）所示。

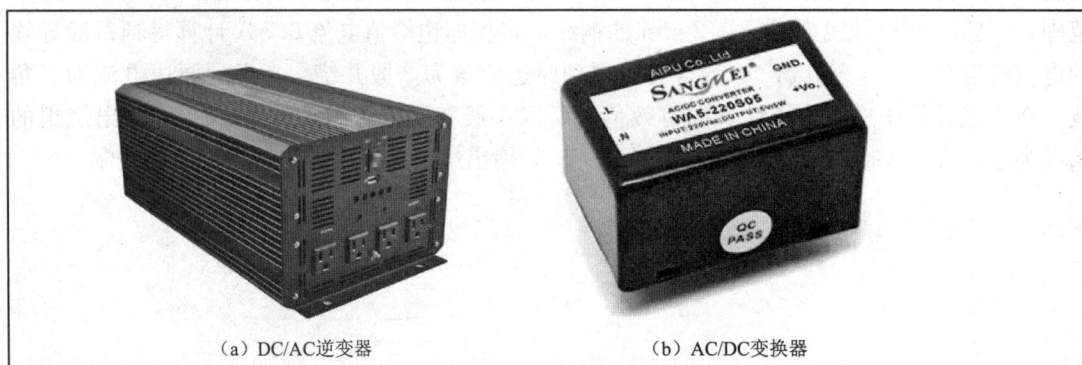

（a）DC/AC逆变器　　　　　　　（b）AC/DC变换器

图 8-1　DC/AC 逆变器与 AC/DC 变换器

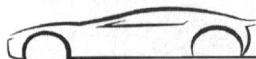

8.1　DC/AC 逆变器的设计与电磁干扰分析

8.1.1　DC/AC 逆变器概述

1. 传统电压源型 DC/AC 逆变器

传统电压源型 DC/AC 逆变器系统由逆变桥、直流电源和负载组成，也可以将其分为主电路和控制电路两部分。① 主电路部分：主要由二极管、开关管、电感和电容等构成；② 控制电路部分：主要由误差放大器、脉宽调制（PWM）发生器、调节器等构成。传统电压源型 DC/AC 逆变器为降压变换型，其直流输出电压要比交流输出电压高，逆变桥电路中的上下桥臂不能直通，以防止逆变桥电子器件烧毁。

图 8-2 为某混合动力汽车车载 DC/AC 逆变器的电路图。

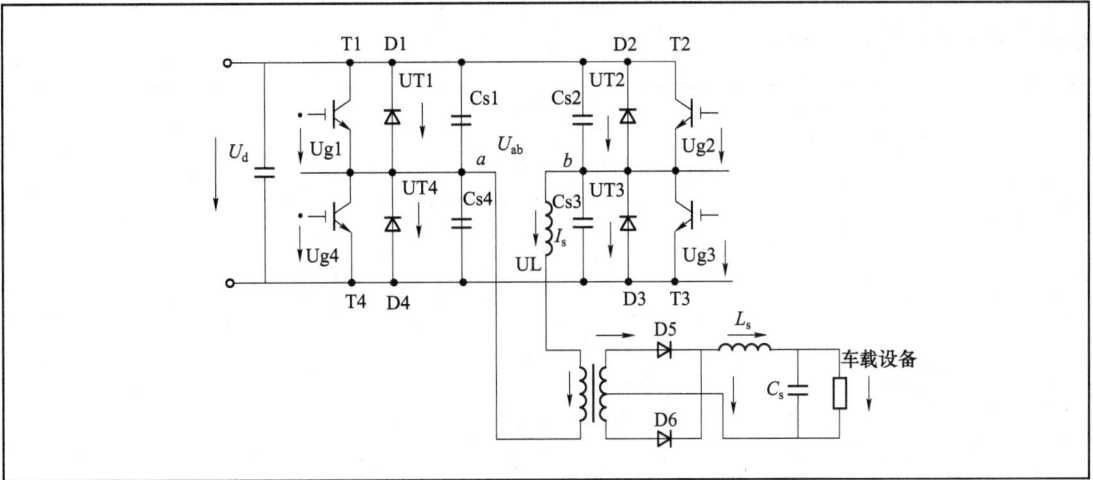

图 8-2　车载 DC/AC 逆变器的电路图

2. Z 源 DC/AC 逆变器

1）Z 源 DC/AC 的结构

本节将对一种比较新型的 Z 源 DC/AC 逆变器进行相关的研究。Z 源 DC/AC 逆变器在逆变桥和直流电源中间增加了一个 Z 源网络，可以实现逆变桥的直通控制。Z 源 DC/AC 逆变器的结构如图 8-3 所示。Z 源 DC/AC 逆变器系统主要分为负载、逆变桥、Z 源网络和电池（或直流电源）四部分。

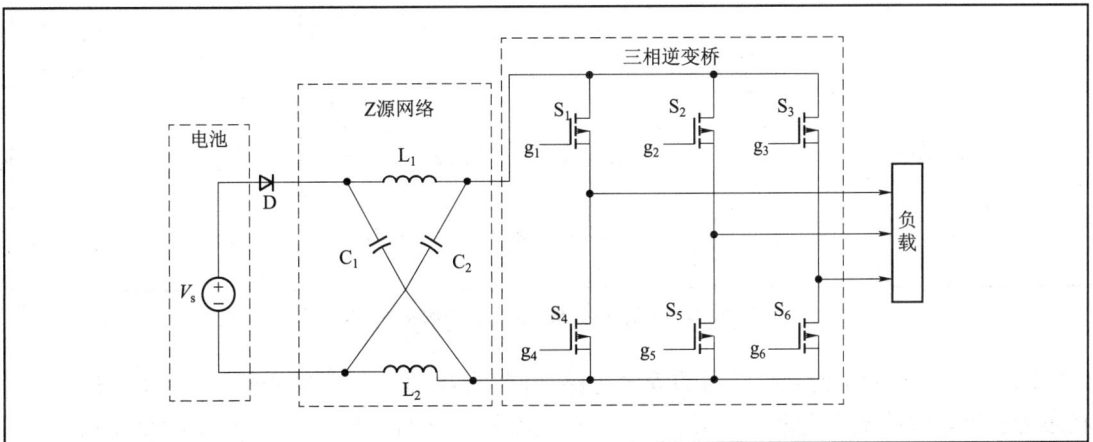

图 8-3　Z 源 DC/AC 逆变器的结构

Z 源网络由两个交叉成 "X" 形的电容和两个电感组成，其中电感 L_1、L_2 的电流和电压大小相等、方向相反。在控制方式上，如果三相逆变桥不工作在直通状态，Z 源 DC/AC 逆变器的工作状态和控制方法就与传统的逆变器相同；当三相逆变桥工作在直通状态时，若改变三相逆变桥直通状态的时间，Z 源 DC/AC 逆变器输出的交流电压也会相应发生改变。

　　2）Z 源 DC/AC 逆变器的工作原理

　　研究 Z 源 DC/AC 逆变器的工作原理具有重要意义，它在很大程度上决定着抑制电磁干扰的方法。Z 源 DC/AC 逆变器的工作状态可分为开路状态、直通状态和非直通状态，各状态的等效电路如图 8-4 所示。

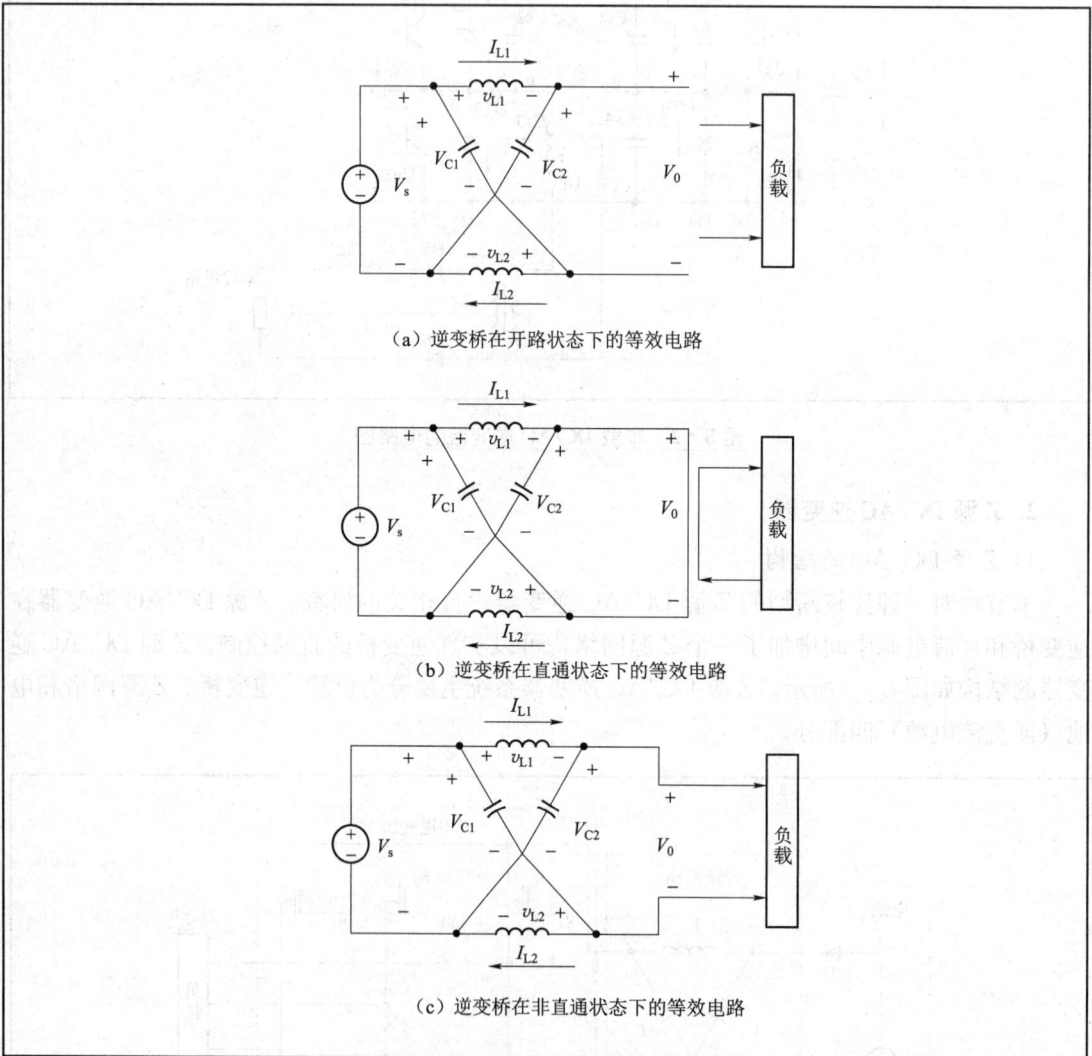

（a）逆变桥在开路状态下的等效电路

（b）逆变桥在直通状态下的等效电路

（c）逆变桥在非直通状态下的等效电路

图 8-4　Z 源 DC/AC 逆变器的等效电路

　　图 8-4（a）所示的开路状态的等效电路等同于传统 DC/AC 逆变器的开路状态，工作状态为直流电源给电容充电。当 Z 源 DC/AC 逆变器处于如图 8-4（b）所示的直通状态时，负载侧短路，其工作状态为 Z 源网络中的电容元件对电感元件进行充电。如图 8-4（c）所示逆变桥在非直温状态下的等效电路具有升压作用，其中负载的电压来自于直流电源及 Z 源网络。

在图 8-3 中，Z 源网络是对称的。根据等效电路和电路的对称性可得

$$\begin{cases} V_{C1}=V_{C2}=V_{C3} \\ v_{l1}=v_{l2}=v_{l3} \end{cases} \tag{8-1}$$

假设在一个开关周期 T 中，逆变桥工作在直通状态的时间为 $T_0=DD_0$，结合图 8-4 (b) 可得

$$\begin{cases} v_{l1}=v_{l2}=V_{C1}=V_{C2}=V_C \\ V_S=2V_C \\ V_0=0 \end{cases} \tag{8-2}$$

则其工作在非直通状态的时间为 $T_1=T(1-D_0)$，结合图 8-4 (c) 得

$$\begin{cases} v_L=V_S-V_C \\ V_0=V_C-v_L=2V_C-V_S \end{cases} \tag{8-3}$$

其中，V_S 为直流电源的电压，$T=T_0+T_1$

$$V_L=\overline{v}=[T_0V_C+T_1(V_S-V_C)]/T_L=0 \tag{8-4}$$

$$\frac{V_C}{V_S}=\frac{T_1}{T_1-T_0}=\frac{1-D_0}{1-2D_0} \tag{8-5}$$

在一个开关周期 T 内，逆变桥两端的直流电压（用 V_0 表示）为

$$V_0=V_C-v_L=2V_C-V_S=\frac{T}{T_1-T_0}V_S=BV_S \tag{8-6}$$

$$B=\frac{T}{T_1-T_0}=\frac{1}{1-2D_0}\geqslant 1 \tag{8-7}$$

式中，B 为升压因子。则可以得知，相电压峰值为

$$V_{OC}=m\cdot\frac{V_0}{2} \tag{8-8}$$

式中，m 调制因子。当 DC/AC 逆变器处于正弦脉宽调制（SPWM）时，$m\leqslant 1$；当其处于空间矢量调制（SVPWM）时，$m\leqslant 2/\sqrt{3}$，结合式（8-6）与式（8-8）可得

$$V_{OC}=m\cdot B\cdot\frac{V_S}{2} \tag{8-9}$$

调制因子 m 和升压因子 B 共同决定升/降压因子 K 的大小，即

$$K=\frac{V_{OC}}{(V_S/2)}=m\cdot B \tag{8-10}$$

变换器通过选取不同的 K 值来调节输出电压。若输入电压较低时，就需要运用 DC/AC 逆变器的升压功能。

综上述内容可得以下结论：对于电压源型 DC/AC 逆变器，可以根据实际需要，升高或降低其输出电压。其优点在于该三相逆变桥可以承受短路的情况，避免了调制度的下降和波形畸变情况的发生。

3) Z 源 DC/AC 逆变器的控制方式

逆变器直通状态的周期的控制是 Z 源 DC/AC 逆变器的关键技术，主要包括占空比控制及注入控制两方面。占空比的控制方式主要有最大升压控制、简单升压控制及改进的 PWM 控制等。

（1）简单升压控制方式。

在简单升压控制方式下，Z 源 DC/AC 逆变器的升/降压变换可以通过改变直通状态的占空比来实现。但这种控制方式只适用于一些简单控制场合。图 8 - 5 为简单升压控制的时序图。

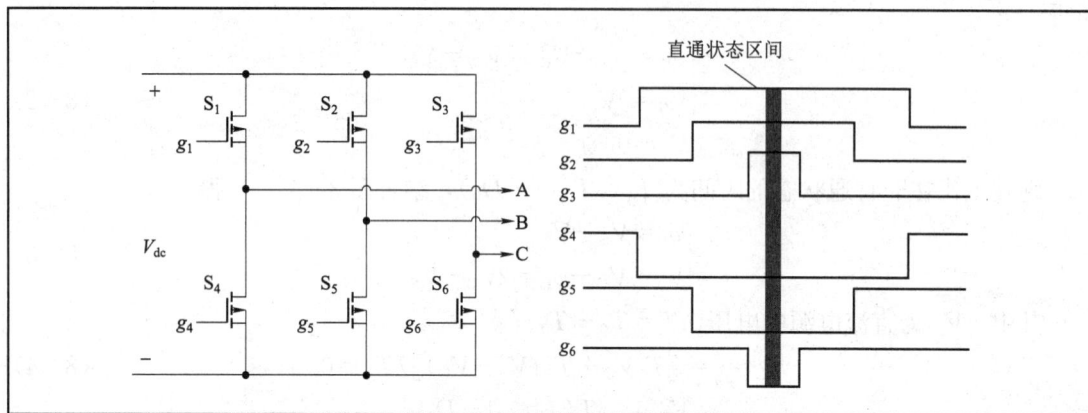

图 8 - 5　简单升压控制的时序图

（2）最大升压控制方式。

在最大升压控制方式下，传统零状态都变为直通状态。该控制方式的优点是极大地提升了 Z 源 DC/AC 逆变器的升压功能。图 8 - 6 为最大升压控制的时序图。

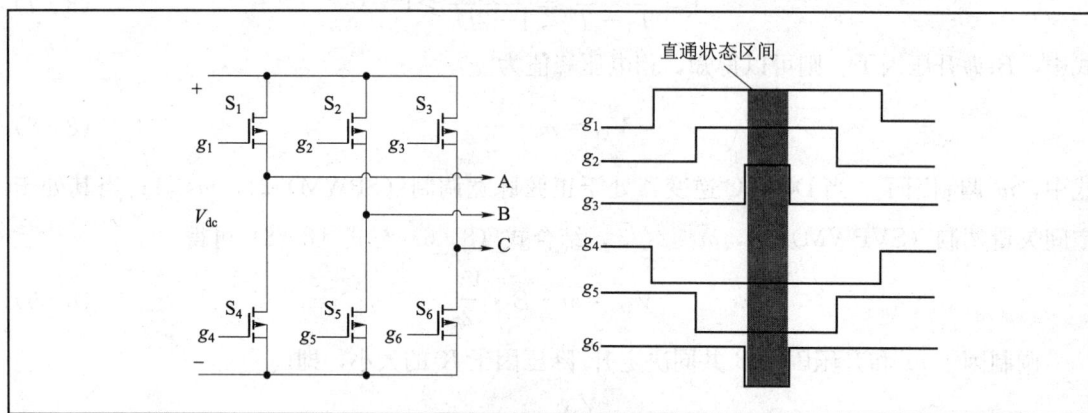

图 8 - 6　最大升压控制的时序图

8.1.2　Z 源网络的设计

数值相等的电容元件及电感元件组成了 Z 源网络，因此在设计 Z 源网络时，需要分别设计电感元件的电感值和电压等级及电容元件的电容值。这些设计于对电磁干扰的分析有着较大的影响。

1. 电容设计

目前市面上，存在多种类型的电容，可根据需要选择相应的元件。如在逆变器中，可供选择的典型电容有陶瓷电容等。在进行 Z 源网络电容设计时，要重点分析电压等级和电容值

这两个参数。电容元件稳态电压值 V_C 的表达式为

$$V_C = \frac{T_1}{T_1 - T_0} \cdot V_s = \frac{1 - D_0}{1 - 2D_0} V_s \qquad (8-11)$$

根据式（8-11）可得，在 Z 源 DC/AC 逆变器中，电路的输入直流电压 V_s 和直通占空比 D_0 会影响电容元件的电压值。在相对应的电路中，若电容元件给电感元件充电，则电路工作在直通状态；若直流电源给电容元件充电，则电路工作在非直通状态。

在简单升压控制方式下，$dt = \dfrac{D_0}{2f_s}$。假设电容元件的电压纹波系数为 s，则 $dV_C = V_C \cdot s$，$V_C = V_s$，由此可以得出电容元件电容值的计算式为

$$C \geqslant \frac{D_0(1 - 2D_0)}{1 - D_0} \cdot \frac{I_L}{2f_s V_s} \qquad (8-12)$$

式中，V_s 为直流电源电压。若选取 $I_L = 200\,\text{A}$，$V_s = 30\,\text{V}$，$f_s = 10\,\text{kHz}$，电压纹波系数为 0.1，直通状态的占空比 D_0 在 0～0.4 之间变化时，电容元件的电容值的变化规律如图 8-7 所示，根据曲线可得电容元件的电容值 $C \geqslant 600\,\mu\text{F}$。

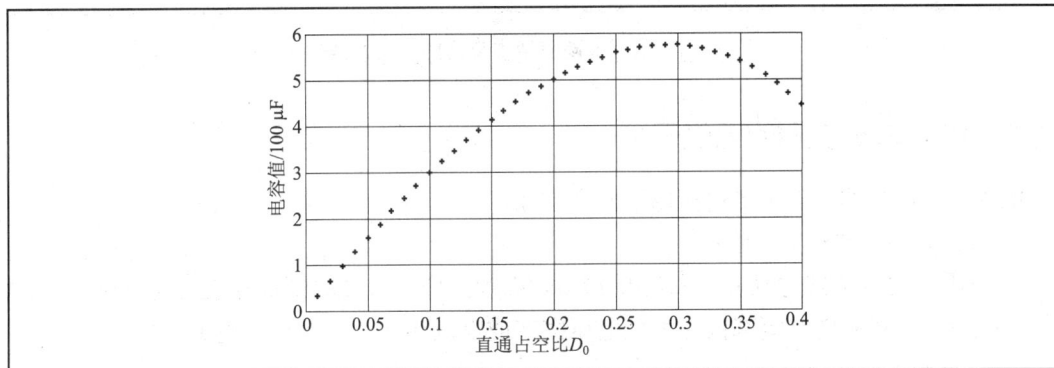

图 8-7　电容值随直通占空比的变化曲线

2. 电感设计

Z 源网络的电感元件具有储能作用。当 DC/AC 逆变器工作在直通状态时，电容元件向电感元件充电并储能；当逆变器工作在非直通状态时，电感元件释放电能，从而提高 Z 源 DC/AC 逆变器的直流输出电压。在完成电路功能的前提下，应尽量使用电感值小的电感。

假设 Z 源网络是理想的，则在电路的一个开关周期内，电感元件有两种工作状态，分别为

① 直通状态下，$i_L = -i_c$；

② 非直通状态下，$i_L = i_s + i_c$。

假设电感元件的电流纹波系数为 k，则 $di_L = I_L k$。在简单升压控制方式下，开关频率为电感元件电流变化频率的一半，即 $dt = \dfrac{D_0}{2f_s}$。根据电感元件的工作特性可得：$L = V_L \cdot \dfrac{dt}{di_L}$，$V_L = V_C = V_s \cdot \dfrac{1 - D_0}{1 - 2D_0}$，因此可以得出电感元件电感值的计算式为

$$L \geqslant \frac{D_0}{2f_s} \frac{1}{k I_L} \cdot \frac{1 - D_0}{1 - 2D_0} V_s \qquad (8-13)$$

若选取 $f_s = 10$ kHz，$I_L = 200$，电流纹波系数 $k = 0.1$，$V_s = 50$ V，直通占空比 D_0 在 $0 \sim 0.45$ 之间变化时，电感元件电感值的变化情况如图 8-8 所示，根据曲线可得电感元件的电感值 $L \geqslant 180$ μH。

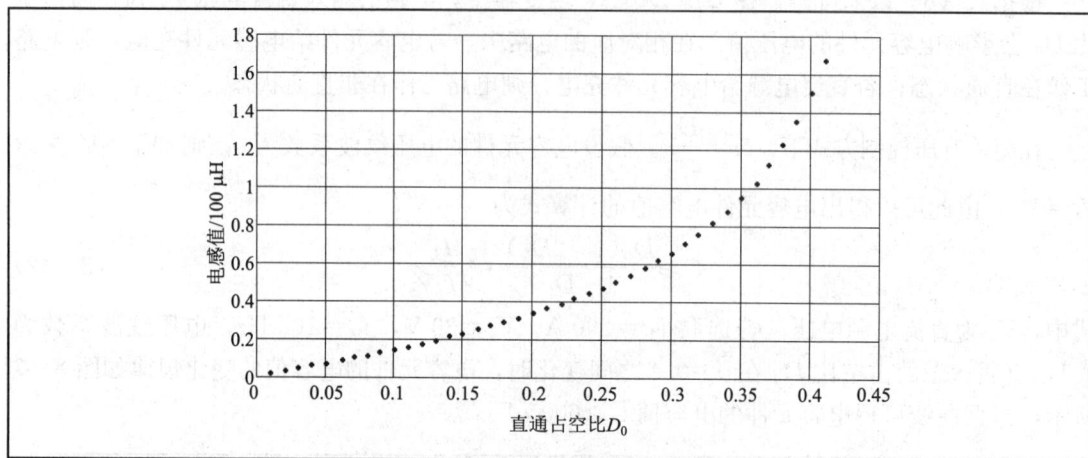

图 8-8　电感值随直通占空比的变化曲线

8.1.3　DC/AC 逆变器的电磁干扰

电磁干扰产生的机理主要包括以下两个方面：

① 有传导导体或辐射天线；

② 有瞬变的电流或电压，即 $\mathrm{d}i/\mathrm{d}t$ 或 $\mathrm{d}u/\mathrm{d}t$ 大的地方。DC/AC 逆变器系统中的二极管、场效应管、控制电路等都极易发生电压突变或电流突变，容易产生电磁干扰。

1. 二极管电磁干扰的产生机理

在分析简化电路时一般采用理想二极管模型，其特点是正向偏置时短路、反向偏置时开路，此时二极管没有电压或电流的突变，不会产生电磁干扰。但在实际电路中，二极管导通与断开状态之间的切换并不是瞬时完成的，而是需要一定的时间。在这段时间内，二极管极易产生较大的电压突变和电流突变，这便是二极管产生电磁干扰的原因。图 8-9 所示为二极管的导通过程。

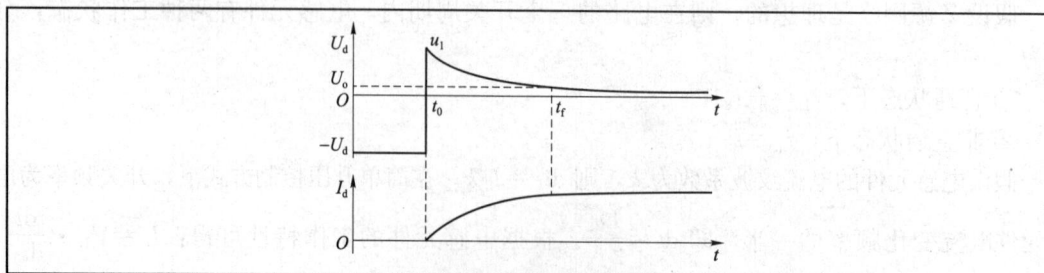

图 8-9　二极管的导通过程

如图 8-9 所示，二极管在 t_0 时刻由断开状态切换至导通状态，会产生一个较高的导通电压 u_1。在 $t_0 \sim t_f$ 时段内，导通电压 u_1 下降至稳定值 u_0，导通电流 i_1 快速上升。在 t_f 时刻，二极管完成导通状态的整个过程。由二极管的工作特性可知，其载流子进入 PN 结的耗尽层需要一定的时间（$t_0 \sim t_f$）。根据电磁兼容理论可知，二极管导通时产生的电压尖峰是个电磁辐射源，会产生电磁干扰。

二极管的特性为正向导通、反向截止。二极管的关断过程如图 8-10 所示，假设二极管两端的电压为正向导通压降 ΔU，其电流为 i_{D1}。在 t_1 时刻，二极管断开，电流 i_{D1} 减小；到 t_2 时刻，电流 i_{D1} 减小至零。在 $t_2 \sim t_3$ 时段内，电流 i_{D1} 反向增大，到 t_3 时刻，电流升到反向峰值 i_{rr}。在 $t_3 \sim t_4$ 时段内，电流 i_{D1} 减小，在 t_4 时刻减至零。由上述内容可知，反向电流峰值 i_{rr} 很高，二极管的关断时间又很短（一般小于 $1\ \mu s$），因而产生高 di/dt 状况，容易形成高频衰减振荡。

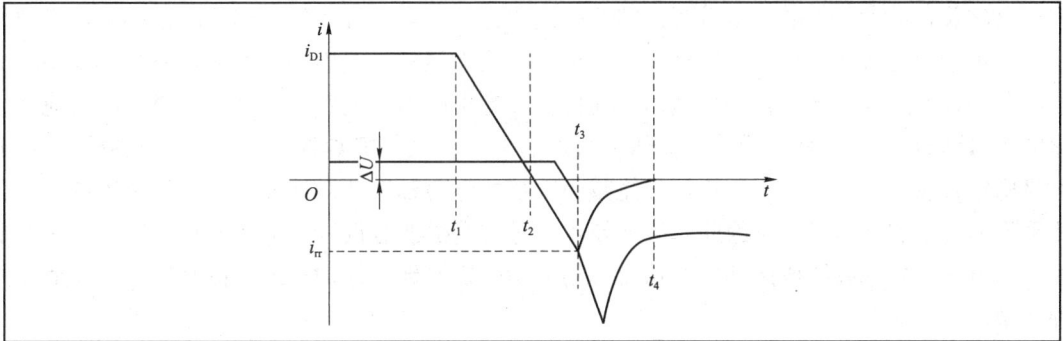

图 8-10　二极管的关断过程

2. 场效应管电磁干扰的产生机理

在 DC/AC 逆变器中，当场效应管导通时，由于其导通时间极短，因此会产生电流尖峰和高 di/dt 突变；当场效应管关断时，同样由于其关断时间也极短，同时在逆变器回路中存在着引线电感，它会产生电磁感应效应，感应出的电压会阻碍电流的减小，并且这个电压（即浪涌电压）将施加于场效应管，产生电压尖峰及引起很大的 du/dt 突变，导致高频噪声的产生，并以传导或辐射方式对敏感的电子设备、DC/AC 逆变器自身的控制电路等产生电磁干扰。通过以上分析可知，DC/AC 逆变器中的场效应管在导通、关断过程中产生的高 du/dt 和 di/dt 是其产生电磁干扰的最主要原因。

3. Z 源网络电磁干扰的产生机理

Z 源网络中存在着电容元件的充放电及电感元件，容易产生较大的 du/dt 和 di/dt，使 Z 源网络同样会产生比较严重的电磁干扰。

8.2　DC/AC 逆变器电磁干扰的抑制措施

DC/AC 逆变器系统周围存在着电场、磁场和电磁场，并由此产生影响其他电子设备或整车的电磁干扰。接地、滤波和屏蔽是电磁兼容性设计的三大核心内容。其中，接地是建立一个等电位点或等电位面，以此作为电子系统的基准电位，接地技术是抑制电磁噪声，防止电磁干扰的主要方法。滤波是指采用相应的滤波电路对信号进行选择，从而达到抑制干扰的目的。屏蔽通常是指采用一种有特殊作用的金属外壳完全或部分封闭电子设备，其作用主要体现在防止外界的辐射发射耦合到电子电路内部产生电磁干扰；同时也防止电子电路辐射发射到外界影响其他设备。本章将以这三种方式为主介绍常用的电磁干扰抑制措施。

8.2.1　接地技术和瞬态抑制

1. 相关概念

电磁兼容性设计中的一个重要内容便是地线设计，电子设备的大部分问题都是由于地线设计的不合理造成的。接地可以理解为一种有意或无意的导电连接，即电路或电子设备与大地或某种较大的导电体（代替大地）相连接。接地可以引导电路的电流流入或流出大地（或导电体），同时也使接地的导体有类似于大地的电位。良好的地线设计既能保证系统内部的电路稳定可靠地工作、互不干扰，又能减小系统的电磁辐射和对外界电磁场的敏感性，而且几乎不需要添加任何成本。因此，接地技术是进行电磁兼容设计、抑制电磁干扰的一种重要手段和方法。接地系统按照其主要功能可划分为防雷接地、保护接地、信号接地和大地地四种类型。

（1）防雷接地。通常采用避雷针和避雷器等防雷电设备，防止雷电对人身安全或者设备造成危害。雷电防护设备必须与合适的接地装置相连，以便将雷电电流引入大地。

（2）保护接地。如果人体接触发生故障的电气设备（其外壳有可能带电）可能会产生危险。所以必须将电气设备的外壳接地以保护人身安全。

（3）信号地。通常称为地线，通常为一个设定的电位参考点或公共基准地线，主要包括数字地、模拟地和电源地等。如信号地应与机架地做单点连接，从而避免形成地回路及减小噪声耦合。在高频电路中，由于寄生电容的存在使得系统无法实现单点接地，因此信号和功率传输的公共通道就是信号地，它对噪声的直接传导耦合和感应外界的电磁噪声有很重要的影响。所以在分析信号地时，要考虑到它的多样性和认识到信号地处理的困难性，对于具体的系统需要细致、有针对性的分析。

（4）大地地。指的是连接到大地。但实际中大地是有阻抗的，土壤中含有的矿物质和矿物质的电离度决定着大地的导电性。潮湿、富有矿物质的土壤阻抗低、导电性好；而沙漠、岩石地带的阻抗极高、导电性很差。如深埋于地下的金属水管、与大地相连的电极等都可看作是大地地。

2. 汽车接地技术

由于需要考虑到汽车的结构和车内的各种电子设备，汽车的接地设计也因此变得十分棘手、复杂。若接地设计不周到，则会产生较大的接地阻抗，并可能产生电磁干扰，从而影响汽车各电气系统间的电磁兼容性，造成通信时的噪声干扰，严重时还会影响行车安全。汽车的金属车体常被当作接地的介质，具有保护电位参考面、电流回路等作用。因此，良好的接地需要较好的车体搭接设计。车内金属设备或线路间可能会形成一个对高频噪声有去耦效果的大电容。通常来讲，单点接地、多点接地、浮点接地和混合接地是用的比较多的几种接地方式，下面将分别讨论。

1）单点接地

在电子系统的所有电路上，只定义一个物理点作为电路的接地参考点，其他需要接地的电路都直接连接到此点。在实际的设计中，低频电路可以采用单点接地。由于工作频率较低时，电路中的杂散电感小，互相影响比较小，因此单点接地可以防止地线回路中电流间的影响，从而阻止地线回路的形成。同时单点接地也可以消除接地电流回路的共模干扰。因此，单点接地成为工业环境中最常用的接地方式。

（1）串联单点接地。在电子系统或电路中，其接地线串联后再接到接地点的方式便是串联单点接地。采用串联单点接地时，一般在距离接地点较近的地方放置低电平电路，以使其对其他电路的电位影响较小。

设各段地线的阻抗分别为 Z_1、Z_2、Z_3。各接地点的电压分别为

$$U_A = (I_1 + I_2 + I_3)Z_1$$
$$U_B = U_A + (I_1 + I_3)Z_2$$
$$U_C = U_B + I_3 Z_2 \tag{8-14}$$

由此可见，当各电路共用一条公共地线时，会存在很多公共地阻抗耦合因素，可能会引起公共地阻抗干扰。所以该方式的应用受到一定的限制。在低频时，发挥主要作用的是阻抗中的电阻部分；高频时主要是电感部分起作用。

图 8-11 为单根导线的等效电路图，地线的阻抗 Z 分为阻抗和感抗两部分。

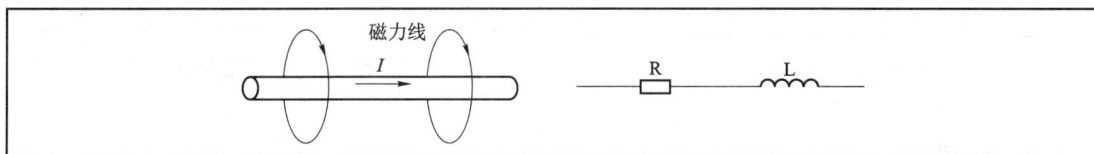

图 8-11　单根导线的等效电路

$$Z = R_{AC} + j\omega \cdot L \tag{8-15}$$

随着频率的增高，由于电流的集肤效应，电流在接近外部设备的地方比较密集，集肤深度随着频率的增高而变小。

对于圆柱形导体而言，其直流电阻和交流电阻分别为

$$R_{DC} = 1/\sigma\pi r^2$$
$$R_{AC} = 1/2\sigma\pi r\delta = \frac{r}{2\delta}R_{DC} \tag{8-16}$$

式中，δ 为导体的集肤深度；σ 为导体的电导率；r 为导体半径；μ 为导体的磁导率。

（2）并联单点接地。指的是各电路的接地线分别独立地连到同一接地点上。各接地点的电位分别为

$$U_A = I_1 Z_1$$
$$U_B = I_2 Z_2$$
$$U_C = I_3 Z_3 \tag{8-17}$$

并联单点接地可以有效地解决各电路之间的直接传导耦合问题，在各电路地线较短、工作频率较低时，使用并联单点接地方式是比较好的选择方案。但这种方式也会造成地线长度

加长导致地阻抗增加等问题，可能会影响其使用效果。

由上述内容可知，单点接地只适用于低频电路，地线的长度不应超过地线中高频电流波长的1/20。

2）多点接地

通常应用于高频电路，每个子系统的地都直接连接到接地引线的长度最短、最近的基准面上。其等效电路如图8-12所示。

由于多点接地技术中接地线较短，降低了天线效应和高频阻抗，因此适用于高频电路；采用该接地技术时，各接地点的间距应限制在最高工作频率所对应波长的1/20。

3）浮点接地

浮点接地是指将电气设备或系统的信号接地系统分别与机壳及安全地隔离开来，使电位飘浮。浮点接地主要用于将电路中共模干扰的公共接地线进行电隔离，如图8-13所示。浮点接地技术的优点在于电气部分互相没有联系，所以不会形成地环路电流，因此也不会产生低阻抗的耦合干扰；其缺点是可能积累电荷而产生干扰放电电流。为了避免静电积累，通常推荐在浮点接地系统电路中加入电阻并接地。

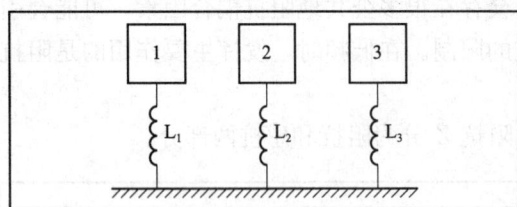

图8-12 多点接地

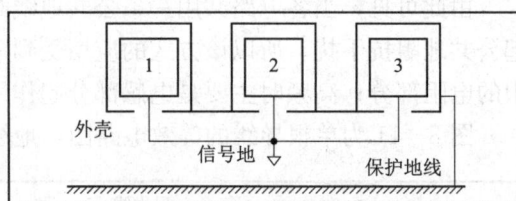

图8-13 浮点接地

3. 瞬态抑制

在DC/AC逆变器中，电路可能会产生瞬态干扰。如图8-14所示，瞬态干扰通常有浪涌（surge）、静电放电（electrostatic discharge，ESD）和电快速瞬变脉冲群（electrical fast transient，EFT）三种形式。

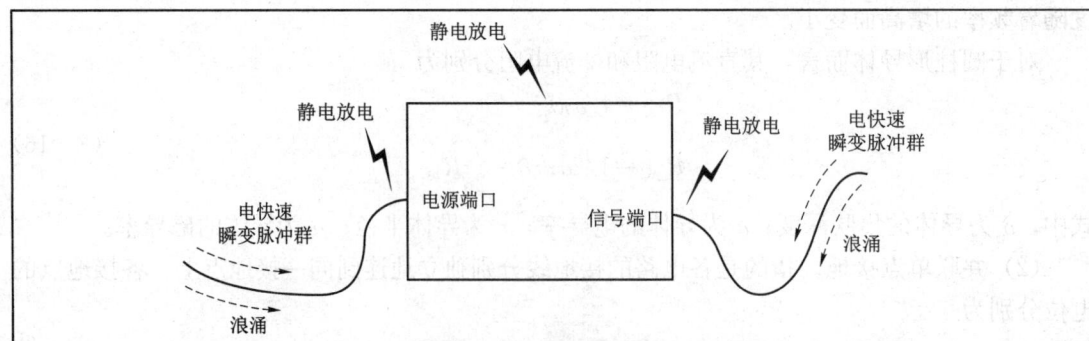

图8-14 瞬态干扰的种类

瞬态干扰吸收器可以用于解决瞬态干扰问题，主要包括压敏电阻、瞬变电压吸收二极管（transient voltage suppressors，TVS）、气体放电管等。压敏电阻通过钳位方式对瞬态干扰进行吸收。压敏电阻的阻抗和线路阻抗会吸收瞬态干扰的大部分能量，并将其转化为热量。瞬变电压吸收二极管的两端有瞬间高电压时，它能极快地将阻抗值由高变低，从而吸收很大的瞬间电流，将两端电压限制在预定值内，防止电路受瞬态干扰的影响。前提条件气体放电管两端的电压急速下降，通过这种方式可使瞬态干扰的大部分能量被转移走，从而保护设备不受影响。

8.2.2　滤波技术

滤波技术是抑制电子设备或系统中传导干扰的重要手段之一，也是提高其抗干扰能力的重要措施。滤波器可使频率范围在通带内的能量传输无衰减或衰减很小，可以使频率范围在阻带内的能量传输衰减很大。

1. 共模干扰与差模干扰

通常传导干扰可分为共模干扰和差模干扰，对于不同的干扰，采用的滤波方法也会有所不同。共模干扰为在大地与每根电源线之间产生干扰电压，共模电流从干扰源开始，通过分布电容入地，沿地线传播后经过电源线返回。共模干扰电流的大小、方向都相同。差模干扰为在电路的两条电源线间产生干扰电压，其干扰电流在电源线间流动。由此可见，差模干扰是在两导线之间传输，属于对称性干扰，与地线干扰无关。

共模干扰是由辐射、串扰等耦合到电路中的。差模干扰出自同一电源电路，如图 8-15 所示。

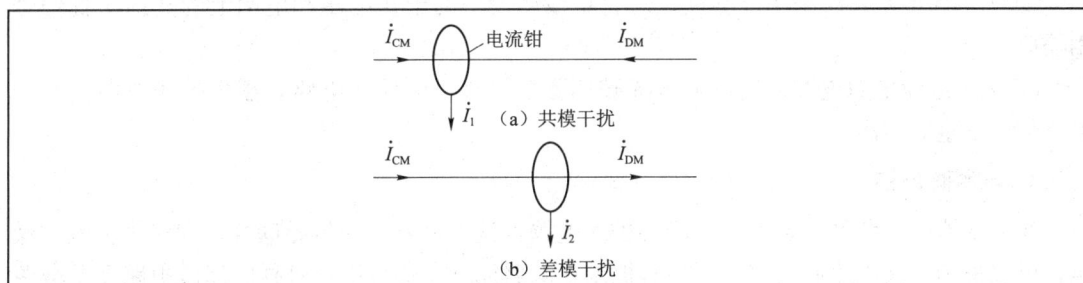

图 8-15　干扰电流

所测得电流 I_1 和 I_2 如下所示

$$\dot{I}_1 = \dot{I}_{CM} + \dot{I}_{DM}$$
$$\dot{I}_2 = \dot{I}_{CM} - \dot{I}_{DM}$$

(8-18)

经过推导，可以得出共模电流和差模电流的计算公式分别为

$$\dot{I}_{CM} = \frac{\dot{I}_1 + \dot{I}_2}{2}$$
$$\dot{I}_{DM} = \frac{\dot{I}_1 - \dot{I}_2}{2}$$

(8-19)

在滤波器设计中，需要正确区分这两种不同的干扰，并采取有针对性的措施进行抑制，使其符合测试标准。

2. 人工电源网络

人工电源网络（LISN）主要用于测量设备沿电源线向周围发射的连续骚扰电压，如对于控制电路中电源端口传导发射的测试是电磁兼容测试的必要仪器。按照测试的标准和要求，运用接收机、人工电源网络和其他设备（如直流电源、接地板等）就可以进行测试实验，如图 8-16 所示。

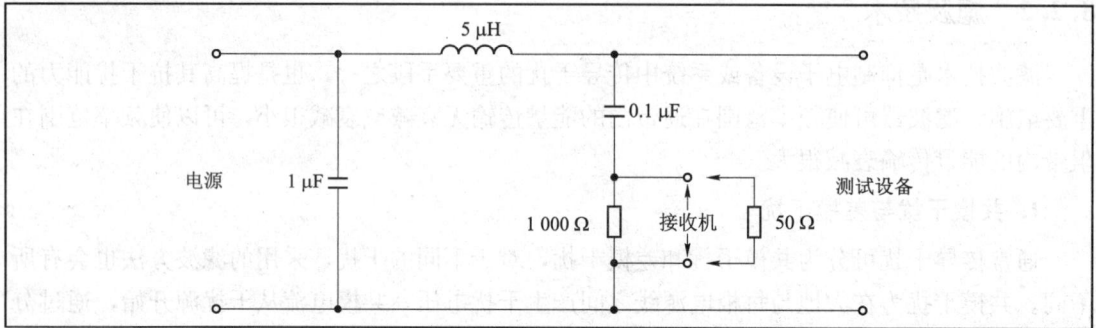

图 8-16　人工电源网络

在使用人工电源网络进行测试时应注意主要作用体现在如下三个方面的问题。

① 为了保证不同测试条件下实验结果的可比性，需要向被测设备的电源端子提供稳定的高频阻抗。

② 为了保证测量结果的准确性，需要将被测设备的干扰电压和电网上的其他干扰信号相隔离。

③ 为了避免电源电路的交流电压降破坏测量接收机的输入电路，需将被测电源回路与测量端子安全的隔离。

3. 电源滤波器

在逆变器中，各种电磁噪声可能会进入电源，其耦合方式为传导耦合。针对这种电磁噪声，可以采用滤波电路使它减小，将其控制在电路能承受的范围，这样的滤波电路便是电源滤波器。滤波器根据通带、阻带的不同频率段通常可以分为高通滤波器、低通滤波器、带通滤波器和带阻滤波器四种类型。一种典型的电源滤波器的拓扑结构如图 8-17 所示。

如图 8-17 所示，在人工电源网络（LISN）的输入端与滤波器输出端之间存在的电感 L_{GW} 能阻隔共模电流的产生，相线与中线之间的电容 C_{DL} 和 C_{DR} 可以旁路差模电流。它们是线间电容，适合用作线间电容的被称为"X 型电容"。下标 L 和 R 分别表示它们安装在电源滤波器的左侧和右侧。相线和带箭头的曲线、中线和带箭头的曲线之间的电容 C_{DL} 和 C_{DR} 可以旁路共模电流，它们是地线电容，适合用作地线电容的被称为"Y 型电容"。

电源滤波器中存在由耦合电感代表的共模扼流圈，其通常是由两个相同的线圈绕在公共铁磁芯上构成的（在传导发射的频率范围内具有合适的特性）。共模扼流圈主要用于防止共模电流的产生，在理想情况下它不会影响差模电流。针对共模电流和差模电流的电压滤波器及其等效电路分别如图 8-18 和图 8-19 所示。

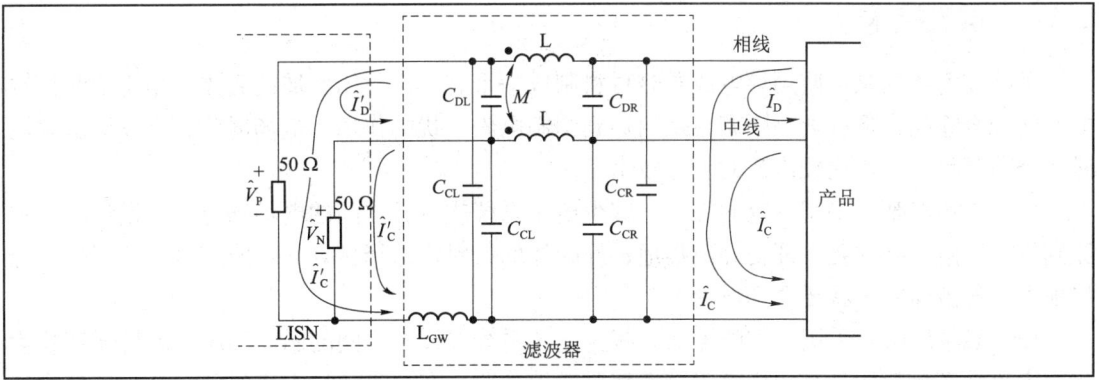

图 8-17　典型的电源滤波器的拓扑结构

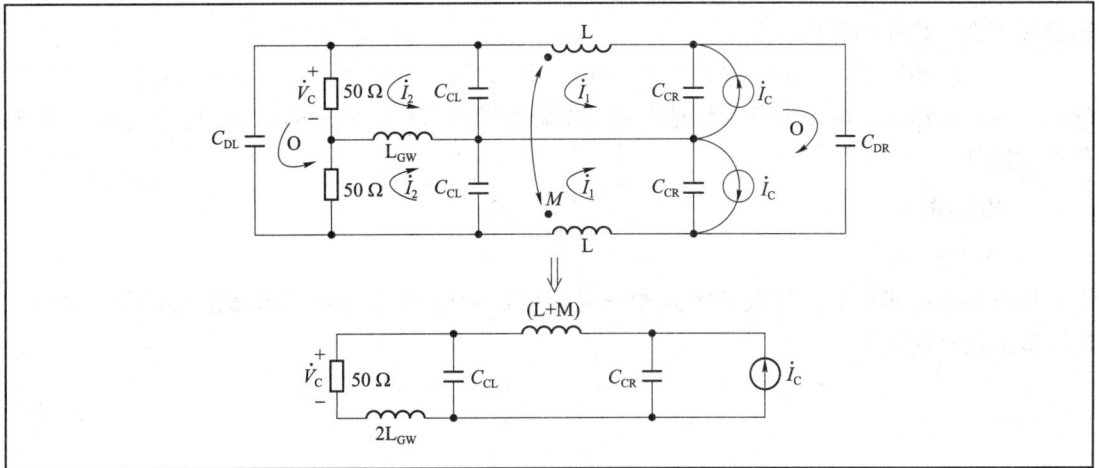

图 8-18　针对共模电流的电压滤波器及等效电路

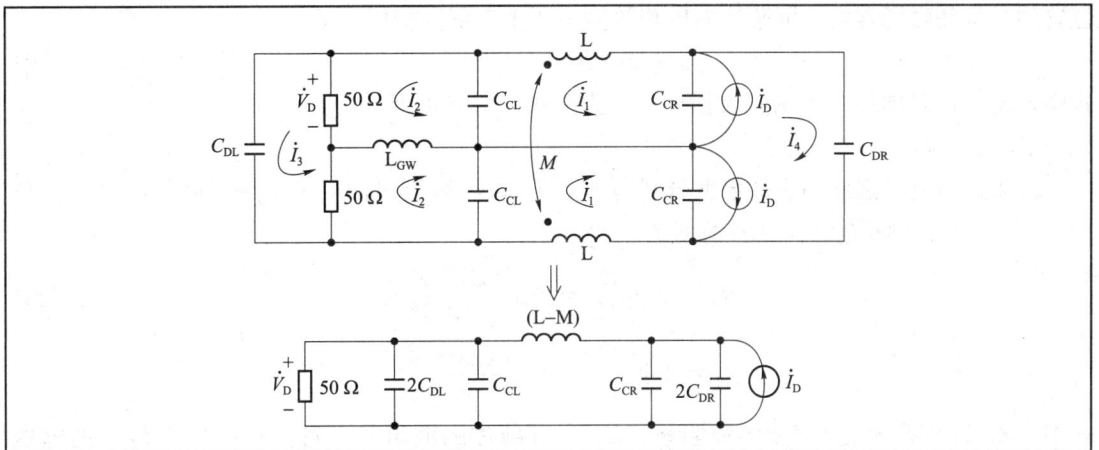

图 8-19　针对差模电流的电压滤波器及等效电路

8.2.3 屏蔽技术

屏蔽技术指的是：使用导电或导磁材料制成一个有一定封闭区域的壳体，用于切断传输的空间耦合途径，形成电磁隔离，从而达到抑制电磁干扰的作用。电场屏蔽、磁场屏蔽和电磁场屏蔽是目前应用比较广泛的屏蔽技术。

（1）电场屏蔽。采用一定的方法，减少电子系统或设备之间的电场感应。其设计的基本原则是：屏蔽体必须要保证良好地接地；屏蔽体的材料应选择良导体；屏蔽体必须正确选择接地点；屏蔽体的形状要合理设计。

（2）磁场屏蔽。采用一定的方法，减少电子系统或设备之间的磁场感应。磁场屏蔽技术利用高磁导率材料所具有的低磁阻特性使磁通被分路，在总磁通量不变的条件下，部分磁通量被屏蔽体分走，则屏蔽体内部的磁场就会变弱。磁屏蔽体的磁阻越小，屏蔽效果越好。在低频磁场中通常选用铁、坡莫合金等作为屏蔽体的材料；在高频磁场中通常选用铜、铝等金属良导体作屏蔽体的材料。

（3）电磁场屏蔽。根据电磁场理论，在交变电磁场中，电场分量和磁场分量是同时存在的，并且互相作用。电磁屏蔽的机理主要为电磁波的涡流抵消原来的磁场、电磁波反射损耗和吸收损耗。

1. 相关概念

1）屏蔽效能

通过屏蔽体实现电磁屏蔽的方式中，采用屏蔽效能 S 来衡量屏蔽体屏蔽能力的强弱。屏蔽效能通常定义为

$$S_E = 20\lg\frac{E_1}{E_2} \tag{8-20}$$

$$S_H = 20\lg\frac{H_1}{H_2} \tag{8-21}$$

式中，E_1、H_1 分别为无屏蔽体时某位置的电场和磁场强度；E_2、H_2 分别为加屏蔽体后该位置的电场和磁场强度。屏蔽体的屏蔽效能主要由三部分构成，即

$$S = R + A + B \tag{8-22}$$

式中，R 为反射损耗；A 为吸收损耗；B 为多次反射修正因子。

2）反射损耗

设总透射电场强度、磁场强度分别为 E_t、H_t；入射至界面后的电场强度和磁场强度分别为 E_1、H_1，则反射损耗的计算式为

$$R_E = 20\lg\frac{E_1}{E_t} = 20\lg\frac{(Z_1+Z_2)^2}{4Z_1Z_2} \tag{8-23}$$

$$R_H = 20\lg\frac{H_1}{H_t} = 20\lg\frac{(Z_1+Z_2)^2}{4Z_1Z_2} \tag{8-24}$$

式中，Z_1 为电磁波在空气中的波阻抗，Z_2 为屏蔽体的波阻抗。对于在空气中传播的电磁波，其波阻抗 Z_1 为 377 Ω，是一个定值。

3）吸收损耗 A

磁波进入金属屏蔽体时会产生感应电流 I，从而在有阻抗的金属体上感生出涡流，从而

损耗屏蔽体的电磁能量。

当该电磁波经过的距离。结合式

$$\delta = \sqrt{\frac{1}{\pi f u \sigma}} \tag{8-25}$$

及式 $S_E = 20 \lg \dfrac{E_1}{E_2}$ 和式 $S_H = 20 \lg \dfrac{H_1}{H_2}$，得到金属体的吸收损耗 A（单位为 dB）

$$A = 1.31b \sqrt{f u_r \sigma_r} \tag{8-26}$$

式中，u_r 为金属体的相对磁导率；σ_r 为金属体的相对电导率；b 为传输距离，单位为 cm。

2. 孔缝屏蔽

通常来说，进行屏蔽设计时，由于要考虑散热、接口等因素，金属屏蔽体需要开一些缝隙，由此造成了孔缝的电磁泄漏问题。解决孔缝电磁泄漏问题主要用到电磁对偶原理和衍射原理。图 8-20 为衍射原理示意图。

应用格林定理，可得

$$\varphi(r) = -\frac{1}{4\pi} \int_S \frac{e^{jkR}}{R} n \left[\Delta\varphi + \left(jk - \frac{1}{R}\right) \frac{R}{K} \cdot \varphi \right] ds \tag{8-27}$$

式（8-27）行近似，将对界面 S 积分简化为只对 S_0 的积分，并且略去 $1/R$ 的高次项，可得

$$\varphi(r) = j \frac{k \cdot e^{-jkR}}{4\pi} (\theta + \theta_0) \int_{S_0} \varphi_0 e^{jkr} ds \tag{8-28}$$

式中，φ_0 为中心场强值；θ_0 为入射波的方向角；θ 为 r 与 z 轴之间的夹角，其中 r 表示孔的直径，单位为 m。

式（8-28）即为任意形状的孔缝泄漏场的一般数学表达式。

根据电磁兼容理论，可将屏蔽面板上的孔洞等效为电偶极子，从而求得在 Z 轴方向上任意一点的孔缝屏蔽效能。电偶极子源孔缝模型如图 8-21 所示。

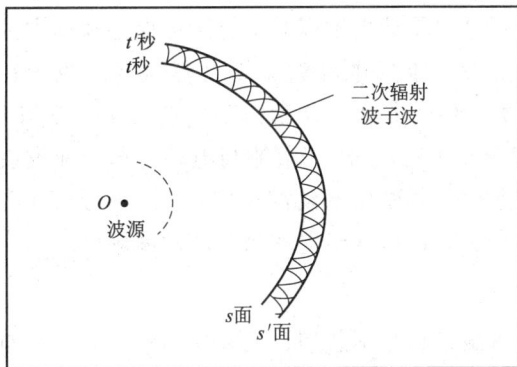

图 8-20　电磁波的衍射原理

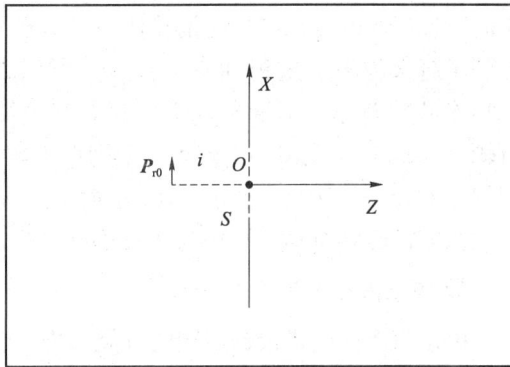

图 8-21　电偶极子源孔缝模型

任意一点电场屏蔽效能为 S_e；磁场屏蔽效能为 S_m。

$$S_e = 20 \lg \frac{2\pi}{k^3 \alpha_y} \left| \left[\frac{j}{kr} + \frac{1}{(kR)^2} - \frac{j}{(kR)^3} \right] \left[\frac{j}{kl} + \frac{1}{(kl)^2} \right]^{-1} \left[\frac{j}{kz} + \frac{j}{(kz)^2} \right]^{-1} \right| \tag{8-29}$$

$$S_m = 20 \lg \frac{2\pi}{k^3 \alpha_y} \left| \left[\frac{j}{kz} + \frac{1}{(kz)^2} - \frac{j}{(kz)^3} \right] \left[\frac{j}{kl} + \frac{1}{(kl)^2} \right]^{-1} \left[\frac{j}{kR} + \frac{j}{(kR)^2} \right] \right| \tag{8-30}$$

式中：l 为孔到源点 O 的距离，表示 Z 轴上的某一点距源点 O 的距离；$R=l+z$；$k=\omega\sqrt{u\varepsilon}$。$\alpha_y$ 为 y 轴方向上的极化率。若屏蔽面板为圆形，则 $\alpha_y=d^3/3$，d 为屏蔽面板的直径；若屏蔽面板为矩形，设宽为 n，长为 m，当长宽比为 4：3 时，极化率 $\alpha_y=0.259n^3$；若屏蔽面板为椭圆形，$\alpha_y=\frac{2}{3}ab^3$，a 和 b 分别为椭圆形的 a 轴和 b 轴；若屏蔽体为正方形，则 $\alpha=0.518\,0l^3$。

8.3 车载充电技术

我国自改革开放以来，经济得到了快速发展，取得了举世瞩目的成就，与此同时，我国的汽车消费市场也从无到有，从小到大，发展的速度与规模都是前所未有的。中国汽车协会 2015 年发布的数据显示，我国在 2014 年的汽车销售量达到了 2 349.19 万辆，较 2013 年同期增长 6.9%，连续六年缠联全球第一。其中，电动汽车的销量也大幅增长，达 74 763 辆，同比增长 3.2 倍。

1. 发展电动汽车的必要性

汽车销量大幅增长的同时其负面效应也日益显现，如交通拥堵、空气污染等。传统内燃机汽车以汽油、柴油等为燃料，产生的尾气中主要包括碳氢化合物、氮氧化物、一氧化碳、二氧化碳和细微颗粒物，并在大气污染中占了很大一部分比例。近年来逐渐增多的雾霾天气与汽车尾气有着紧密的关系。另外，石油是不可再生资源，以目前的开采速度很难应对未来所需，发展新的能源结构与消费体系已迫在眉睫。电力驱动技术以其优异的环保性和动力性得到了越来越多的重视和资金投入，所以大力发展和推广电动汽车是必然选择。我国在 2014 年电动汽车的销量为 74 763 辆，其中纯电动车和插电式混合动力车分别为 4.5 万与 3 万辆。2014 年，我国还出台了一系列促进电动汽车发展的法规，《节能与电动汽车产业发展规划（2012—2020）》要求 2015 年插电式混合动力汽车和纯电动汽车的产销量达到 50 万辆，国家已经将电动汽车作为新兴重点产业，在今后必将呈现出更加繁荣的发展局面。

2. 电动汽车充电机的分类

电动汽车充电机根据不同的分类标准可分为车载型和非车载型、工频和高频、大功率与小功率、接触式与非接触式等类型。

电动汽车充电机按照工作频率的大小可分为工频和高频充电器。工频充电机采用 50 Hz 的交流电，具有价格便宜、可靠性强、电路设计简单等优点，但其效率低、体积和重量大、能耗高。高频充电器利用高频开关技术，其工作频率一般在几十千赫到几百千赫之间。高频充电机因为去掉了笨重的工频变压器，在体积大大减小的同时还提高了设备的效率、降低了重量。

电动汽车充电机按照是否安装在车上可分为车载型和非车载型。居民区和停车场安装的充电机多为充电桩，尽管其功率比充电站里的大型充电机小，但其更加灵活、方便，国家也出台政策加大充电桩的建设力度，现实情况却是进度非常缓慢，成为阻碍电动汽车快速发展的障碍。车载充电机安装在车上，可随时随地为车辆充电，更加符合现实需要。

随着纯电动汽车和插电式混合动力汽车的增多，电动汽车能否便捷充电成为制约其能否大量推广和应用并最终取代传统汽车的关键因素。目前，在国内商用充电站网点不完善、充电桩数量也十分有限的前提下，大功率的车载充电机能起到一个很好的过渡作用。即使在充电桩和充电站普及的将来，大功率车载充电机也能对日常电动汽车的充电起到很好的补充作用，因此大功率车载充电机具有自己准确的定位，并且符合市场的需求。

电动汽车的充电设备还可根据功率大小与应用场合的不同分为大型充电机、中型充电桩及小型充电机三种类型。大型充电机主要安装在电动汽车充电站，通常采用 380 V 三相交流输入，功率在 10～20 kW，一般只需 20 min 即可充电至 80%，可提供 150～200 km 的续航里程。中型充电桩主要安装在停车场、小区等场所，通常采用 380 V 三相交流输入或单相 220 V 交流输入，功率在 5～10 kW，2～4 h 可充电至 90% 以上。电动汽车用小型充电机可分为车载型和非车载式两种，一般用于普通家庭。电动汽车车载充电机通常采用 220 V 三相交流或单相交流进行输入，功率在 1～5 kW，充电时间一般需要 5～10 h。

目前，电动汽车充电机的主电路多采用 AC/DC 变换器和 DC/DC 变换器相配合的结构，即 220 V 交流电输入，经二极管整流为脉动直流，再经 EMI 滤波、PFC 校正电路后得到母线电压，最后经 DC/DC 变换器及相应的控制电路，输出为满足电池充电需求的电压与电流。

8.4　电动汽车车载充电机的设计

8.4.1　设计的基本参数

随着电动汽车市场的不断发展，拥有电动汽车的家庭数量也越来越多，国内众多汽车厂商也相继推出了各自品牌的电动汽车，这些电动汽车的充电方式以车载充电机为主，但由于各车企所生产的车载充电机的技术参数参差不齐，这种情况不利于电动汽车进一步的推广，为此，工信部推出了相应的电动汽车行业标准《电动汽车用传导式车载充电机》（QC/T 895—2011），对电动汽车车载充电机的额定输入电压和额定输入电流（如表 8-1 所示）、输出电压（如表 8-2 所示）、输入频率范围、输入功率因数、输出电流纹波、效率等都做了明确的规定。

表 8-1　车载充电机额定输入电压和额定输入电流

额定输入电压/V	额定输入电流/A	额定频率/Hz
单相 220	10	
单相 220	16	50
单相 220	32	

注：三相输入电压为可扩展方式

表 8-2　车载充电机的输出电压

输出电压等级	输出电压范围/V	标称输出电压推荐值/V
1	24~65	48
2	55~120	72
3	100~250	144
4	200~420	336
5	300~570	384、480
6	400~750	640

　　在基于上述对于电动汽车行业车载充电机标准及其相关技术的调研和综合分析的基础上，进行了一种车载充电机的设计实践，其部分参数如表 8-3 所示。

表 8-3　一种车载充电机的设计指标

内　容	技术指标
额定输入功率/kW	1.2
输入电压范围/V	180~260
输入频率范围/Hz	45~65
输出直流电压/V	60
输出直流电流/A	16
功率因数	99%
满载效率	90%
纹波系数	<5%
最大输出电压/V	69
最大输出电流/A	18

8.4.2　车载充电机整体结构

　　车载充电机将 220 V 的单相交流市电转换为 60 V、16 A 的直流电，其整体结构如图 8-22 所示，为了抑制外界的电磁干扰通过电源线进入设备，同时也为了阻止开关电源自身产生的电磁干扰经电源进入电网，所以在电源线和设备之间安装了 EMI 滤波器。经 EMI 滤波器之后的交流电进入 AC/DC 变换器，AC/DC 变换器的作用主要有整流、功率因数校正及滤波等。普通开关电源功率因数低的原因主要为经过整流桥形成的直流电直接用大电容进行滤波，这会使电流产生严重的畸变，波形失真，这种电流含有大量的谐波成分，会引起设备功率因数的严重下降，所以车载充电机需采用适合较大功率设备的有源功率因数校正电路，使其功率因数满足国家标准（国标要求大于 85 W 的具有容性负载的用电器必须要有 PFC 环节）。DC/DC 变换器的作用是将前级产生的直流电通过功率开关管的通断形成高频脉动直流，再经高频变压器降压，之后经整流滤波形成稳定的低压直流电输出，从而为蓄电池供电。EMI 滤波器、AC/DC 变换器、DC/DC 变换器构成了车载充电机的主功率变换部分，驱动电路、检测电路、控制面板和辅助电源等构成了车载充电机的弱电控制部分。控制面板将控制指令传递给相应的控制电路，从而驱动 AC/DC 变换器和 DC/DC 变换器，检测电路对功率变换主电路进行电压、电流采样，起到保护和反馈的作用。

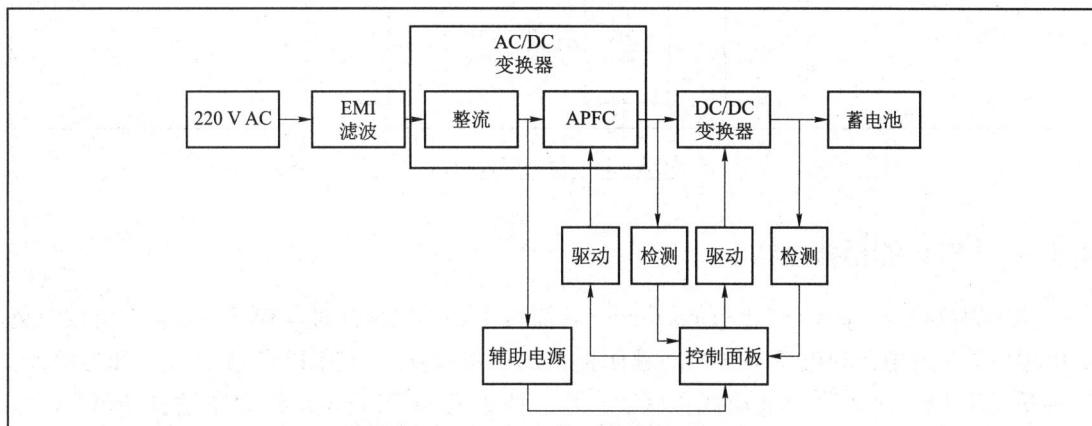

图 8 - 22　车载充电机的整体结构

8.4.3　车载充电机的功率变换系统

车载充电机一般要求应具有轻量化、小型化、高效率等特性，线性电源由于体积大、效率低不能满足这一要求，因此车载充电机一般采用开关电源技术，开关电源按功率变换级数的不同一般可分为单级变换结构和多级变换结构。

1. 单级变换结构

如图 8 - 23 所示，在单级变换结构中，交流电经过一级 AC/DC 变换器整流，然后直接输入负载。这种变换结构具有容易控制、电路结构简单、成本低等优点，但其输出电压范围较小，很难在效率、功率因数、谐波抑制等方面都达到较好的效果。

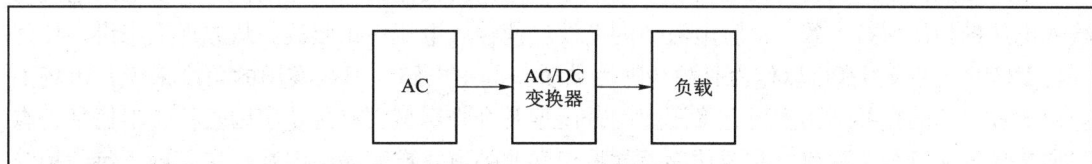

图 8 - 23　单级变换结构

2. 两级变换结构

如图 8 - 24 所示，在两级变换结构中，交流电首先经过一级 AC/DC 变换器后进行整流，然后接入 DC/DC 变换器，若前级的 AC/DC 变换器带有 PFC 功能则可以输出无谐波的、消除了电流畸变的稳定直流，后级的 DC/DC 变换器一般采用功率开关管将前级输出的直流电转换成高频直流脉冲，再经过高频变压器后，从而可以为负载提供稳定的、宽电压、低纹波的直流电。前级带 PFC 功能的 AC/DC 变换器一般为非隔离型的变换器（如 Buck、Boost、Buck-Boost 变换器），后级则采用正激、反激等隔离型变换器，根据前后两级的组合可以产生多种拓扑结构。虽然两级变换器的控制策略比单级变换器复杂的多，但是考虑到采用两级变换器的设备可以输出高质量的直流电，所以对电流质量有较高要求的设备一般都采用两级或多级变换结构。

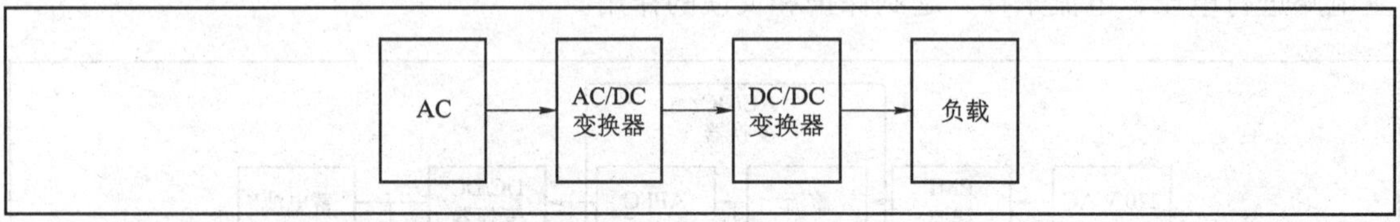

图 8 - 24　两级变换结构

8.4.4　APFC 的拓扑结构

功率因数校正（power factor correction，简写为 PFC）是针对具有感性或容性负载的交流电用电设备的电压和电流不同相问题而提出的解决办法。目前 PFC 技术主要分为两种：一种是无源 PFC（又称为被动式 PFC），另一种是有源 PFC（又称为主动式 PFC），即 APFC（active power factor correction）。无源 PFC 技术一般只能将功率因数提高到 0.7～0.8，而有源 PFC 技术一般能将功率因数提高到 95% 以上。由于 APFC 技术对功率因数的提高和谐波治理的效果更好，所以本节也主要围绕 APFC 进行讨论。

常规开关电源功率因数低的原因主要在于 220 V 的交流输入经开关电源整流后，用一个大容量的滤波电容使输出电压平滑，因此负载特性呈容性。由于滤波电容的充放电作用，整流后的直流输出会出现纹波，由于滤波电容两端电压的最小值与最大值（纹波峰值）一般相差几十伏，并不是很大，所以在输入交流电压的一个周期内，只有电压瞬时值高于滤波电容两端的电压值时，整流二极管才会导通，而当输入交流电的电压瞬时值低于滤波电容两端的电压时，整流二极管截止。也就是说，在输入交流电压的每个半周期内，仅在其峰值附近二极管才会导通。虽然输入交流电的电压仍大体保持正弦波波形，但输入电流却变为高幅值的尖峰脉冲。这种严重失真的电流波形含有大量的谐波成分，引起线路功率因数的严重下降。

功率因数校正的主要目的是使功率变换器对电网的交流输入呈纯阻抗性，使输入电流与输入电压的相位保持一致，消除电流中的谐波，使输入电流为正弦波。从原理上来讲，任何一种 DC/DC 变换器都可以作为有源功率因数矫正的主电路，但从实用的角度来说，市场上应用比较广泛的拓扑结构主要有降压型、升压型及升降压型。有源功率因数校正根据是否有隔离变压器又可分为隔离式有源功率因数校正和非隔离式有源功率因数校正两种。每一种又可分为降压型（Buck）、升压型（Boost）、降压/升压型（Buck-Boost）、反激型（Flyback）等拓扑结构。接下来将重点介绍 Buck、Boost 和 Buck-Boost 型变换器。

1. 降压变换器

降压变换器的基本电路如图 8-25 所示。

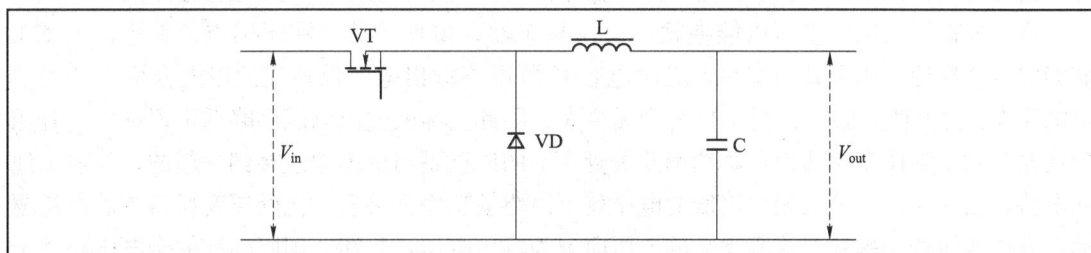

图 8-25　降压变换器基本电路

降压变换器的工作原理为：当控制功率开关管 VT 的信号为高电平时，VT 导通，输入电压 V_{in} 给负载供电，输入电流流过电感 L，电感 L 在达到饱和前，其电流按指数曲线上升，此时二极管 VD 反偏截止，流过电感的电流同时对电容 C 充电。当控制功率开关管 VT 的信号为低电平时，VT 关断，电感 L 中储存的能量开始释放，由于流经电感 L 的电流不能突变，磁场的消失使电感 L 两端的电压极性颠倒，使二极管 VD 导通，电流经过二极管 VD 续流，二极管 VD 两端的电压近似为零，电流呈指数曲线下降。为了使电流连续且脉动小，通常使串联的电感 L 的值较大。由于降压变换器中功率开关管两端所承受的最大电压为输入直流电压 V_{in}，因而其所承受的电压应力小。根据降压变换器的工作原理，在一个周期内，只有在功率开关管开通期间外界的能量才能进入变换器，而这期间流进变换器的能量小于一个周期内开关管一直导通所流进的能量，在输入电流和输出电流相等的情况下，这种变换器不可能实现升压输出，只能实现降压输出，这就限制了降压变换器在 APFC 中的应用，它只适用于输出电压低于输入电压并需要功率因数矫正的电路。

2. 升压变换器

升压变换器的基本电路如图 8-26 所示。

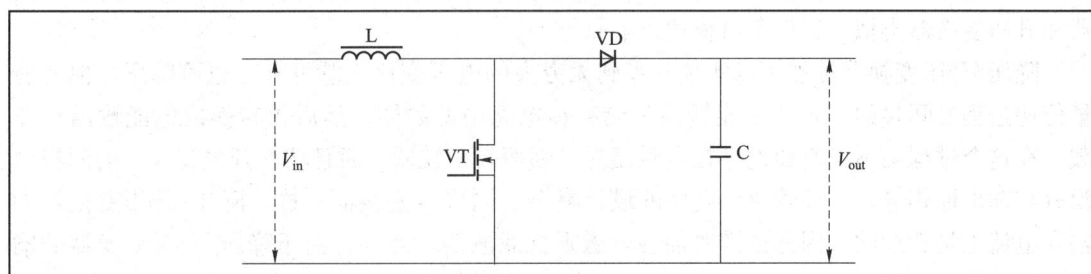

图 8-26　升压变换器基本电路

在分析升压变换器的工作原理时，首先假设电感 L 的值很大，电容 C 的值也很大。当控制功率开关管 VT 的信号为高电平时，VT 导通，输入电压 V_{in} 向电感 L 充电，充电电流的大小基本上一直为 I，同时电容 C 两端的电压为输出电压 V_{out}。由于电容 C 的值很大，所以输出电压 V_{out} 基本为恒值。设功率开关管 VT 导通的时间为 T_{on}，则这段时间内电感 L 上储存的能量为 $V_{in} \cdot L_{t,on}$。当功率开关管 VT 关断时，输入电压 V_{in} 和电感 L 同时向电容 C 充电，V_{out}向负载输出能量。设功率开关管 VT 关断的时间为 T_{off}，则这段时间内电感 L 释放的能量为 $(V_{out}-V_{in})$。当电路工作于稳态时，一个周期内电感储存的能量与释放的能量相等。由此可以得出 V_{out} 大于 V_{in}，即输出电压高于输入电压，所以称为升压变换器。

升压变换器的电路之所以能使输出电压高于输入电压，关键在于两点。首先，电感 L 储能之后具有使电压上升的作用，其次电容 C 可以将输出电压保持住。以上分析中认为输出电压 V_{out} 为恒值，但 C 的值不可能为无穷大，因此实际的输出电压会略低于理论值。升压变换器相对于降压变换器而言，功率开关管 VT 的源极是与输出地连接到一起的，与输出地同电势，因此在栅极输入相对较低的电压就可以驱动功率开关管，比降压变换器更加容易驱动。升压变换器功率开关管所承受的电压应力为输出电压，且能在国际标准的全电压和整个频率范围内工作，因而应用最为广泛。升压变换器配合 DC/DC 变换器可灵活实现宽电压范围输出，这种组合在目前的开关电源中应用十分广泛。

3. 降压/升压变换器

降压/升压变换器的基本电路如图 8-27 所示。

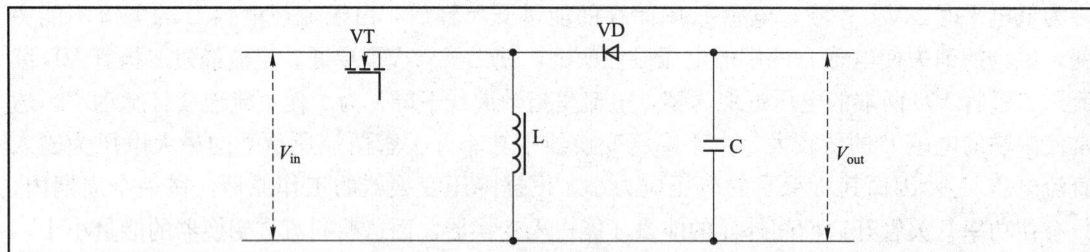

图 8-27　降压/升压变换器基本电路

设电路中电感 L 和电容 C 的值都很大，使流过电感上的电流和电容 C 两端的电压基本为恒值。当功率开关管 VT 导通时，输入电压 V_{in} 向电感供电，使其储存能量。同时，电容 C 维持输出电压 V_{out} 基本恒定。当功率开关管 VT 关断时，电感中储存的能量释放出来，此时，输出电压 V_{out} 与输入电压 V_{in} 极性相反。降压/升压变换器实现升降压的方式与降压变换器和升压变换器类似，这里不再赘述。

降压/升压变换器虽然可以实现从零到无穷大的电压变比，既可升压也可降压，但其能量传递过程是间接的，先将电能转换为储存在电感中的磁能，然后再转换成电能输出给负载，在这个过程会不可避免地存在电磁损耗，因而效率较低，而且功率开关管 VT 的源极也没有与输出地相连，开关管驱动电路的设计复杂。同降压变换器一样，降压/升压变换器的输入电流也是断续的，因此也需要加装电磁干扰滤波器。此外，由于降压/升压变换器的输出电压与输入电压极性相反，因而也为后续电路的设计带来了困难。

8.4.5　DC/DC 变换器的拓扑结构

1. 推挽式变换器

推挽式变换器的基本电路如图 8-28 所示。

推挽式变换器主要利用两只交替工作的功率开关管来完成转换，其基本原理如图 8-28 所示。该电路属于正激式变换器，高频变压器的一次绕组和二次绕组均带中心抽头，两路控

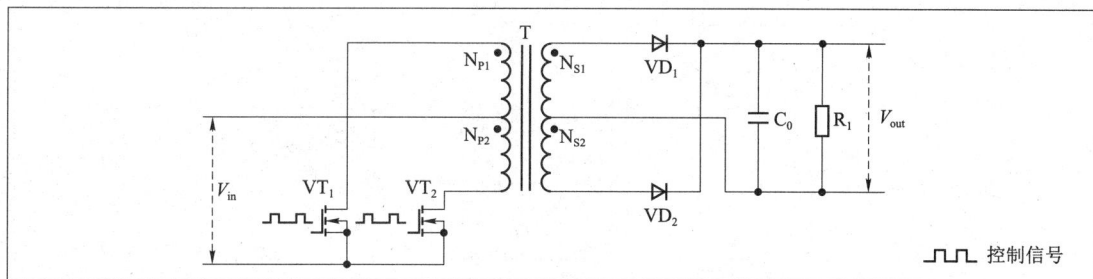

图 8-28　推挽式变换器基本电路

制信号由 PWM 调制器产生，当控制 VT_1 的信号为高电平、控制 VT_2 的信号为低电平时，功率开关管 VT_1 导通、VT_2 截止，输入电压 V_{in} 以负极性通过一次绕组的上半部分 N_{S2}，电压极性为上端负、下端正。经高频变压器后，二次绕组下半部分的电压极性为下端为正、上端为负，使 VT_2 导通，二次电流经过输出整流二极管 VD_2 向滤波电容和负载供电，此时 VD_1 截止。反之，当控制 VT_1 的信号为低电平、控制 VT_2 的信号为高电平时，VT_2 截止，二次电流经过 VD_1 向输出滤波电容和负载供电。

2. 半桥变换器

半桥变换器是在推挽式变换器的基础上构成的，其用两只功率开关管构成半桥，适用于输出功率为 $500\sim1\,500\,W$ 的隔离式变换器。半桥变换器的基本电路如图 8-29 所示。

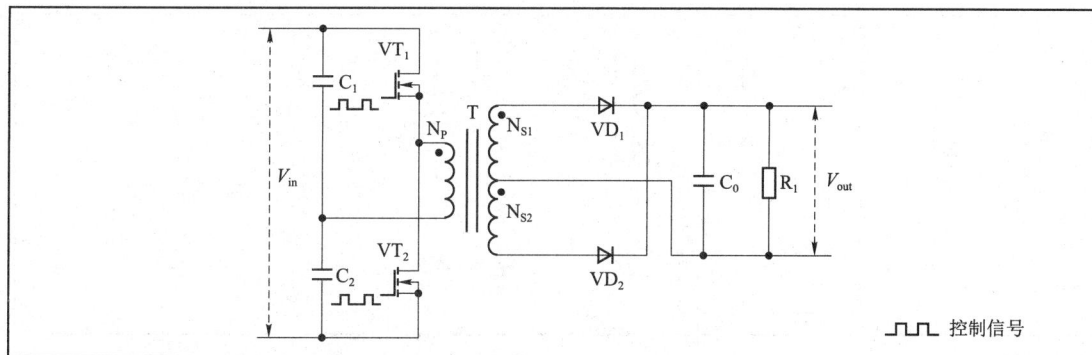

图 8-29　半桥式变换器基本电路

3. 全桥式变换器

全桥变换器也属于正激式变换器。全桥式变换器需要使用 4 只功率开关管构成全桥，其基本原理如图 8-30 所示。在全桥式变换器中，4 只功率开关管被分成两组分别为 VT_1 和 VT_4，VT_2 和 VT_3。当控制 VT_1 和 VT_4 的信号为高电平时，VT_1 和 VT_4 导通，当控制 VT_2 和 VT_3 的信号为高电平时，VT_2 和 VT_3 导通。

在各种变换器中，以全桥式变换器的输出功率最大，适用于输出功率为 $1\sim3\,kW$ 的大功率隔离式变换器。

4. 单端反激式变换器

单端反激式变换器的基本原理如图 8-31 所示。V_{in} 为直流输入电压，V_{out} 为直流输出电

163

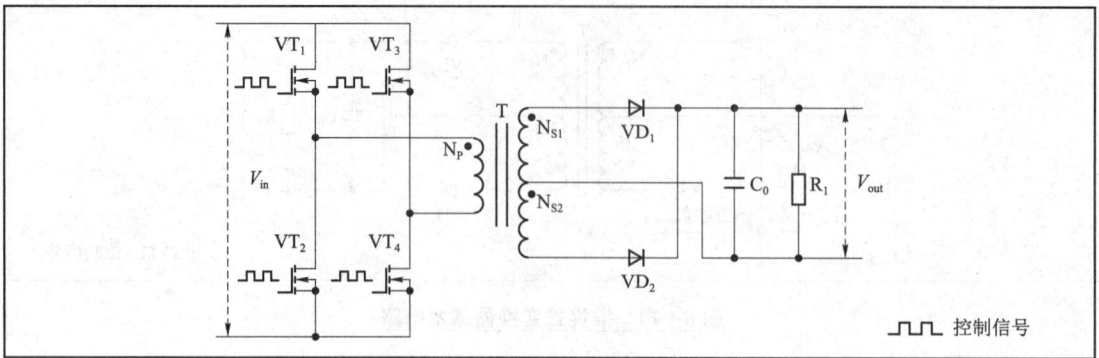

图 8-30 全桥式变换器基本电路

压，T 为高频变压器，N_p 为一次绕组，N_S 为二次绕组。V_T 为功率开关管（MOSFET），其栅极接 PWM 信号，漏极接一次绕组下端。VD_2 为输出整流二极管，C_0 为输出滤波电容。当 VT 导通时，变压器存储能量。此时 TVs 输出上负下正的电压，使 VD_2 截止，变换器没有输出，负载电流由输出滤波电容提供。当 VT 截止时，变压器将储存的能量传送到负载和输出滤波电容，以补偿输出滤波电容单独提供负载电流时消耗的能量。此时，变压器存储能量使 N_S 产生上正下负的感应电压，从而使 VD_2 导通，经过 VD_2、C_0 整流滤波后形成输出电压。

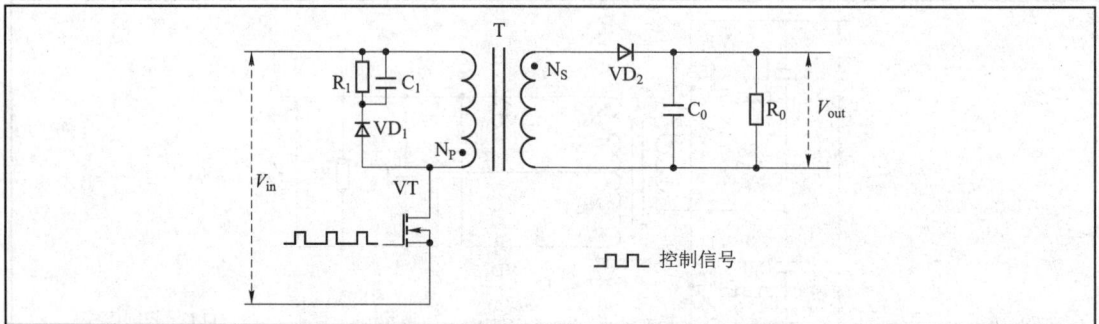

图 8-31 单端反激式变换器基本电路

由上述内容可知，凡在功率开关管截止期间向负载输出能量的变换器统称为反激式变换器。所谓单端是指变换器的磁芯仅工作在磁滞回线的一侧。不同于正激变换器的变压器只起隔离和变压作用，反激变换器的变压器兼起储能的作用。当反激变换器的负载电流较大时，为防止变压器出现磁心饱和现象，需要在磁芯中增加气隙，以降低导磁率，因而反激变换器的变压器设计相对复杂。此外，还应注意到若功率开关管导通时的伏秒乘积与关断时相等，则变压器磁芯可自然复位，此时无须另加磁复位措施。

5. DC/DC 变换器拓扑结构的选择

几种 DC/DC 变换器拓扑结构的主要特点和输出功率范围如表 8-4 所示。

表 8-4　几种 DC/DC 变换器比较

DC/DC 变换器的拓扑结构	主要特点	输出功率范围/W
推挽式变换器	① 输出功率较大、效率高、电压利用率高 ② 驱动电路简单 ③ 开关损耗小 ④ 存在偏磁的问题	100～500
半桥式变换器	① 器件少 ② 输入电压利用率低 ③ 电流应力较大	500～1 500
全桥式变换器	① 器件多 ② 控制要求高 ③ 损耗大	>1 000
单端反激式变换器	① 磁芯利用率低 ② 磁芯易饱和 ③ 功率和传输效率低	30～150

综合上述对于各种 DC/DC 变换器的结构及基本工作原理的论述,从输出功率、驱动电路和电路的效率等角度分析,半桥式变换器适合作为车载充电机的 DC/DC 变换器。

8.4.6　软开关技术

1. 工作原理

软开关的工作原理如表 8-5 所示。

表 8-5　软开关的工作原理

	软开关	硬开关
开通波形	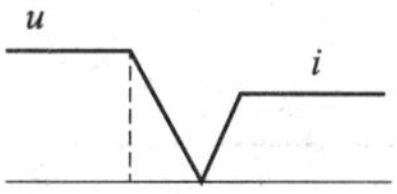	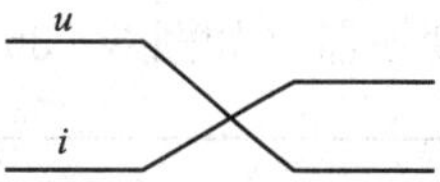
关断波形	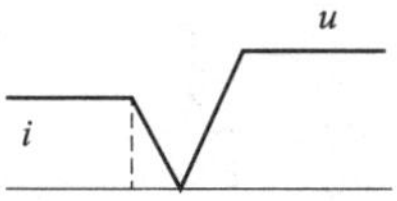	

从表 8-5 中可以看出,所谓硬开关是指开关上的电压和电流都不为零时的一种突变的强迫开关过程,即强迫开关器件在电压不为零时开通或电流不为零时关断。相对于硬开关,软开关的理想开通过程为电压先下降到零后,电流再缓慢上升到通态值,所以开通时不会产生损耗和噪声,软开通的开关也因此称为零电压开关。

2. 软开关技术的分类

1) 准谐振 PWM 变换器

在传统 DC/DC 开关型变换器中增加一个 LC 震荡电路,使开关管两端的电流和电压呈周期性震荡变换,从而为实现开关管的零电压开通或零电流关断提供条件,这种变换器称为谐振变换器。而准谐振变换器中的电压或电流波形为正弦半波。准谐振变换器按电路形式的不同可分为零电压开关准谐振变换器（如图 8-32 所示）、零电流开关准谐振变换器（如图 8-33 所示）和零电压开关多谐振变换器（如图 8-34 所示）。图 8-32、图 8-33 及图 8-34 所示的软开关变换器均基于降压型变换器（Buck）。

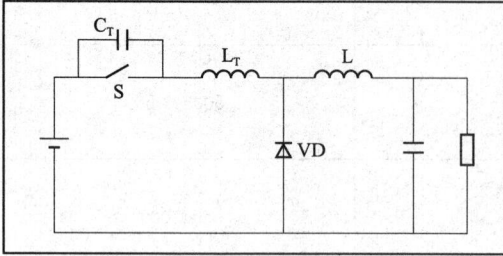

图 8-32　零电压开关准谐振变换器电路

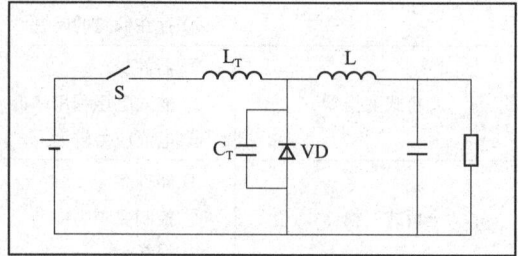

图 8-33　零电流开关准谐振变换器电路

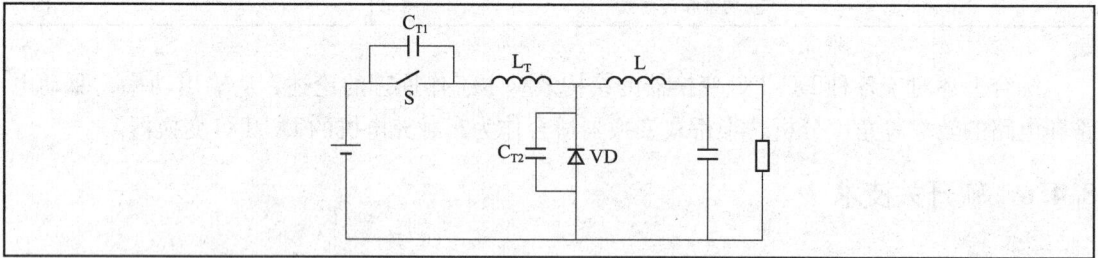

图 8-34　零电压开关多谐振变换器电路

2）零开关 PWM 变换器

零开关 PWM 电路引入了辅助开关来控制谐振的开始时刻，使谐振仅发生于开关过程的前后。零开关 PWM 电路可以分为零电压开关 PWM 变换器（如图 8-35 所示）和零电流开关 PWM 变换器（如图 8-36 所示）。

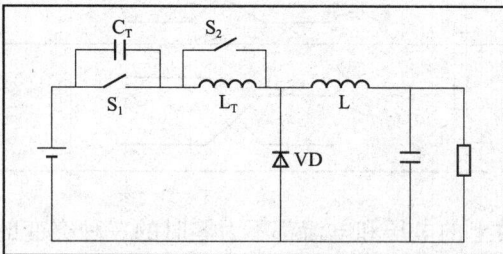

图 8-35　零电压开关 PWM 变换器电路

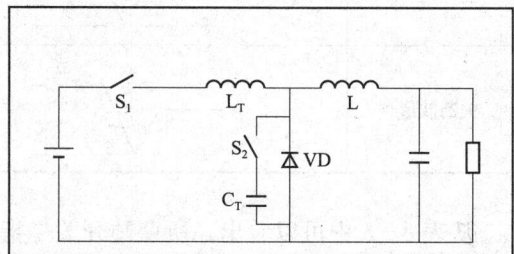

图 8-36　零电流开关 PWM 变换器电路

3）零转换 PWM 变换器

零转换 PWM 变换器拥有宽泛的输入电压范围和带载能力，在整个过程中都可以实现软开关。零转换 PWM 变换器还具有电路中无功功率小的优点，从而使功率因数有了进一步的提高。零转换 PWM 变换器可分为零电压转换 PWM 变换器（如图 8-37 所示），零电流转换 PWM 变换器（如图 8-38 所示）。

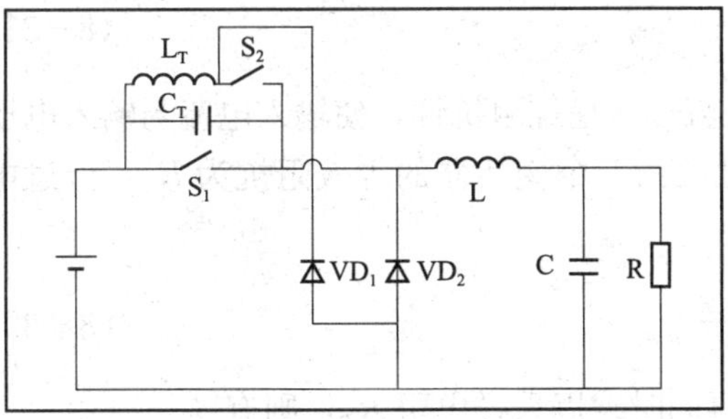

图 8 - 37　零电压转换 PWM 变换器电路

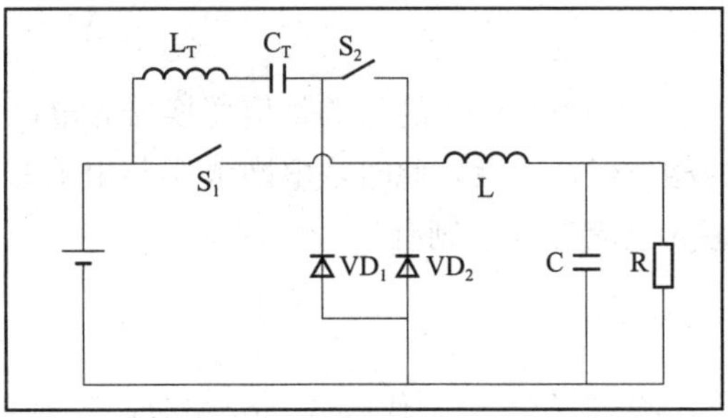

图 8 - 38　零电流转换 PWM 变换器电路

8.5　AC/DC 变换器的工作原理及硬件电路的设计

8.5.1　AC/DC 变换器的工作原理

1. 单周期控制的 Boost 型变换器的组成与结构

单周期控制的 Boost 型变换器的电路如图 8 - 39 所示。图 8 - 39 中，交流市电经过 EMI 滤波器、整流桥形成直流电，并作为 Boost 电路的输入。在 Boost 主电路中，L 为升压电感，D 为防倒灌二极管，VT 为功率 MOSFET，C 为滤波电容，电阻 R 为等效负载，电阻 R_1、R_2 为分压采样电阻，R_s 为采样电阻。单周期控制电路主要包括：SR 触发器、时钟信号发生器、n 控制器、积分器、比较器和复位开关等。

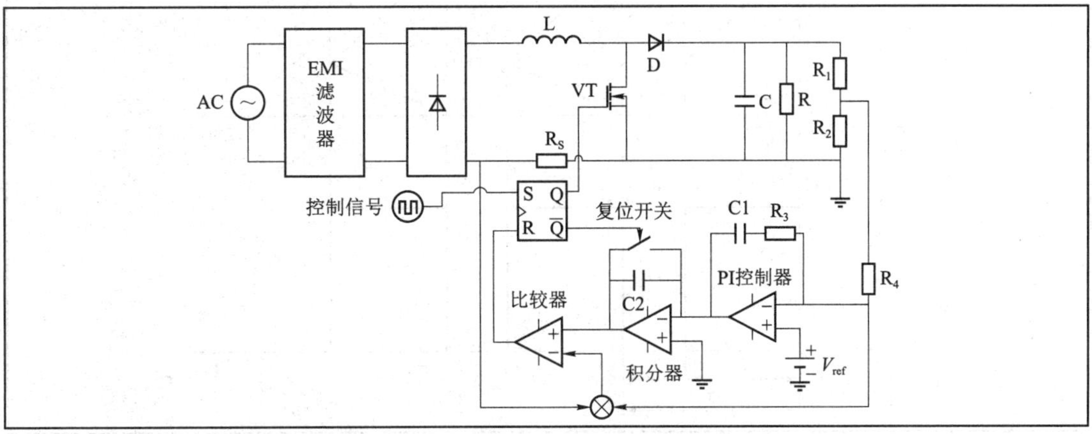

图 8 - 39　单周期控制 Boost 型变换器的电路

如图 8 - 40 所示，令经过整流桥输出的直流电电压为 V_{in}，单周期控制的 Boost 型变换器的输出电压为 V_0，PWM 波的占空比为 D，则 Boost 电路输入电压与输出电压的关系有

$$V_0 = \frac{1}{(1-D)} V_{in} \tag{8-31}$$

功率因数校正的目的是使变换器对电网的交流输入呈纯阻抗性，使输入电流与输入电压的相位保持一致，此时，电网电压与电流呈线性关系，令变换器的等效阻抗为 R_e，流过电感的电流为 i_L，则有

$$i_L = \frac{V_{in}}{R_e} \tag{8-32}$$

将式 (8-31) 代入式 (8-32)，等式两端再同时乘以采样电阻 R_s，则有

$$R_s \cdot i_L = \frac{R_s}{R_e} \cdot V_0 (1-D) \tag{8-33}$$

2. 单周期控制的 Boost 型变换器电路的工作过程

单周期控制的 Boost 型变换器电路工作过程可分为两个阶段，如图 8-41 所示。

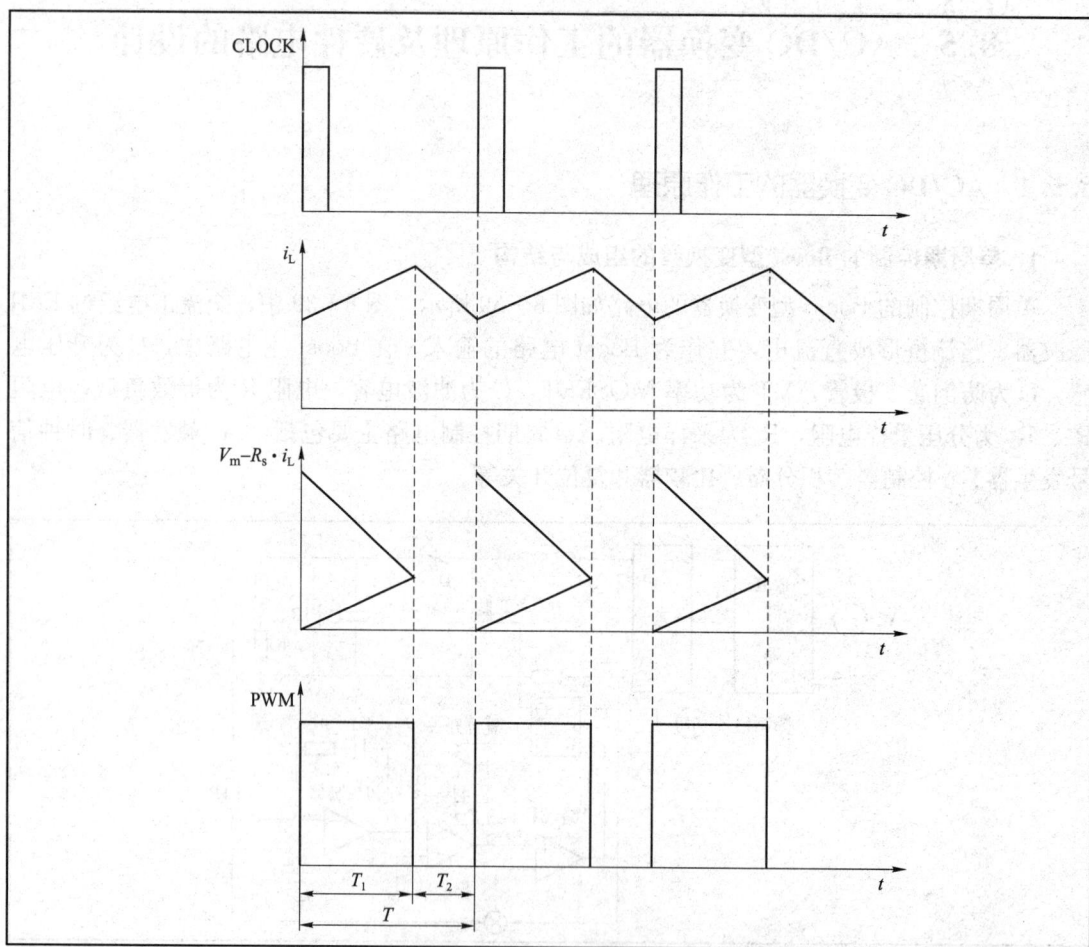

图 8-40 单周期控制的 Boost 型变换器工作波形

1）阶段一

当时钟信号上升沿到来时，SR 触发器的 Q 端为高电平，此时功率开关管 VT 开通，流

经电感的电流开始线性上升，输出电压 V_0 经采样电阻 R_1 和 R_2 后的采样值与参考电压做差后的差值经 PI 解调器得到 V_m，电流 i_L 经过采样电阻 R_s 及 V_m 后比较，则 $V_m - R_s \cdot i_L$ 开始线性下降；与此同时，SR 触发器的 Q 端为低电压，复位开关断开，积分器开始对 V_m 积分，$V_m - R_s \cdot i_L$ 开始线性上升，当上升到与下降的值相等时，比较器反转，SR 触发器复位。

2）阶段二

SR 触发器复位后，SR 触发器的 Q 端为低电平，SR 触发器的 $\overline{Q}$ 端为高电压，复位开关闭合，积分器复位，PWM 波为低电平，功率开关管 VT 断开，电感电流 i_L 开始下降，电感释放能量。直到下一个时钟信号上升沿到来后，此阶段结束，开始重复阶段一。该方法可以控制每个周期的占空比，所以该方法称为单周期控制，通过此方法即可达到功率因数校正的目的。

8.5.2　电动汽车车载充电机硬件电路的设计实例

1. 前级单周期控制的 Boost 型变换器的电路设计

所要设计的单周期控制的 Boost 型变换器的主要技术指标有如下几个方面：

① 交流输入电压 V_{in}：180～260 V；

② 直流输出电压 V_0：380～420 V，在本设计中取 V_0 为 400 V；

③ 额定输出功率：960 W；

④ 输入频率：0～45 Hz；

⑤ 总谐波失真率 THD：<5%；

⑥ 开关频率 f：100 kHz；

⑦ 满载效率 η：90%；

⑧ 功率因数 PF：0.99；

⑨ 最大输入功率 $P_{in,max}$：1.5 kW。

针对以上技术指标，整个单周期控制的 Boost 型变换器的硬件电路设计主要包括主电路和驱动电路。

2. 主电路的设计

1）整流桥的选取

在单周期控制的 Boost 型变换器中，交流市电首先要经过 EMI 滤波器，然后进入整流桥，因此以整流桥的选择意义重大，其决定了变换器能否长时间平稳工作。考虑到单周期变换器的主要技术指标及输入电压和输入功率的范围，整流桥的反向击穿电压 U_{BR} 应满足：

$$U_{BR} \geqslant 1.25\sqrt{2u_{max}} \tag{8-34}$$

其中，u_{max} 为输入电压的最大有效值，即上述性能指标中输入电压范围的最大值 260 V，那么 $U_{BR} \geqslant 460$ V，考虑到要留有较大的安全裕量，所以应选择耐压值为 1 000 V 的整流桥。再结合稳定工作时的平均整流电流值大小，最终选择 KBU2510 这款整流桥。

2）APFC 升压电感 L 的设计

APFC 升压电感 L 在单周期控制的 Boost 型变换器中起着重要的作用，其不仅能够在开关管导通时存储能量，在开关管关断时传递能量。同时，升压电感与输出电容组成的 LC 滤波电路还可以起到一定的平缓电流的作用。

交流输入最大有效值电流为

$$I_{in,(RMS)max}=\frac{I_{in,max}}{V_{in,min} \cdot PF}=8.4\ A$$

式中，$I_{in,max}$ 为输入电流的最大值；$V_{in,min}$ 为输入电压的最小值。

交流输入的最大峰值电流为

$$I_{in,(pk)max}=\sqrt{2}\,I_{in,(RMS)max}=11.9\ A$$

输入电压为最小值时的最大占空比为

$$D_{max}=\frac{V_0-I_{in,(pk)min}}{V_0}=\frac{V_0-\sqrt{2}\,I_{in,(RMS)min}}{V_0}=0.36$$

假设电感上的最大纹波电流 Δi_L 为输入最大电流值的 20%，其计算式为

$$\Delta i_L=0.2I_{in,(pk)max}=0.2\times\sqrt{2}\,I_{in,(RMS)max}=2.38\ A$$

APFC 升压电感 L 的值为

$$L=\frac{V_{in,(pk)min}}{f_s \cdot \Delta L}=384.99\ uH$$

式中，f_s 为开关频率。

在实际应用时，由于电感励磁电流的影响，磁导率有所下降，所以一般选取电感值为计算值的 2 倍。

3）高频输入电容 C_{in} 的设计

输入电容 C_{in} 专用于滤除电磁干扰，为电感电流中的高频成分提供了一个回路，其容量很小，对整流桥的导通角不会造成影响。一般情况下，应选用高频、高耐压值的薄膜电容。输入电容的计算式为

$$C_{in}=k_{\Delta iL} \cdot \frac{I_{in,(RMS)max}}{2\pi f_s rV_{in,min}}=0.24\ \mu F$$

式中，r 为电感电流的纹波系数；$k_{\Delta iL}$ 输入电压的最大高频纹波系数，取值为 0.06。

综合上述计算过程，本次设计采用 224 J 630 V 的 CBB 薄膜电容。

4）输出电容 C_0 的设计

输出电容一般是基于维持时间来设计的，维持时间是指当输入能量截止后，输出电压依然维持在规定范围内的时间。一般选取维持时间为交流输入周期的 40%，因此取维持时间 $\Delta t=8$ ms。则输出电容的大小为

$$C_0=\frac{2P_0\Delta t}{V_0^2-V_{0,min}^2}=984\ \mu F$$

考虑到电容 20% 的容差也能满足最小维持时间，则输出电容应为 1 230 μF。根据上述分析，所以选择 3 个 KMM 型 450 V 470 μF 电容并联。

5）功率开关管和防倒灌二极管的选取

当 MOSFET 导通时，升压电感 L 储存能量，防倒灌二极管 VD_5 反向截止，流经 MOSFET 的电流为电感电流；当 MOSFET 关断时，升压电感 L 释放能量，防倒灌二极管 VD_5 正向导通，流经防倒灌二极管 VD_5 的电流为电感电流，此时功率开关管两端的电压为变换器的输出电压，所以在选择功率开关管和防倒灌二极管时，其额定电压必须大于变换器

的输出电压，额定电流必须大于最大电感电流值。

MOSFET 功率开关管的选型主要从耐压值、额定电流、通态电阻三方面进行考虑，本设计方案中的 MOSFET 功率开关管的电压应力为 400 V，考虑到要留有 1.5 倍的安全余量，则应选择耐压值为 600 V 的 MOSFET 功率开关管。

根据耐压值要求，选择型号为 ST55NM60ND 的 N 沟道增强型 MOSFET，它的耐压值 V_{DSS} 为 600 V（满足 $V_{DSS} \geq 1.5V_0$），额定电流 I_D 为 51 A（满足 $I_D \geq 1.5I_{in,(pk)max}$），通态电阻值 $R_{DS(ON)}$ 为 0.047 Ω。栅源两极之间的耐压值 V_{GS} 为 ±25 V，栅源两极的导通电压 $V_{GS(th)}$ 为 5 V。

防倒灌二极管采用 IR 公司的超快恢复二极管 30ETH06，该二极管的反向击穿电压 V_{BR} 为 600 V，额定电流为 30 A，反向恢复时间为 28 ns。符合本设计对于电流和电压的要求。

3. 后级 LLC 半桥电路的设计

如图 8-41 所示，交流市电经过前级单周期控制的 Boost 型变换器，整流、功率因数校正、滤波后输出的稳定直流电作后级 LLC 为半桥电路的输入。

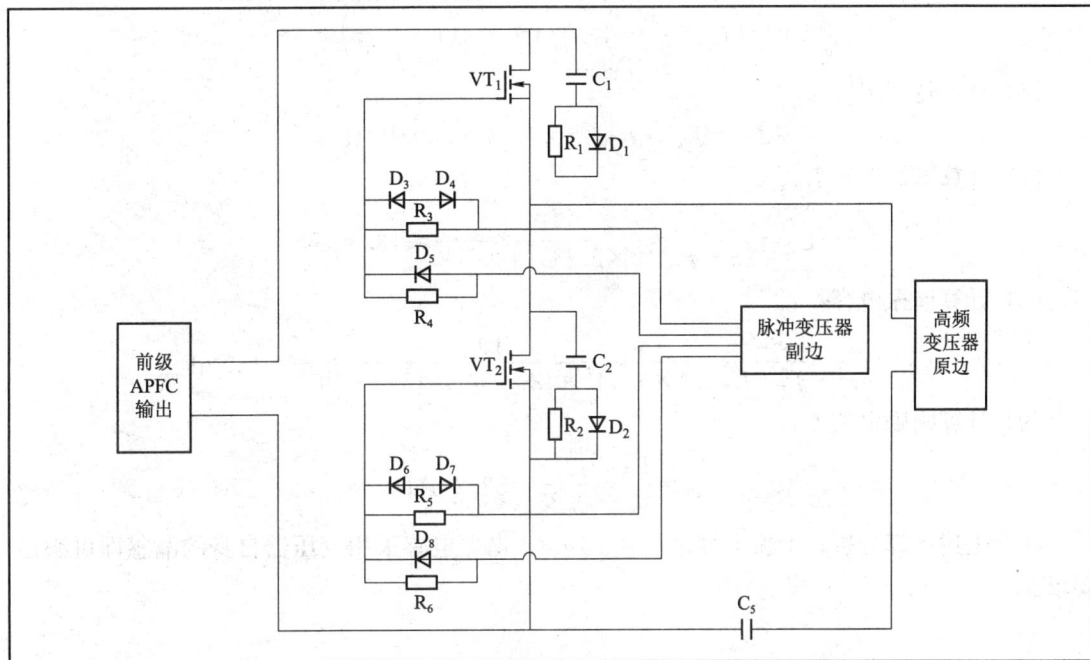

图 8-41　半桥电路

4. 谐振网络的参数设计

（1）计算高频变压器的原副边变比 n。由 LLC 半桥谐振变换器 FHA 等效直流特性曲线可知，当归一化频率 $f_n = 1$，此时 L_S、C_S 的阻抗为零，电压增益为 1，由此可求出高频变压器的变比 n 为

$$n = \frac{V_{in,min}}{2V_{0,min}} = \frac{400}{2 \times 60} \approx 3.3$$

式中，$V_{in,min}$、$V_{0,min}$ 分别为变压器原副边两端的电压。

（2）计算 LLC 半桥变换器的最大、最小直流增益 M_{max}、M_{min}。

$$M_{max} = 2n \frac{V_{0,max}}{V_{in,max}} = 2 \times 3.3 \times \frac{60}{250} \approx 1.6$$

$$M_{min} = 2n \frac{V_{0,max}}{V_{in,max}} = 2 \times 3.3 \times \frac{60}{420} \approx 0.9$$

（3）计算折算至高频变压器原边的等效电阻 R_e。

$$R_e = \frac{8n^2}{\pi^2} \cdot \frac{V_{on,mon}}{p_{out,max}} = \frac{8 \times 3.3^2}{3.14^2} \cdot \frac{60^2}{69 \times 18} \approx 25.6 \ \Omega$$

（4）计算最大的品质因数为 0 时，根据经验一般留出 5% 的余量，且 I 取 0.25A。

$$Q_{max} = 0.95 \frac{\lambda}{M_{max}} \cdot \sqrt{\frac{1}{\lambda} + \frac{M^2_{max}}{M^2_{max} - 1}} \approx 0.35$$

（5）计算最小工作频率 f_{min}，本节设计的变换器工作在额定状态时的频率 f_r 为 120 kHz。

$$f_{min} = \frac{f_r}{\sqrt{1 + \frac{1}{\lambda}\left(1 - \frac{1}{M^2_{max}}\right)}} = \frac{120}{\sqrt{1 + \frac{1}{1.6}\left(1 - \frac{1}{1.6^2}\right)}} \approx 101 \ kHz$$

（6）计算特征阻抗 Z_0。

$$Z_0 = Q_{max} \cdot R_{AC} = 0.35 \times 25.6 \approx 10 \ \Omega$$

（7）计算谐振电感 L_S。

$$L_S = \frac{Z_0}{2\pi \cdot f_r} = \frac{10}{2 \times 3.14 \times 120\ 000} \approx 13.3 \ \mu H$$

（8）计算谐振电容 C_S。

$$C_S = \frac{Z_0}{4\pi^2 \cdot f_r^2 \cdot L_S} = \frac{10}{4 \times 3.14^2 \times 120\ 000^2 \times 13.3 \times 10^{-6}} \approx 132 \ nF$$

（9）计算励磁电感 L_P。

$$L_P = \frac{L_S}{\lambda} = \frac{13.3}{0.25} = 53.2 \ \mu H$$

综合上述计算分析，谐振电容采用 0.13 μF，谐振电感采用变压器自身的漏感即可满足要求。

第9章

电动汽车电控系统的电磁兼容

随着汽车电气设备数量、种类和密度的不断增加，以及工作频率的不断提高，不可避免地使汽车内的电磁环境更加复杂，将会带来各种汽车电磁骚扰问题。各电子设备有可能出现相互间的电磁骚扰，具体表现为各种信号指示灯的误动作，雨刮器、安全气囊的误开启，ABS系统效能降低等，严重时还会造成系统乃至整车瘫痪，以及造成质量事故和零部件损坏。这些电磁骚扰问题产生的原因主要来自汽车内部，如点火系统、电子燃油喷射系统、各种电机、一些集成芯片的控制器、通信系统等高频工作的设备和大量开关元件。它们产生的电磁波通过传导与辐射的方式，对各种电子模块、信号传输线等易受影响的设备造成骚扰。虽然这些车内骚扰源的功率不一定很大，但由于其距离被骚扰对象非常近，所以对车内电子系统的骚扰是很强的。

鉴于电动车辆电气系统的电磁兼容问题日益突出和严重，世界各国对电动车辆的电磁兼容性也提出了更高的要求。在电动车辆中，由于电力驱动系统的高频、大功率及高压特性，其工作电压一般可达几百伏，并且一般采用高频调制的方式实现功率变换，由此会产生大量的高次谐波。因此可见，车辆的电力驱动系统产生的电磁骚扰问题尤为突出，其电磁兼容性能直接影响整个电动汽车相关电控零部件的正常工作。电动车辆中各总成系统和分系统、零部件、材料、工艺设计、安装布线、EMC测试及工程管理中的电磁兼容问题已成为电动车辆能否正常工作的关键影响因素。因此，对于电磁兼容性问题的研究成为了电动车辆研究领域的一个重要方面，电磁兼容性技术成为电动车辆整车技术中的关键技术，对于电磁兼容性的研究对保证电动车辆的质量和安全性具有重要意义。

9.1 电磁兼容的基本概念与术语

电磁兼容（electro magnetic compatibility，EMC）是指电气及电子设备在共同的电磁环境中能执行各自功能的共存状态，即要求在同一电磁环境中的上述设备都能正常工作且互不骚扰，达到兼容状态。该表述包含两方面的含义：

① 设备不会由于受到处于同一电磁环境中其他设备的电磁发射导致或遭受不允许的降级；

② 该设备也不会使同一电磁环境中的其他设备因受其电磁发射而导致或遭受不允许的降级。

国际电工技术委员会（IEC）对电磁兼容性的定义为：电磁兼容性是设备的一种能力，它在其电磁环境中能完成自身的功能，且不对其环境产生不允许的骚扰。

9.2　电动汽车电控系统的电磁骚扰源

电动汽车电控系统的电磁环境是指电动汽车在行驶过程中，电控系统所承受的各种来自车内、车外的电磁骚扰，以及电控系统向外界辐射的电磁骚扰。电控系统的电磁环境是对汽车电子装置威胁最大的因素，不稳定的电源电压、瞬态过电压，瞬态脉冲及脉冲群、大电流冲击、静电、雷电及电磁辐射等都会对电子装置产生严重的影响。

9.2.1　电磁骚扰的分类

电磁骚扰可以按传播形式、频谱和性质等的不同进行分类。

1. 按传播形式分类

按传播形式分类可以分为传导骚扰和辐射骚扰，通过导体传播的电磁骚扰称为传导骚扰；通过空间传播的电磁骚扰称为辐射骚扰。

2. 按频谱分类

按频谱分类可以分为工频骚扰、甚低频骚扰、载频骚扰、射频和视频骚扰、微波骚扰。

① 工频骚扰（50 Hz）：波长为 6 000 km；

② 甚低频骚扰（30 kHz 以下）：波长大于 10 km；

③ 载频骚扰（10～300 kHz）：波长大于 1 km，包括高压交直流输电谐波骚扰；

④ 射频和视频骚扰（300 kHz～300 MHz）：波长在 1～1 000 m，工业科学医疗设备、输电线电晕放电、高压设备火花放电、内燃机的点火线圈、电动机、家用电器、照明电器等产生的电磁骚扰都在此范围；

⑤ 微波骚扰（300 MHz～300 GHz）：波长为 1 mm～1 m，包括特高频、超高频、极高频骚扰，雷电及核电磁脉冲骚扰，频率由几赫兹至接近直流，范围很宽。

3. 按骚扰源的性质分类

按骚扰源的性质分类可以分为自然骚扰源和人为骚扰源，通常将人为骚扰源分为车外骚扰源和车载骚扰源。

9.2.2　车外骚扰源

车辆外部产生电磁骚扰的设备和装置大致如下。

1. 输电线杂波

高压输电线所产生的辐射骚扰有间隙击穿和电晕放电两种类型。间隙击穿发生在高压输电线上两个互相靠近、电位不等的尖端之间。

2. 汽车杂波

汽车杂波是产生甚高频（VHF）至特高频（UHF）频段城市杂波的主要原因。根据对于其强度和特性的测定结果可采取相应的措施，但城市广播和电视的信号质量基本不受其影响。

3. 接触杂波

大体可分为接触器自身的杂波及导体开合时放电而引起的杂波。继电器和电机上电、整流子电刷间的开合所产生的放电杂波在人为杂波中占相当大的比例。

4. 电力机车杂波

电力机车运行时，受电弓与接触网间的放电也是人为杂波的骚扰源之一。通常采取将受电弓的电流通路用滤波材料包围起来并采用一些辅助措施，可将杂波降低 20 dB，但目前尚未找到防止杂波产生的绝对有效方法。

5. 城市杂波

城市杂波与人们的社会活动有密切的关系，并且通常随年代的变化而变化。在日本，每年都定期进行城市杂波测试。欧美也有不少学者和专家收集杂波测试数据。在我国，这项工作目前也已开始。城市杂波的根源、程度及特性等均在随时变化，其测试方法及统计处理方法都还有待进一步探讨。

9.2.3　车载骚扰源

车载骚扰源主要为车上各种电子及电气系统产生的骚扰。

1. 电感和电容组成的闭合回路形成振荡回路

含有电感、电容和电阻的闭合回路在外加电源的作用下，在某些工作频率上会引起振荡，闭合回路中的电流可以产生传导骚扰。如现在电动汽车常用的高频开关电源就是一个典型的骚扰源。以反激式变换器为例，其主电路如图 9-1 所示。当开关管开通后，变压器一次侧的电流逐渐增加，磁芯储能也随之增加。当开关管关断后，二次侧整流二极管导通，变压器储能被耦合到二次侧，给负载供电。

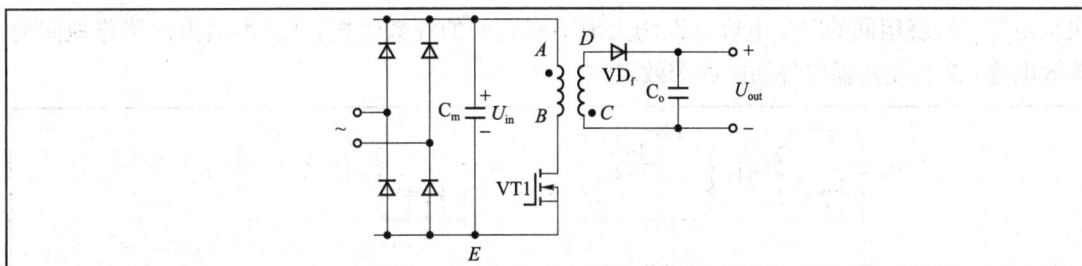

图 9-1　反激式变换器的主电路

在开关电源中，输入整流后的电流为尖峰脉冲电流，开关开通和关断时变换器中电压、电流的变化率也很高，这些波形中含有丰富的高频谐波。开关电源中存在的大量分布电容电磁骚扰的传递提供了通路，如图 9-2 所示，LISN 为线性阻抗稳定网络，用于线路传导骚扰的测量。骚扰信号通过导线、寄生电容等传递到变换器的输入和输出端，形成传导骚扰。此外，变压器的各绕组之间也存在着大量的寄生电容，如图 9-3 所示。

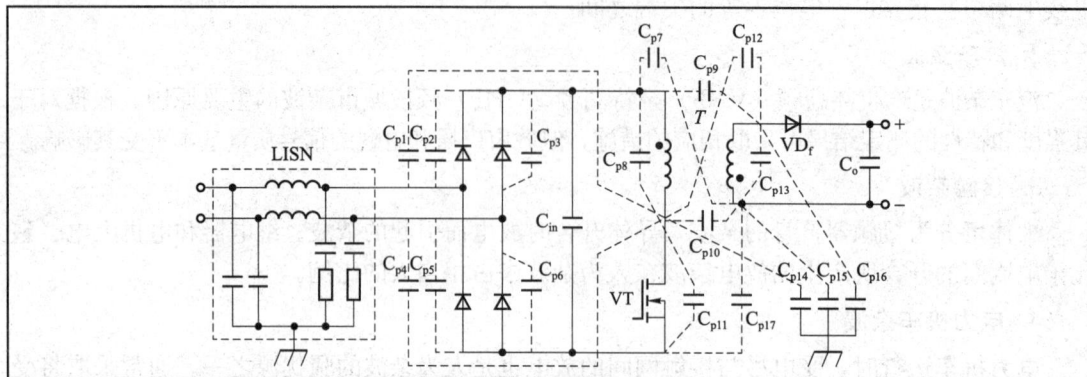

图 9-2　骚扰传输的通道

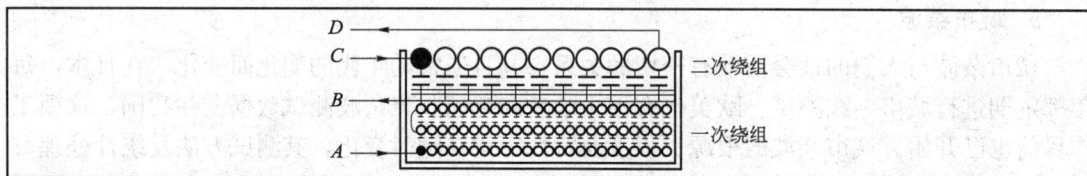

图 9-3　变压器中的分布式电容

　　在图 9-1 所示的反激式开关电源中，变换器工作于连续模式时，开关管 VT 导通后，B 点电位低于 A 点，一次绕组匝间电容便会充电，充电电流由 A 流向 B；VT 关断后，寄生电容反向充电，充电电流由 B 流向 A。这样，变压器中便产生了差模传导 EMI。同时，电源元器件与大地之间的电位差也会产生高频变化。由于元器件与大地、机壳之间存在着分布电容，便产生了在输入端与大地、机壳所构成的回路之间流动的共模传导 EMI 电流。具体到变压器中，一次绕组与二次绕组之间的电位差也会产生高频变化，通过寄生电容的耦合，从而产生了在一次侧与二次侧之间流动的共模传导 EMI 电流。交流等效回路及其简化等效回路如图 9-4 所示。图 9-4 中，Z_{LISN} 为线性阻抗稳定网络的等效阻抗，C_P 为变压器一次绕组与二次绕组间的寄生电容，Z_G 为大地不同点间的等效阻抗，C_{SG} 为输出回路与地间的等效电容，Z 为变压器以外回路的等效阻抗。

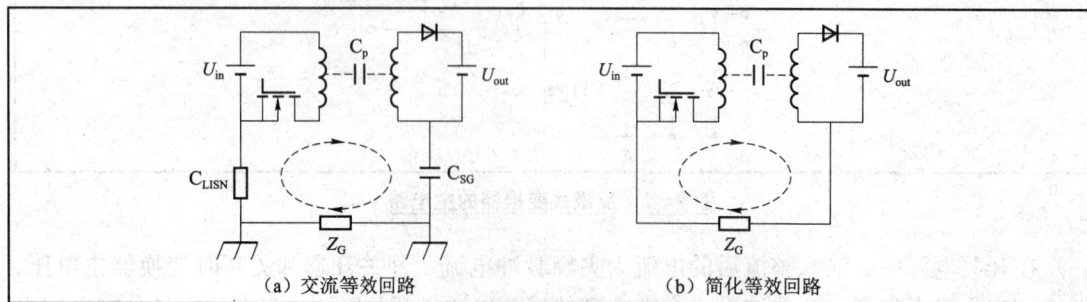

（a）交流等效回路　　　　　　　（b）简化等效回路

图 9-4　交流等效回路及其简化等效回路

2. 发电机负载电流的突变和整流

在混合动力汽车中，车辆的电路系统由蓄电池和整流的交流发电机作为核心电源，车体作为共用搭铁，各电气装置并联其上。相连的线束造成电气设备间彼此的传导骚扰；相邻的导线间则会有感应骚扰；不相邻的导体间由于天线效应又存在着辐射骚扰。因而在发电机负载电流突变和整流过程中存在的电磁骚扰综合有上述 3 种途径，覆盖较宽的骚扰频率。电路负载较大时，会产生严重的交流电压波形畸变，并产生多次谐波，骚扰其他电气设备的正常工作。整流及滤波电容器呈容性负载，因供电电流呈强脉冲状态而引起电磁骚扰问题。

3. 汽车电器设备产生的骚扰电磁波

分传导骚扰和辐射骚扰两种。传导骚扰电磁波通过线束直接进入无线电设备和电子设备内部，而在辐射骚扰电磁波则是在空间传播，通过天线（如发动机点火高压线圈就相当于天线）系统输入无线电设备内部。汽车电器产生的骚扰电磁波具有脉冲特性且频带较宽，其频率一般在 $0.5 \sim 1\,000\,\text{MHz}$ 之间。而人们关注的频率范围则是 $150\,\text{kHz} \sim 1\,000\,\text{MHz}$。由此可见，其他频段的骚扰也是存在的，目前正在进行研究。辐射骚扰随传播距离的不同呈现出不同的衰减特性，当骚扰电磁波从发生源向临近的地方辐射时，先以距离 3 次方的速率衰减，稍远些时，则以距离二次方的速率衰减，在更远距离上将随距离线性衰减。

除了以上电器设备能够产生骚扰电磁波外，还有不少其他的车载电气设备也会产生较小的传导骚扰和辐射骚扰。电动机电刷的换向火花会产生电磁辐射；起动机电磁开关等开关设备工作时会产生放电骚扰；雨刮器、仪表系统、空调启动器、燃油泵、闪光灯、起动机等重负载和感性负载会引起瞬态骚扰。

9.3　电控系统电磁骚扰的发生机理

9.3.1　放电噪声

由放电而产生的电磁噪声是最常见的电磁骚扰现象，放电时，电流、电压往往会出现急剧的瞬时变化，即很大的 $\mathrm{d}i/\mathrm{d}t$ 或 $\mathrm{d}u/\mathrm{d}t$。放电主要包括暗流、辉光放电、火花放电及弧光放电等现象。开关设备的频繁使用会对感性负载（如螺线管或电极等）造成不良的影响，将导致一种称为簇射电弧的现象。寄生电容不可避免的与感性负载并联，当闭合开关时，在电感中产生一个稳态电流 $I = V_{\text{dc}}/R$；当开关断开时，电感由于电流的变化而产生自感电动势，并以此减缓电流的变化。因此，电流通过电容时会改变方向，给电容充电。开关电压 $V_{\text{sw}(t)} = V_{\text{C}(t)} + V_{\text{dc}}$，因此会增大。随着开关电压的增加，可能会超出开关断点电压，从而形成一个短电弧放电，同时开关电压降至电弧放电电压 V_{A}。电容通过开关放电，此电流由于受到本身电阻和开关导线电感的影响而受限。如果开关电流超过最小电弧保持电流，电弧将继续保持。相反，电弧则消失，电容开始重新充电。开关电压将再一次超过开关断点电压，

且开关电压降至 V_A。如果电弧不可保持，电容又会开始再次充电。最终所存储的初始能量被消耗掉，电容电压也衰减到 0，使得 $v_{sw}=V_{dc}$。这导致在接触点间形成一个上升（由于电容充电）后又迅速下降（由于开关断开）的电压序列，这就是簇射电弧。随着接触点分离距离的增加，可能会出现辉光放电，这种放电可能会保持也可能不会保持，最终形成一个卫星的簇射电弧。每一个簇射电弧的数量和持续时间取决于电路元件的数值和任何与互联传输线相关的时延。分布电容通过簇射电弧向电源回路反向放电时，电源回路上将出现很大的瞬变脉冲电流，这也是产生骚扰的根本原因。簇射电弧具有明显的频谱分量，因此极有可能造成 EMC 问题。这些电流所在的电路可能产生明显的辐射，进而对其他通信电子设备产生骚扰问题。电路产生的辐射信号也可能直接沿着互联线路进行传导，进而产生更严重的效应。

9.3.2 感性负载的瞬变

现代电动汽车电气系统内存在大量的感性负载，如各种电动机、电磁阀、继电器、电喇叭等，当感性负载类开关系统的触点断开时，根据电感的特性可知，电感上的电流在开路瞬间不能发生突变消失，为了维持这个电流，电感上会产生一个很高的反向电动势，根据楞次定律可知，该反向电动势 E 为

$$E=\frac{\mathrm{d}\varphi}{\mathrm{d}t}=L\cdot\frac{\mathrm{d}i}{\mathrm{d}t} \tag{9-1}$$

式中，φ 为电感中的磁通；L 为电感；i 为电感中的电流。

因此，由上述内容可知，感性负载有可能成为一种宽频谱、高能量的瞬变骚扰源。

9.3.3 功率电子器件的瞬变

1. 功率二极管

功率二极管是以 PN 结为基础的，实际是由一个面积较大的 PN 结和两端引线封装组成的。功率二极管可以看作为开关元件，它在正偏时短路、反偏时开路。在实际的二极管开断过程中，二极管从一个状态转移到另一个状态不是瞬时完成的，而是需要一定的时间，功率二极管的开通过程如图 9-5 所示。在 t_0 时刻，二极管上从断开状态转向接通状态，其电流迅速增加，但二极管上首先将出现一个相当高的通态电压，这一电压在时间间隔 t_f 内降到它的稳态值。这一段时间是载荷子进入耗尽区（PN 结）所需要的，电压尖峰就是一个宽带发射。

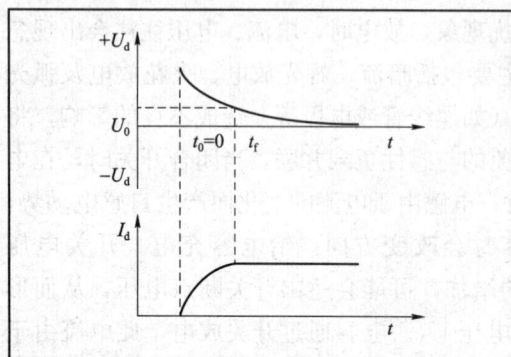

图 9-5 二极管接通时的电压、电流波形　　图 9-6 二极管关断时的电压、电流波形

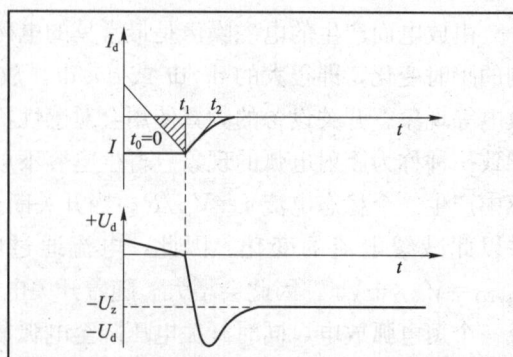

二极管在关断操作中同样会发射电磁波。二极管关断时的电压和电流曲线如图 9-6 所示。在 t_0 时刻，通态电流下降为 0。与理想的二极管不同，由于电荷在耗尽区以少数载流子形式贮存，电流转变为负值，呈反向流动，直到载荷子出现之前。贮存的载荷子的数量受分布电容的影响，分布电容的值一般在产品手册中给出。从图 9-6 中可以看出，反向电流迅速趋向于 0 或者说，趋向反向电流的稳态值。反向脉冲电流的幅度、持续时间及形状是二极管特性和电路参数的函数。由于反向电流的振幅特别高，并且关断时间非常短（通常小于 1 s），导线的电感和相连电路中会出现高压跳变，其具有宽频谱。t_d 被称为延时时间，$t_d = t_1 - t_0$；t_f 被称为电流下降时间，$t_f = t_2 - t_1$；t_{rr} 则称为二极管的反向恢复时间，$t_{rr} = t_d + t_f$。t_f/t_d 被称为恢复特性的软度，即恢复系数，恢复系数越大则恢复特性越软，即反向电流的下降时间相对较长，因而在同样的外电路条件下，造成的反向电压过冲较小。

通过上述对于二极管开关过程中的电磁骚扰产生机理的分析，可以采取下列措施减小或抑制这种骚扰，包括：

① 通过限制浪涌电流的幅度和减小负浪涌电流的转折率都可以在部分程度上减少骚扰；

② 由于负载电流的下降率与浪涌电流的大小有关，因此通过限制负载电流的下降率也可以减少二极管骚扰的影响；

③ 二极管在关断时的发射可以用并联于整流器的 RC 吸收器有效地减少。

2. 功率晶体管

功率晶体管作为大功率半导体开关器件在汽车电子系统中有着广泛的应用，其主要作为放大器应用在电源串联调压电路、音频和超声波放大等领域。

功率晶体管产生的骚扰与可控硅相同。图 9-7（a）为功率晶体管在接通时的电压与电流曲线。功率晶体管的接通时间（尤其是对于功率场效应管）明显比可控硅短。图 9-7（b）为功率晶体管在关断时的集—射电压和集电极电流曲线。在 t_0 时刻，晶体管开始关断，集电极电流持续流动一段时间 t_s，称为存贮时间。在这段时间内，载荷子将从耗尽层消去。在存贮时间过后，集电极电流将降至 0。集电极电流的下降时间主要取决于晶体管的额定功率，通常是相当短的，为 10 ns～100 μs。因此，功率晶体管产生的 EMI 频谱比可控硅或整流器宽得多。图 9-7 中，U_{CE} 是集电极电压，I_C 是集电极电流，I_B 是基极电流。

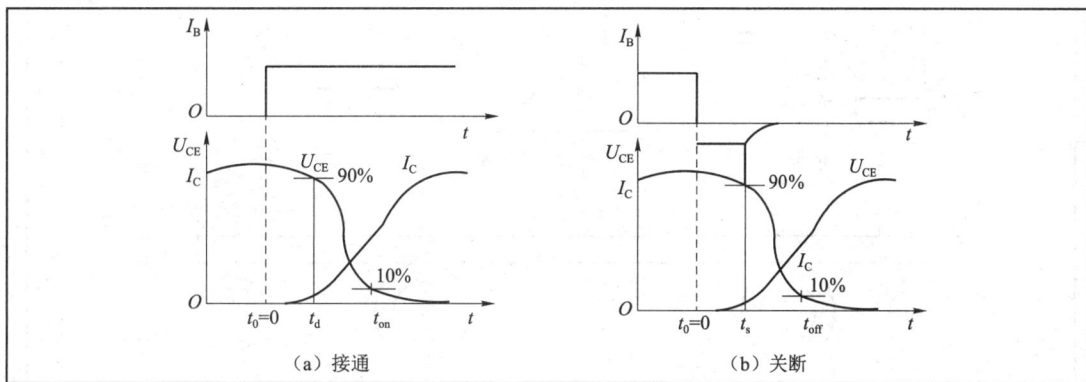

图 9-7　功率晶体管的开关过程

9.4 电动汽车的车载电磁骚扰源

9.4.1 车用电机驱动系统

电动汽车驱动系统的电磁兼容性能涉及的主要部件有蓄电池、逆变器、交流电缆及驱动电机等。驱动系统的电磁骚扰主要由传导性骚扰与逆变器的共模辐射组成。差模骚扰电压的传播途径如图9-8（a）所示，共模骚扰电压的传播途径如图9-8（b）所示。由于实际的相电压均有一定程度的不对称，尽管电机逆变器的输出端均装有滤波装置来抑制这种共模骚扰的产生，但还是会有一部分谐波从电机逆变器中流出，影响其他电气元件的工作。

（a）差模骚扰电压的传播途径

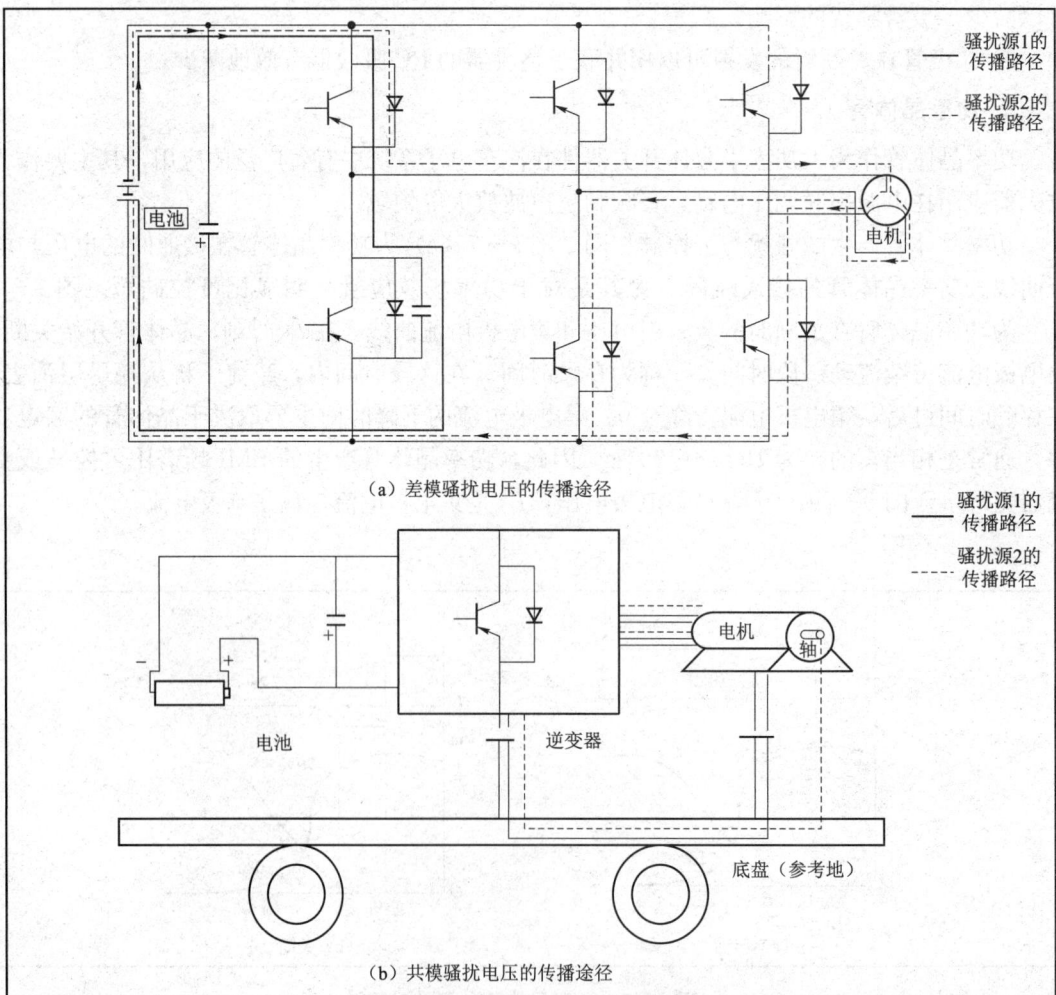

（b）共模骚扰电压的传播途径

图9-8 骚扰电压的传播途径

　　驱动电机的作用是将电源的电能转化为机械能，通过传动装置或直接驱动车轮。目前，电动汽车上广泛采用了直流串激电动机，这种电机具有"软"的机械特性，与汽车的行驶特性非常相符。但直流电机也存在着换向火花，比功率较小、效率较低、维护保养工作量大等缺点。随着电机及其控制技术的发展，直流电机势必将逐渐被直流无刷电机（BLDC）、永磁同步电机、开关磁阻电机（SRM）和交流异步电机等所取代。图 9-9 所示为电机驱动系统产生的电磁骚扰的传播路径。从图 9-9 中可以看出，电机驱动系统中存在电磁骚扰，如电机会对 CPU 等设备产生辐射骚扰，功率放大器则会对前级驱动电路产生强电骚扰等，所以电机驱动系统中的电磁骚扰问题是不可忽视的。

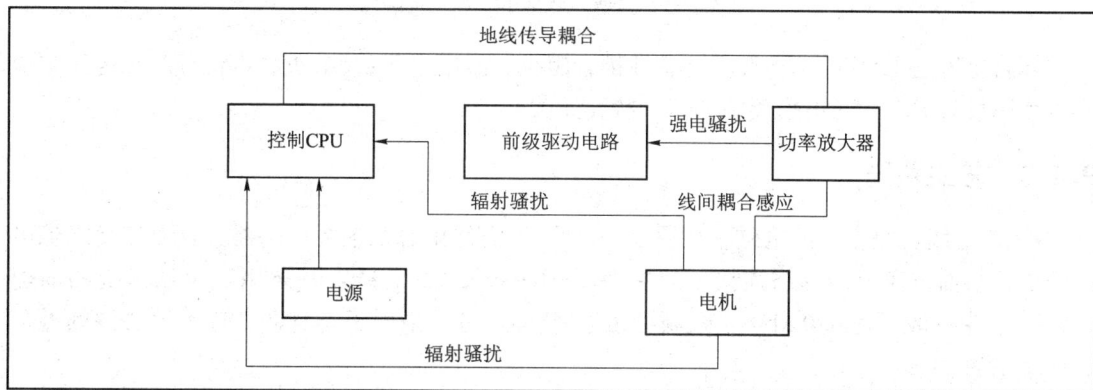

图 9-9　电机驱动系统产生的电磁骚扰的传递途径

　　逆变器所处的电磁环境中存在的电磁骚扰源主要有：
　　① 由高频开关器件快速通断形成的大脉冲电流而引起的电磁骚扰；
　　② 供电电源的负载突变；
　　③ 系统内部及其周围的强电元件造成的强电骚扰；
　　④ 电机电枢传输线与其他传输线间的电容性耦合和电感性耦合引起的骚扰；
　　⑤ 由连续波骚扰源等造成的空间辐射骚扰。
　　随着开关频率的增加，逆变器产生大的 di/dt，引起电磁骚扰、轴电压、轴承电流等。电机传动系统中的电流包括基波电流、谐波电流和耦合电流三部分。传导 EMI 分析的目的就是找出这些电流分量（主要是谐波电流和耦合电流），重点在于考虑寄生电容的耦合效应。传导 EMI 中的耦合电流是寄生电容中的电流之和，由大的 di/dt 和大的方波电压幅值引起，耦合电流中有差模分量和共模分量，二者的传播路径各不相同（见图 9-10）。
　　1）差模 EMI
　　差模电流的路径由两条直流母线、相间的寄生电容 C_d 和直流电容构成，如图 9-10（a）所示。由于直流电容的阻抗不为零，一部分电流从整流器、交流电源流过。
　　2）共模 EMI
　　共模电流的路径由一条直流母线、相地间的寄生电容 C_c、大地、交流电源和整流器构成，如图 9-10（b）所示。一部分电流经整流器的寄生电容和直流电容流过。不同设备的共模电流共享大地路径，所以共模 EMI 水平高，更难抑制。

181

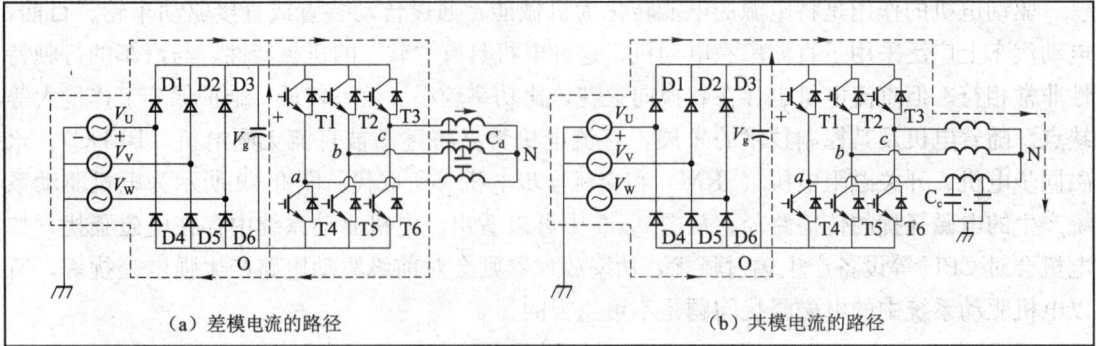

（a）差模电流的路径　　　　　　　　　　（b）共模电流的路径

图 9-10　差模、共模电流的传播路径

耦合电流是 EMI 的一种源，与容性耦合阻抗、激励电压、du/dt、直流环节和电压幅值和寄生阻抗有关，而与电机负载和运行状况无关。

9.4.2　总线系统

CAN 总线也是主要的电磁骚扰源之一。CAN 总线由总线电缆控制器、收发器和终端电阻组成。目前汽车上的网络连接方式主要采用两条 CAN 总线，一条用于驱动系统的高速 CAN，速率一般可达 500 kbps，最高可达 1 Mbps，另一条用于车身、车灯等设备中的低速 CAN，速率为 100 kbps。

一般情况下，CAN 总线在正常工作时会产生较大的传导骚扰，产生传导骚扰的环节有开关电源、伺服系统及控制器等，CAN 数据总线系统由一系列的网络节点通过总线相互连接组成，如图 9-11 所示。总线可看作是接受和发射电磁能量的天线，并充当能量耦合的环节，网络节点既是骚扰源又是被骚扰对象。由此可知，影响 CAN 数据总线系统 EMC 的两个要素是线束的 EMC 耦合因数和网络节点的 EMC。其中线束的 EMC 耦合因数与 CAN 数据总线系统的 EMC 评价标准的制定有关，网络节点的 EMC 则是整个 CAN 数据总线系统 EMC 的直接度量标准。

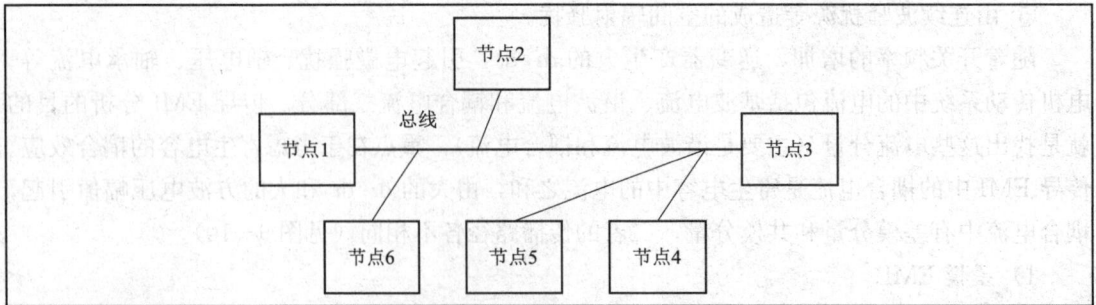

图 9-11　CAN 数据总线系统

在多能源管理系统中，线缆为传导骚扰传播的一个重要途径，所以线缆也成为多能源管理系统电磁骚扰的一个源。计算线缆的辐射强度时，将其等效为单极天线，其辐射强度的计算式为

$$E = 12.6 \times 10^{-7} fIL/r \qquad (9-2)$$

式中：E——电场强度，V/m；

f——电流的频率，MHz；

L——电缆的长度，m；

I——电流的强度，mA；

r—测试点到电流环路的距离，m。

9.4.3　DC/DC 变换系统

DC/DC 变换系统在传统汽车上有着广泛的应用，如启动机、车辆照明系统、车载音响、导航系统等设备需要由 DC/DC 变换系统进行直流稳压供电。而对于电动车辆来说更是不可缺少。在电动车辆上除了传统车辆上所需要 DC/DC 的设备以外，它们都从随车的能源中获得高压直流电能，通过电动机及其调速控制系统驱动车辆运行，还通过 DC/DC 变换器将高压直流电变成 24 V 低压直流电，供给车辆控制系统使用，并给低压蓄电池组充电。

在电动汽车动力系统中以燃料电池车为例，大功率 DC/DC 变换器是一个重要的组成部分。在整个动力系统中，DC/DC 变换器的工作流程大体如图 9－12 所示。

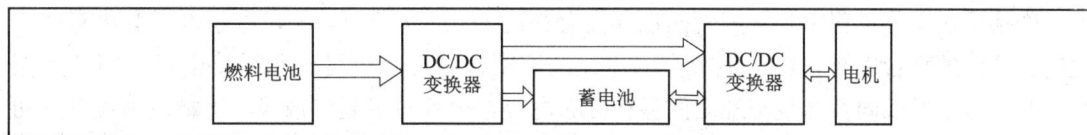

图 9－12　动力系统中 DC/DC 变换器的位置

1. 降压型 DC/DC 变换器的主电路分析

图 9－13 为非隔离式、硬开关型的 DC/DC 变换器的降压电路。该电路可以改善燃料电池偏软的输出特性，还能防止后续电路对燃料电池的能量反馈，从而明显改善燃料电池和整车的动力性能。图中，U_{in} 为燃料电池的输出电压；U_{out} 为输出端电压；电感 L_1 为电路的降压电感；Z_1 为 IGBT 开关管；D_1 为续流二极管；C 为输出端的滤波电容。

在 $t = t_{on}$ 时刻，开关管 Z_1 开通，中的电流 $i_s = i_L$，流过电感线圈 L_1，电流线性增加，在负载 R 上流过电流 I_0，两端的输出电压 U_{out} 极性上正下负。当 $i_s < I_0$ 时，电容处于充电状态，这时 D_1 承受反向电压。

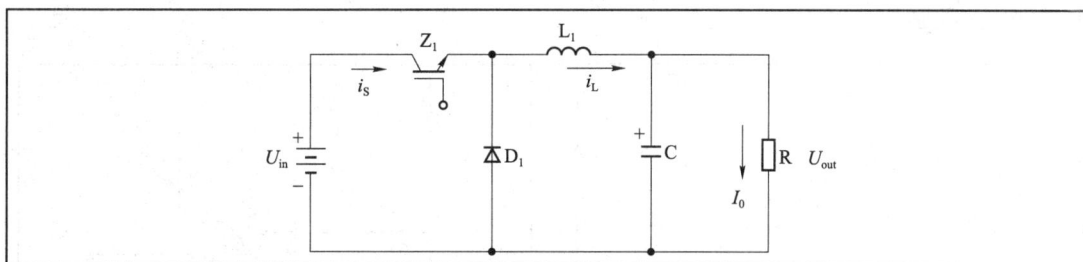

图 9－13　非隔离式降压型 DC/DC 变换器

在 $t = t_{off}$ 时，Z_1 关断，由于线圈中的磁场将改变线圈 L_1 两端的电压极性，以保持其电流 i_L 不变。负载 R 两端的电压仍是上正下负。在 $i_s < I_0$ 时，电容处于放电状态，有利于维持 I_0 和 U_0 不变，这时 D_1 承受正向偏压，为电流 i_L 构成通路。

2. DC/DC 变换器的电磁骚扰分析

通过对降压型 DC/DC 变换器主电路的分析可知，电路在开关管开关过程中会产生很大的 di/dt 与 du/dt，从而形成较强的电磁骚扰，这种骚扰通过输入、输出电源线以共模或差模的形式向外传导，同时还向周围空间辐射。

1）功率开关管的电压、电流尖峰骚扰

图 9-14 为开关管的等效电路。Z_1 导通时，开关管流过电流 i_s，但由于电路存在漏感，在开关管关断瞬间，电路将因此在漏感上产生一个极大的感应电压 U_P，以阻碍电流的突变，该电压将以浪涌电压的形式加在 Z_1 上，产生电压尖峰。当开关器件在很高的电压下开通时，储存在开关器件电容中的能量将以电流的形式全部耗散在该器件内。频率愈高，开通电流的尖峰也愈大，有可能会引起器件的过热而损坏。另外，二极管由导通变为截止的过程中存在着反向恢复期，开关管在此期间内的开通动作易产生很大的冲击电流。频率愈高，该冲击电流也愈大，越容易对器件的安全运行造成危害。

2）输入、输出传输线与其他传输线间的电容性耦合和电感性耦合引起的骚扰

变换器在工作过程中，开关管两端存在着很高的 di/dt 与 du/dt，由于电压变化率和寄生电容之间的耦合影响，将产生节点漏电流。该耦合电容电流可能和线路电感之间产生振荡，并且由于导线间及导线与地之间存在分布电容，很容易引起传输线、屏蔽线等线束之间的电容性耦合串扰；导线之间、外壳间封闭电路的存在，容易引起传输线之间电感性耦合，骚扰变换器中的敏感元件。

3）功率二极管 D_1 引起的骚扰

变换器中二极管由导通转变为截止时由于关断的时间很短，容易产生反向电流的浪涌。二极管的关断波形如图 9-15 所示。假设 t_1 时刻前，D_1 中流过的电流为 i_{b1}，二极管承受正向导通压降 ΔU。在 t_1 时刻，D_1 开始关断，流过二极管的电流开始减小，t_2 时刻，$i_{b1}=0$。然后反向并增加，t_3 时刻达负的电流峰值 i_{rr}，然后 i_{b1} 的绝对值迅速减少，i_{b1} 的突变在线路电感上产生一个很高的感应电势，加到 Z_1 上，Z_1 上产生电压脉冲。t_4 时刻，D_1 的反向恢复电流由 i_{rr} 下降为零。由于反向恢复电流很快降到零，故 di/dt 很大，该电流流过由 L_1、D_1 和输出电容 C 组成的回路，该电流环路将向周围空间辐射高频电磁波，骚扰敏感元件。由于直流输出线路上存在分布电容和电感，高频浪涌电流流过产生高频衰减振荡，对直流输出端形成差模骚扰。

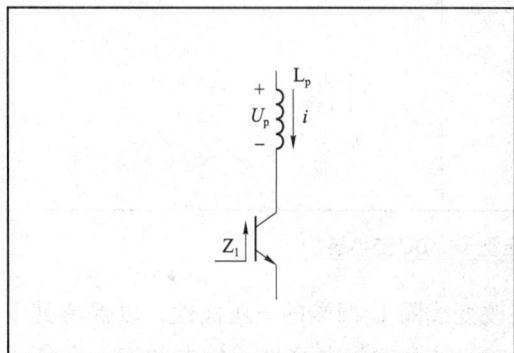

图 9-14　开关管的等效电路

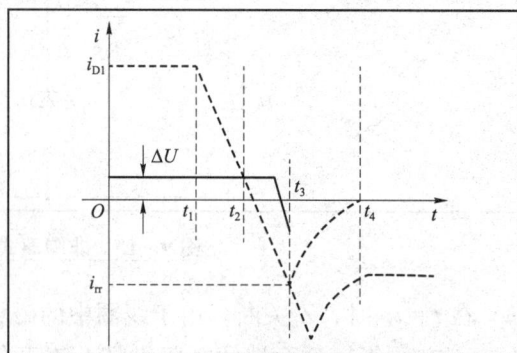

图 9-15　二极管关断时的电压电流波形

4）由连续波骚扰源等造成的空间辐射骚扰

电感电流 i_1 在 Z_1 开通和关断的瞬间都会出现高频振荡，高频振荡电流将流过由 Z_1、电感 L_1 和电源组成的回路。若回路面积较大，向周围空间辐射的高频电磁波将严重骚扰周围的敏感设备。D_1 通断时的高频反向浪涌电流由于输出线路的分布电容和电感产生高频衰减振荡，通过空间向外形成辐射骚扰。

5）其他原因引起的骚扰

元器件的安装位置、屏蔽措施、地线设计、电源的拓扑、结构布置等也可能会造成电磁骚扰。

9.5　电控系统控制电路的电磁兼容

9.5.1　PCB 控制电路的电磁兼容设计

印制电路板（printed circuit board，PCB），又称印刷电路板或印刷线路板，简称为印制板，PCB 是一种重要的电子部件，是电子元器件的支撑体。它以绝缘板为基材，切成一定尺寸，其上至少附有一个导电图形，并布有孔（如元件孔、紧固孔、金属化孔等），用来代替以往装置电子元器件的底盘，并实现电子元器件之间的相互连接。由于 PCB 是采用电子印刷术制作的，故称为印刷电路板。

印制电路板也有其自身的电磁兼容问题，一个很明显而又很难解决的问题就是线间的串扰。如当一根带状线上载有控制和逻辑电平，另一根相邻的带状线上载有低电平信号，且二者的水平并行长度超过 10 cm 时，一般都会出现串扰问题。又如当一根电缆编入几组串行或并行高速数据线和遥控线时，串扰就成为主要的问题。

靠近的电线和电缆之间的串扰是由电场通过互容或磁场通过互感引起的。在考虑线间串扰问题时，最重要的是要确定是以电场耦合为主还是以磁场耦合为主。对于线路阻抗来说，大致的原则如下。

① 当源阻抗和接收器阻抗的乘积小于 300 Ω^2 时，主要是磁场耦合；

② 当源阻抗和接收器阻抗的乘积大于 1 000 Ω^2 时，主要是电场耦合；

③ 当源阻抗和接收器阻抗的乘积在 300～1 000 Ω^2 时，取决于线路间的配置和频率。

但上述原则并不适合于所有情况，例如在地层上，带状线的特性阻抗可能较低，而负载和源阻抗可能较高，此时串扰仍以电场耦合为主。

另外，在一般情况下，数字电路产生的辐射问题比模拟电路更严重，这是因为数字电路的驱动电流比模拟电路大，时钟频率也更高，而且数字信号比较复杂，一般不是周期信号，其辐射频谱是宽带和窄带的叠加，频率范围很宽，可以从几兆赫到数百兆赫，所以数字信号产生一系列的 EMI 问题是在所难免的。

实际上，影响印制电路板辐射骚扰的因素主要是结构和激励因素。结构不同，电路板产生的辐射效果也不同。具体而言，传输带长度，回路面积、地线走向、整体布局等都会影响辐射效果。幅值、脉冲宽度、频率、上升与下降时间等激励因素也会影响辐射效果。

9.5.2 印制电路板的布局与布线原则

1. 印制电路板上元器件的布局原则

在设计印制电路板时，不仅是简单地将各个器件用印制导线连起来就可以了，更重要的是要考虑电路的特点和要求。如高频电路对于低频电路的影响，各元器件之间是否会产生有害的骚扰，以及热传递等方面的影响等。由于布线不正确带来的分布参数的影响也不可忽略，所以在设计印制电路板时应当充分考虑元器件的摆放位置。元器件的布局应主要从减小设备内部各元器件之间的骚扰和互相影响及配线的合理性等方面考虑，一般应遵循的原则主要有以下几个方面。

（1）产生骚扰的元器件和敏感元件要尽量分开。

（2）低电平级和高电平级的元器件、低功率级和高功率级的元器件应按输入和输出方向顺序排列，避免将高电平、高功率的信号耦合至低电平、低功率的器件，造成反馈骚扰。

（3）尽量减小元器件之间的电容耦合与电感耦合，引线要短，避免长距离的平行走线；产生变化磁通的元器件要尽量避免对其他元器件和回路产生骚扰。如两个线圈的轴向不应平行，而应垂直。若条件所限，两个线圈必须平行安装时，要尽量拉开距离，以减小两线圈之间的互感耦合。

（4）非辐射元器件或同一级中的元器件应尽量靠近，以减小公共对地阻抗耦合，或使用较大的地平面以减小地线阻抗。

（5）尽量减小电流回路的面积，即减小辐射回路面积或接收回路面积。

（6）尽可能缩短高频元器件之间的连线，设法减少它们的分布参数和相互间的电磁骚扰。易受骚扰的元器件不能相互挨得太近，输入和输出元件应尽量远离。

（7）某些元器件或导线之间可能有较高的电位差，应加大它们之间的距离，以免由于放电引起意外短路。带高电压的元器件应尽量布置在调试时手不易触及的地方。

（8）按照电路的流程安排各功能电路单元的位置，使布局便于信号流通，并使信号尽可能保持一致的方向。

（9）以每个功能电路的核心元件为中心，围绕它来进行布局。元器件应均匀、整齐、紧凑地排列在 PCB 上。尽量减少和缩短各元器件之间的引线和连接。

（10）在高频下工作的电路，要考虑元器件之间的分布参数。一般应尽可能使元器件平行排列，不仅美观，而且装焊容易，易于批量生产。

2. 印制电路板的布线原则

印刷电路板布线的一般原则有以下几个方面。

（1）电源线的宽度要满足 1.5 倍电流容量的要求，地线的宽度要满足 2 倍电流容量的要求。

（2）强电之间，强弱电之间的爬电距离不小于 2.5 mm，若条件所限，小于该数值时必须开槽，但也不能小于 2 mm。

（3）一般来说，应先布电源走线，再布信号走线。地线敷铜时不要留死铜，而须应用多一些的过孔连接两面的敷设铜。

（4）信号线不能交叉，要尽可能的短和宽，以免增大电感。信号线的过孔要尽量少。

（5）信号线不要形成环路，如不可避免，环路应尽量小。

（6）导线条的弯角部分应设计成圆角，可以防止铜箔剥落。还可以使用 45°的折线式布线方法，但不要使用 90°折线，以减小高频信号的发射。

（7）不同的电路尽量分别配线，并尽量避免出现窄长的平行线，当不得不使用长平行线时，可用"0"线隔开，与 V_{cc} 电源线的间距应大于 1 mm。

（8）对于可能出现较大突变电流的电路，要有单独的接地回路，减小对其他电路的瞬态耦合。

（9）各线间应满足"3 W"原则，即关键信号线与其他信号线之间的距离为线宽的 3 倍，大于或等于 10 mil。

（10）旁路电容应采用直接连接，尽量不用引线。

（11）对于高速数字电路，为了减小电源阻抗，可以采用电源分布总线。这种分布总线可以在很宽的频带内提供很低的阻抗。

（12）敏感信号线要远离输出信号线，输出信号线也要远离强辐射信号线。

9.6　电磁屏蔽

9.6.1　电磁屏蔽的概念与分类

电磁屏蔽（electromagnetic shield）就是对两个空间区域之间进行金属的隔离，以控制电场、磁场和电磁波由一个区域对另一个区域的感应和辐射。具体来讲，电磁屏蔽的概念包含两个方面的内容，一方面为用屏蔽体将元器件、电路、组合件、电缆或整个系统的骚扰源包围起来，防止骚扰电磁场向外扩散；另一方面为用屏蔽体将接收电路、设备或系统包围起来，防止它们受到外界电磁场的影响。因为屏蔽体对来自导线、电缆、元部件、电路或系统等外部的骚扰电磁波和内部电磁波均起着吸收能量（涡流损耗）、反射能量（电磁波在屏蔽体上的界面反射）和抵消能量（电磁感应在屏蔽层上产生反向电磁场，可抵消部分骚扰电磁波）的作用，所以屏蔽体具有减弱骚扰的功能。

屏蔽一般分为两种类型，一类是静电屏蔽，主要用于防治静电场和恒定磁场的影响；另一类是电磁屏蔽，主要用于防治交变电场、交变磁场及交变电磁场的影响。

在工程中，实际的辐射骚扰源大致可分为两类，分别为类似于对称振子天线的非闭合载流导线辐射源和类似于变压器绕组的闭合载流导线辐射源。由于电偶极子和磁偶极子是上述两类源的最基本形式，实际的辐射源在空间中某点产生的场均可由若干个基本源的场叠加而成，如图 9 - 16 所示。因此，通过对电偶极子和磁偶极子所产生的场进行分析，就可得出实际辐射源的远近场、波阻抗及远近场的场特性，从而为屏蔽分类提供良好的理论依据。

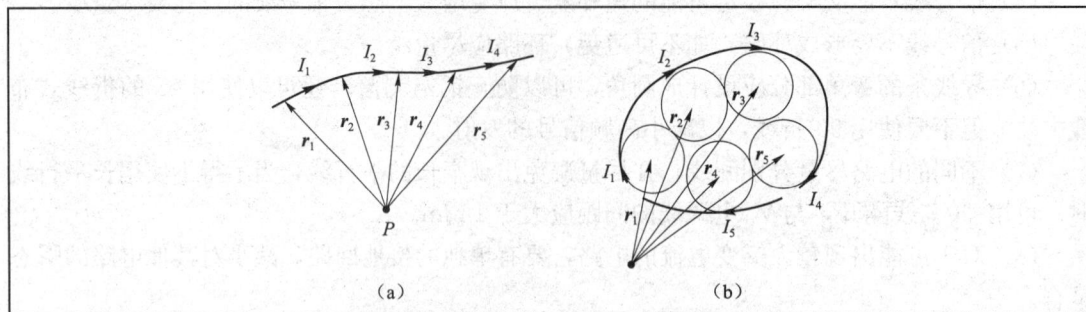

(a)　　　　　　　　　　(b)

图 9-16　两类基本源在空间所产生的叠加场

远近场的划分是根据两类基本源的场随场点至源点的距离（$1/r$）的变化而确定的，$\lambda/2\pi$ 为远近场的分界点，两类源在远近场的场特征及传播特性均有所不同，如表 9-1 所示。

表 9-1　两类源的场与传播特性

场源类型	近场（$r<\lambda/2\pi$）		远场（$r>\lambda/2\pi$）	
	场特性	传播特性	场特性	传播特性
电偶极子	非平面波	以 $1/r^3$ 衰减	平面波	以 $1/r$ 衰减
磁偶极子	非平面波	以 $1/r^3$ 衰减	平面波	以 $1/r$ 衰减

波阻抗 $|Z_w|$ 为空间某点电场强度与磁场强度之比。场源不同、远近场不同，则波阻抗 $|Z_w|$ 也有所不同，表 9-2 给出了波阻抗的特性。

表 9-2　两类源的波阻抗

场源类型	波阻抗 $|Z_w|$（单位：Ω）	
	近场（$r<\lambda/2\pi$）	远场（$r>\lambda/2\pi$）
电偶极子	$120n\lambda/2\pi r$	$120n$
磁偶极子	$120n\lambda/2\pi r$	$120n$

能量密度包括电场分量能量密度和磁场分量能量密度，通过对由同一场源所产生的电场、磁场分量的能量密度进行比较，可以确定场源在不同区域内占主要成分的分量，以便确定具体的屏蔽分类。能量密度的表达式为

电场分量能量密度
$$W_E = \frac{1}{2}\boldsymbol{E} \cdot \boldsymbol{D} = \frac{1}{2}\varepsilon|\boldsymbol{E}|^2 \tag{9-3}$$

磁场能量分布密度
$$W_H = \frac{1}{2}\boldsymbol{H} \cdot \boldsymbol{B} = \frac{1}{2}\mu|\boldsymbol{H}|^2 \tag{9-4}$$

场源总能量
$$W = W_E + W_H \tag{9-5}$$

式中，$\boldsymbol{H}$ 为磁场强度；ε 为电导率；$\boldsymbol{B}$ 为磁感应强度；μ 为磁导率；$\boldsymbol{E}$ 为电场强度；$\boldsymbol{D}$ 为不同质南极板单位面积中自由电荷的数量。

表 9-3 给出了两种场源在远、近场的能量密度。从表 4 中可以看出，两类源的近场有很大的区别，电偶极子的近场能量主要为电场分量，可忽略磁场分量；磁偶极子的近场能量主要为磁场分量，可忽略电场分量；两类源在远场时，电场、磁场分量均必须同时考虑。

表 9-3 两类源的能量密度

场源类型	能量密度比较	
	近场（$r < \lambda/2\pi$）	远场（$r > \lambda/2\pi$）
电偶极子	$W_E \gg W_H$	$W_E = W_H$
磁偶极子	$W_E \gg W_H$	$W_E = W_H$

依据上述分析，可以对屏蔽类型进行以下分类，如表 9-4 所示。

表 9-4 屏蔽分类

场源类型	近场（$r < \lambda/2\pi$）	远场（$r > \lambda/2\pi$）
电偶极子（非闭合载流导线）	电屏蔽（包括静电屏蔽）	电磁屏蔽
磁偶极子（闭合载流导线）	磁屏蔽（包括恒定磁场屏蔽）	电磁屏蔽

9.6.2 静电屏蔽、电磁屏蔽、磁场屏蔽的原理

1. 静电屏蔽的原理

在屏蔽罩接地后，骚扰电流经屏蔽体外层流入大地，导体空腔内无其他带电体时，导体内部和导体内表面上各处均为处皆无电荷，电荷仅仅分布在导体外表面上。所以腔内的场强和导体内部一样，也各处均为零，各点的电势均相等，而且与导体电势相等。基于此效应，如果将空心的导体放在电场中，电场线将垂直地终止于导体的外表面上，而不能穿过导体进入腔内。这样，由于空腔导体屏蔽了外电场，放在导体空腔中的物体将不会受到任何外电场的影响。这种现象称为静电屏蔽，如图 9-17 所示。

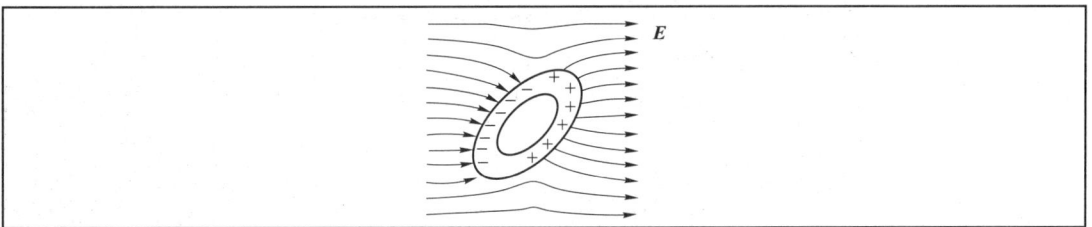

图 9-17 空腔导体屏蔽外电场

静电屏蔽分为外屏蔽和全屏蔽。空腔导体在外电场中处于静电平衡，其内部的场强总等于零。因此外电场不可能对其内部空间产生任何影响。若空腔导体内有带电体，在静电平衡时，它的内表面将产生等量异号的感生电荷。如果外壳不接地，则外表面会产生与内部带电体等量而同号的感应电荷，此时感应电荷的电场将对外界产生影响，这时空腔导体只能对外电场屏蔽，却不能屏蔽内部带电体对外界的影响，所以称为外屏蔽。在上述情况下，如果外壳接地，那么即使内部有带电体存在，这时由于内表面感应的电荷与带电体所带的电荷的代

数和为零，而外表面产生的感应电荷通过接地线流入大地，因此，外界无法对壳内产生影响，内部带电体对外界的影响也随之而消除，所以这种屏蔽也称为全屏蔽。

但这里还需注意以下两个方面的问题。

（1）在实际应用中，金属外壳不必严格遵循完全封闭的原则，用金属网罩代替金属壳体也可达到类似的静电屏蔽效果，虽然这种屏蔽并不是完全、彻底的。

（2）在静电平衡时，接地线中是无电荷流动的，但如果被屏蔽的壳内的电荷随时间变化，或者是壳外附近带电体的电荷随时间而变化，就会使接地线中有电流。屏蔽罩也可能出现剩余电荷，这时屏蔽的作用则是不完全和不彻底的。

总之，综上所述，空腔导体（不论是否接地）的内部空间不受外电荷和电场的影响；接地的空腔导体的腔外空间不受腔内电荷和电场的影响。

2. 电磁场屏蔽的原理

电磁场屏蔽是对电场和磁场同时加以屏蔽，也是一般意义上对于屏蔽的俗称。在电场屏蔽和磁场屏蔽的基础上，更有利于理解电磁场屏蔽。在物理上，电磁场辐射源的周围常分布着近场与远场两个范围。辐射源周围为近场，距离辐射源大于 $\lambda/2\pi$ 的范围则称为远场（λ 为波长），如图 9 - 18 所示。对于近场，若辐射源为高电压小电流，主要考虑的是电场骚扰；若辐射源为低电压大电流，则主要考虑磁场骚扰。近场电屏蔽的一种方法是在感应源与受感器之间增加一接地良好的金属板，将感应源的寄生电容短接到地，通过抑制寄生电容耦合达到电场屏蔽的目的。在远场中，由麦克斯韦方程可知，电场与磁场方向相互垂直，但相位相同，以电磁波的形式在空间向四方辐射能量。其对电路的骚扰也是以辐射电磁波能量的形式进行的，但不能理解为近场中电场与磁场骚扰的叠加。远场区辐射的电磁波可以认为是平面波。

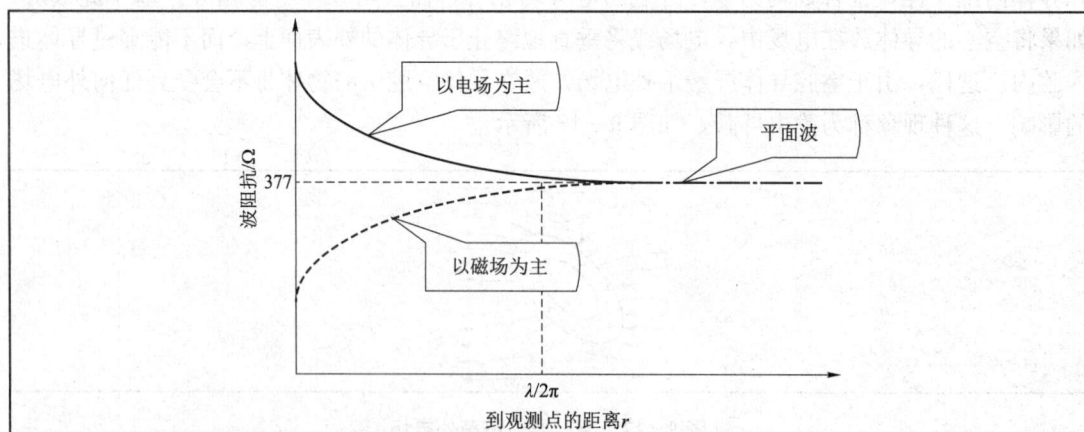

图 9 - 18　波阻抗与场源距离 r 的关系

3. 磁场屏蔽的原理

磁场屏蔽是为了消除或抑制由于磁场耦合而引起的骚扰。磁场的屏蔽不同于电场的屏蔽，屏蔽体接地与否不影响磁屏蔽的效果；但磁屏蔽体对电场也起一定的屏蔽作用，因此一般也接地。磁场屏蔽的策略和措施根据磁场类型的不同而不同，一般可分为静磁场的屏蔽、低频交变磁场的屏蔽和高频磁场的屏蔽 3 种情况。

1）对于静磁场的屏蔽

在静磁场中，电磁铁或直流线圈产生的磁场均在空间中分布磁力线或磁通。磁力线所通过的路径称为磁路。磁力线主要集中在低磁阻（高磁导率）的磁路上通过。对静磁场的屏蔽主要利用高磁导率的材料（如铁、镍钢等）将磁力线"封闭"在屏蔽体内，从而起到磁屏蔽作用。

2）对于低频交变磁场的屏蔽

低频交变磁场：磁屏蔽的原理同静磁屏蔽一样，利用高磁导材料作屏蔽体，将磁场约束在屏蔽体材料内；另外，也可以在垂直磁场的方向上设置金属导体环，环中的感应电流将产生方向相反的磁场，抵消部分外加磁场，达到磁场屏蔽的作用。

3）对于高磁场的屏蔽

对于高频磁场的屏蔽主要靠屏蔽壳体表面上感生的涡流所产生的反磁场抵消穿过屏蔽体的原磁场来实现。屏蔽体应选用良好的导体材料，频率越大，涡流也越大，磁屏蔽效果也越好。

9.6.3 屏蔽体的材料选取和设计

1. 屏蔽体材料的选取

屏蔽体材料的选取应遵循以下 3 个原则。

① 当骚扰电磁场的频率较高时，屏蔽体应选用低电阻率的金属材料，利用材料中产生的涡流形成对外来电磁波的抵消作用，从而达到屏蔽的效果；

② 当骚扰电磁波的频率较低时，要采用高导磁率的材料，从而使磁力线限制在屏蔽体内部，防止扩散到非屏蔽的空间；

③ 在某些场合下，如果要求对高频和低频电磁场都要具有良好的屏蔽效果时，往往需要采用不同的金属材料组成多层屏蔽体。

2. 屏蔽体上有开口时的处理方法

通过设计适当的开口尺寸和辐射源到开口的距离能够改善屏蔽效能。通风口可使用穿孔金属板制作，只要孔的直径足够小，就能够达到所要求的屏蔽效能。当对通风量的要求较高时，必须使用截止波导通风板（蜂窝板），否则将不能兼顾屏蔽和通风量的要求。如果对屏蔽要求不高，并且环境条件较好，则可以使用铝箔制成的蜂窝板。这种产品的价格低，但强度差，容易损坏。如果对屏蔽的要求高或环境恶劣（如军用环境）时，则要使用铜制或钢制蜂窝板，这种产品各方面的性能优越，但价格高昂。如对于计算机显示屏，即要满足查看和使用需要，又要满足防电磁泄漏的要求。为此，通常在显示屏前加装高性能屏蔽视窗，进出屏蔽机箱的导线要进行屏蔽或滤波处理，机箱上绝不允许有导线直接穿过。

实用屏蔽体的设计原则：一般除了低频磁场外，大部分金属材料可以提供 100 dB 以上的屏蔽效能。但在实际应用中则很难达到 80 dB 以上的屏蔽效能。这是因为，屏蔽体的屏蔽效能不仅取决于屏蔽体的结构，还受到其他一些因素的影响。屏蔽体还需要满足电磁屏蔽的基本原则，包括以下两个基本方面。

（1）屏蔽体的导电连续性。指的是整个屏蔽体必须是一个完整的、连续的导电体。这一点实现起来十分困难，因为一个完全封闭的屏蔽体是没有任何实用价值的。一个实用的机箱上会有很多孔缝，如通风口、显示口、安装各种调节杆的开口、不同部分的结合缝隙等，这些孔缝会造成屏蔽效能的降低。由于这些导致导电不连续的因素存在，如果在设计时没有充分考虑相关的处理措施，屏蔽体的屏蔽效能往往会很低，甚至没有屏蔽效能。

（2）不能有直接穿过屏蔽体的导体。一旦有导线直接穿过屏蔽机箱，即使其屏蔽效能再高，也会有 60 dB 以上的屏蔽效能损失。但是，实际的机箱上总会有电缆穿出或穿入，至少会有一条电源电缆存在。如果没有对这些电缆进行妥善的处理（屏蔽或滤波），这些电缆会极大地损坏屏蔽体的屏蔽效能。因此，妥善处理这些电缆是屏蔽设计的重要内容之一。

9.7　控制算法优化

PWM 控制是对脉冲宽度进行调制的技术，如今已在逆变电路中得到了广泛的应用。其中空间矢量 PWM 控制技术（SVPWM）将逆变系统和异步电机看作一个整体来考虑，具有模型简单、电压利用率高、便于微处理器实时控制等优点，尤其受到广大设计人员的青睐。但是，SVPWM 有其本身存在的缺陷，会在电机中性点产生幅值为 $\pm U_{dc}/2$ 和 $\pm U_{dc}/6$ 的共模电压，若这个共模电压过大，会造成在高频情况下，永磁电机内部某些结构之间产生耦合电容，从而在电机内部形成一个由共模电压提供能量的回路，进而形成轴电压和轴电流，在长期作用下会对电机产生很大的损害。

9.7.1　SVPWM 的原理简述

SVPWM 的理论基础是平均值等效原理，即在一个开关周期内，通过对基本电压矢量加以组合，使其平均值与给定电压矢量相等。在某个时刻，旋转到某个区域中的电压矢量可由组成这个区域的两个相邻的非零矢量和零矢量在时间上的不同组合来得到。两个矢量的作用时间在一个采样周期内分多次施加，从而控制各电压矢量的作用时间，使空间电压矢量以接近圆形轨迹旋转，通过逆变器的不同开关状态所产生的实际磁通去逼近理想的磁通圆，并由两者的比较结果来决定逆变器的开关状态，从而形成 PWM 波形。SVPWM 的逆变电路如图 9-19 所示。

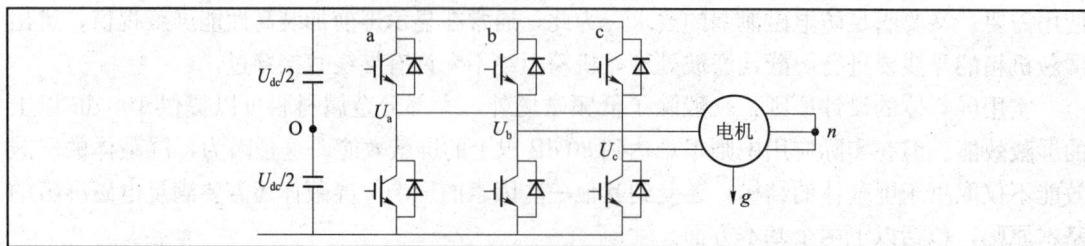

图 9-19　逆变电路

设直流母线侧电压为 U_{dc}，逆变器输出的三相相电压为 U_A、U_B、U_C，分别加在空间上互差 $120°$ 的三相平面静止坐标系上，可以定义三个电压空间矢量 $U_A(t)$、$U_B(t)$、$U_C(t)$，它们的方向始终在各相的轴线上，而大小则随时间按正弦规律变化，时间相位互差 $120°$。假设 U_m 为相电压有效值，f 为电源频率，则有

$$\begin{cases} U_A(t)=U_m\cos(\theta) \\ U_B(t)=U_m\cos(\theta-2\pi/3) \\ U_C(t)=U_m\cos(\theta+2\pi/3) \end{cases} \tag{9-6}$$

其中，$\theta=2\pi f \cdot t$。

则三相电压空间矢量相加的合成空间矢量 $U(t)$ 就可以表示为

$$U_s=U_A+U_Be^{j2\pi/3}+U_Ce^{j4\pi/3}=\frac{3}{2}U_me^{j\theta} \tag{9-7}$$

可见，$U(t)$ 是一个旋转的空间矢量，它的幅值为相电压峰值的 1.5 倍，U_m 为相电压峰值，且为一个以角频率 $\omega=2\pi f$ 按逆时针方向匀速旋转的空间矢量。空间矢量 $U(t)$ 在 a、b、c 三相坐标轴上的投影就是对称的三相正弦量。

由于逆变器的三相桥臂共有 6 个开关管，为了研究在各相上下桥臂在不同开关组合时逆变器输出的空间电压矢量，特定义开关函数 $S_x(x = $ a、b、c$)$ 为

$$S_x=\begin{cases} 1 & \text{上臂通} \\ 0 & \text{下臂通} \end{cases} \tag{9-8}$$

$(S_a$、S_b、$S_c)$ 的全部可能组合共有八个，包括 U_1（001）、U_2（010）、U_3（011）、U_4（100）、U_5（101）和 U_6（110）6 个非零矢量和 U_0（000）、U_7（111）两个零矢量。

在图 9-19 所示的逆变器中，定义 U_{ng} 为共模电压，则有

$$U_{ng}\approx U_{no}=\frac{U_a+U_b+U_c}{3} \tag{9-9}$$

式中，U_a、U_b、U_c 分别为相电压。

经过简单推导，容易得到开关状态在 6 个非零矢量时，$U_{ng}=\pm U_{dc}/6$；开关状态为两个零向量时，$U_{ng}=\pm U_{dc}/2$。如果这个共模电压过大，会在高频情况下形成轴电压和轴电流，并且还会带来其他不良影响，总体上可以分为以下两类。

（1）电机轴承电腐蚀问题。轴承损坏一般有力学损坏、温升损坏和电腐蚀损坏等，其中以电腐蚀损坏为主。共模电压通过电机定子、转子、绕组和永磁体各部分之间的耦合电容及轴承电容形成回路，从而在轴承电容支路上建立轴电压。电机处于正常运行状态时，轴承内外沟道与轴承滚珠之间有一层润滑油膜，该油膜具有绝缘作用，当轴电压的幅值超过轴承油膜的阈值电压时，油膜将被击穿而产生轴电流，对电机内外沟道造成电腐蚀，损坏轴承。

（2）电机绕组局部的绝缘击穿问题。当连接电缆与电机的特性阻抗不匹配时，逆变器输出的 PWM 脉冲经过长线电缆传输会在电缆两端产生波的反射和折射，从而在电机输入端可产生高达原电压 3 倍的尖峰电压。该电压在上升时间过短的情况下会造成绕组匝间极不均匀的电压分布，其中绕组最开始的几匝将承担过电压的 80%，导致绝缘击穿。

由此可见，削弱此共模电压是十分必要的。

9.7.2　电机中性共模电压的抑制策略

脉冲宽度调制（pulse width modulation，PWM）是电压源型逆变器常用的调制策略，

但传统的 PWM 调制策略没有考虑逆变器产生的共模电压对电机等敏感设备的危害。随着半导体工艺的进一步发展和新型材料制成的电力电子器件的出现，功率开关器件的耐压值和开关频率进一步提高，电机驱动系统及有源电力滤波器等电力电子装置产生的高频共模电压对敏感设备的危害进一步增大，共模电压的抑制问题引起了国内外学者的广泛关注。

目前国内外对共模电压的抑制策略一般可为两个层面，分别为硬件和软件面。

1. 硬件层面

在硬件层面，一般是通过改变运行环境或者增添硬件来实现对于共模电压的抑制。如通过将电机的轴承绝缘、电机转轴接地或者使用具有传导性的润滑剂等方法来降低轴电流。改变硬件结构主要通过改变主电路拓扑结构或添加滤波元件实现，可分为无源滤波抑制和有源滤波抑制两种类型。无源滤波抑制主要采用共模扼流圈、共模变压器和共模滤波器等元件。如由共模扼流圈和带阻尼电阻的第四绕组回路组成的共模变压器可用来抑制传导电磁骚扰，从而减小了共模电压的危害，其主电路拓扑结构如图 9 - 20 所示。也有文献提出由 RLC 元件构成二阶低通滤波器，并将滤波器中性点与直流母线中点相连，其拓扑结构如图 9 - 21 所示，逆变器输出侧的 du/dt 和共模电压得以大幅降低。由于无源滤波器中包含储能元件，因此需要合理设计以减小装置体积。与此同时，无源滤波器的滤波性能也受端口网络阻抗与滤波网络阻抗匹配程度的影响，阻抗失配会影响滤波器的滤波性能。此外，高频 EMI 通过无源滤波器时，微小的寄生参数变化也会影响其抑制效果，甚至产生谐振。因此，有学者在借鉴有源电力滤波器工作原理的基础上，提出利用电路平衡、补偿及添加第四桥臂等方法实现对共模电压的抑制。

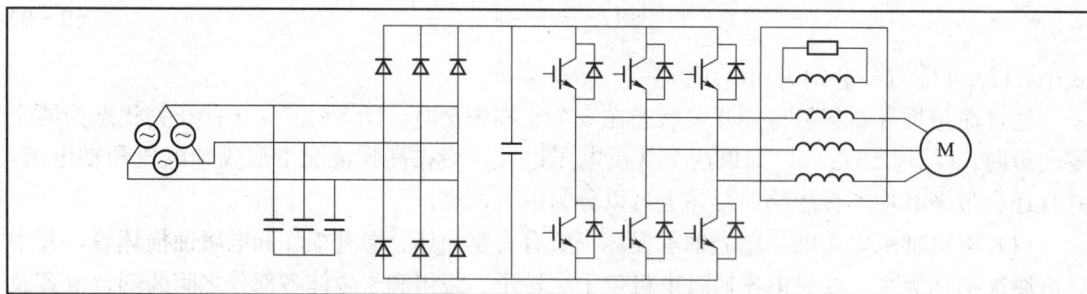

图 9 - 20 共模变压器的拓扑结构

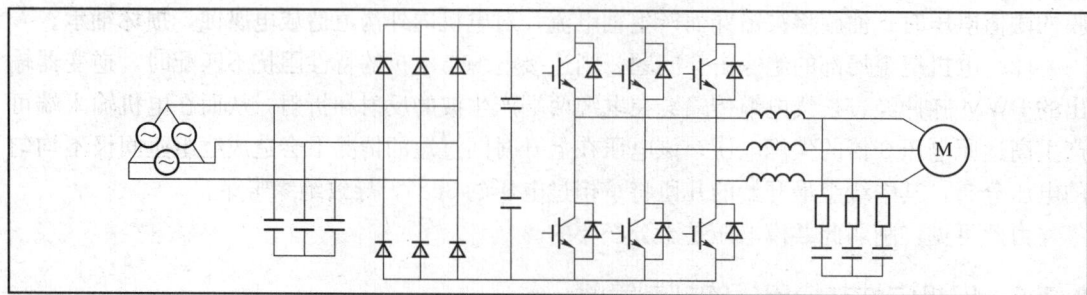

图 9 - 21 共模滤波器的拓扑结构

也有文献提出采用四桥臂的逆变器拓扑结构，如图 9-22 所示，通过控制第四桥臂的驱动脉冲，可以实现任何时刻四相桥臂的开关状态两两相反，输出相电压保持为零，从而使共模电压得以消除。但在采用正弦脉宽调制（SPWM）时，调制度较低，直流侧电压的利用率不高。

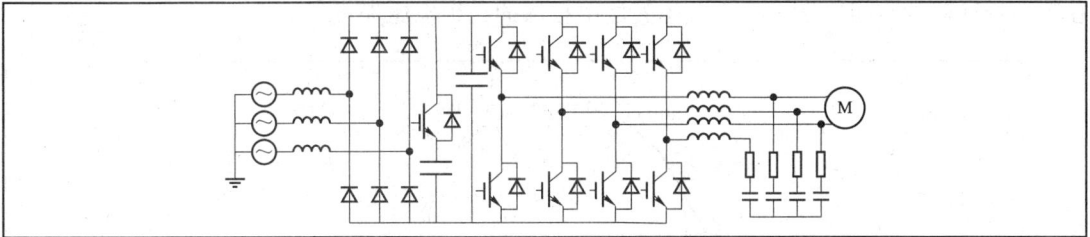

图 9-22　四桥臂逆变器的拓扑结构

2. 软件层面

由于采用硬件抑制共模电压的策略通常会增加驱动系统的体积和重量，可能导致控制系统更加复杂或其他硬件部分的再设计，降低了整个牵引系统的可靠性，增加了成本和装置体积，因此其使用场合存在局限性。

为了解决上述问题，共模电压软件抑制策略在近年来成为了研究热点。由共模电压的产生机理可知，通过改变逆变器开关器件的状态组合来改善 PWM 逆变器的控制策略是软件抑制策略的出发点。针对两电平逆变器的共模电压，弃用零矢量可以抑制幅值较大的共模电压。其中有文献提出采用三个邻近的非零矢量等效合成参考电压矢量，但当调制度较小时，该算法会出现失效区域；也有文献提出采用弃用零矢量的空间矢量脉宽调制策略，用两个相位相反的矢量线性叠加来等效替代零矢量，将共模电压幅值抑制为直流侧电压的 1/6，从而达到抑制共模电压的目的。但如果考虑死区效应时，该算法存在失效区域，出现共模尖峰电压。

9.7.3　几种无零矢量调制方法

1. RSPWM 控制策略

RSPWM 控制策略有别于普通空间矢量调制方法，主要区别在于其主要有 3 种开关状态，并且这三种开关状态的状态量在空间矢量的位置上各相差 120°，即用固定矢量组 V_1、V_3、V_5（或 V_2、V_4、V_6）的不同组合来合成参考电压，如图 9-23 所示。

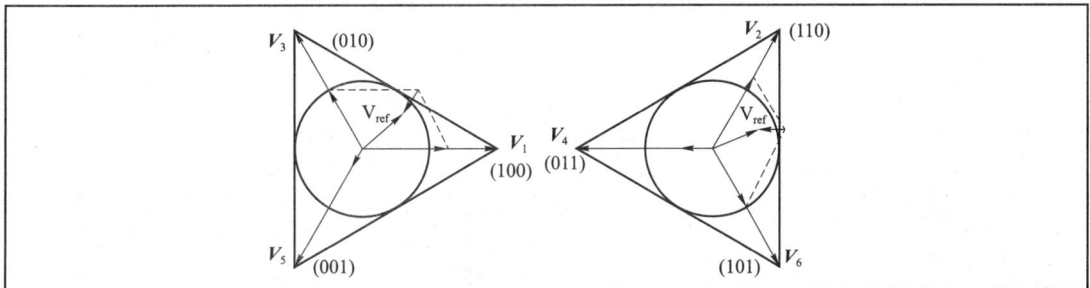

图 9-23　RSPWM 控制策略的空间矢量图

2. NSPWM 控制策略

NSPWM 控制策略主要通过三个邻近的电压矢量来描述参考电压。如在第一扇区，使用 V_1、V_2、V_3 来表示。整个空间可分为 6 个不同的扇区，如图 9-24 中用虚线分割出来的六个不同区域所示。NSPWM 的特点是开关转换频率相对较低。图 9-24 中描述了 NSPWM 在第一扇区时的空间矢量，参考电压矢量由相邻的 3 个电压矢量合成。

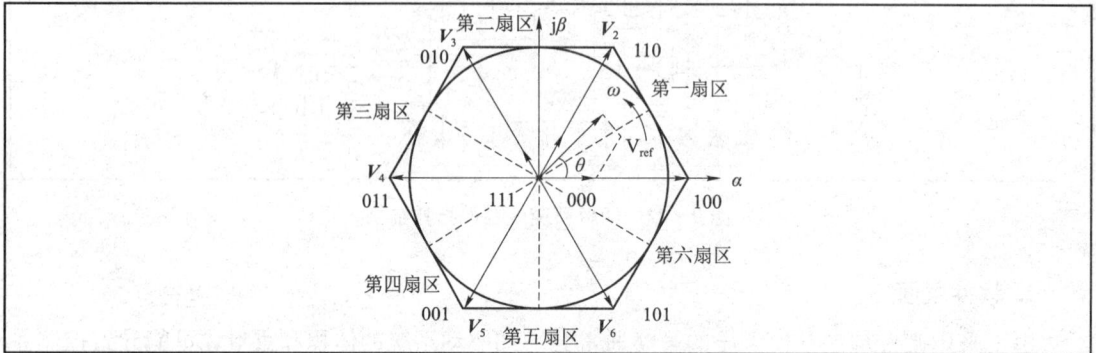

图 9-24　NSPWM 控制策略的空间矢量图

3. AZSPWM1 控制策略

AZSPWM1 控制策略用其他 6 个开关状态对零开关状态进行等效替换。如用 V_1、V_4，V_2、V_5，V_3、V_6 来替换 V_0、V_7。因此，AZSPWM1 的参考电压由 4 种不同的开关矢量合成。比如在第一扇区，采用 V_1、V_2、V_3、V_6 四个矢量进行合成。

由上述内容可知，RSPWM、NSPWM、AZSPWM1 都能够有效减少共模电压，但它们在调制区范围、直流电压利用率、每周期开关次数、输出电流谐波失真等方面都还有一些区别。因此对于每种调制方法的劣势进行改进也是学者们的一个重要研究方向。

参 考 文 献

[1] 陈清泉，詹宜巨 . 21 世纪的绿色交通工具：电动汽车［M］. 北京：清华大学出版社，2000.

[2] 陈清泉，孙逢春，祝嘉光 . 现代电动汽车技术［M］. 北京：北京理工大学出版社，2000.

[3] 陈全世，仇斌，谢起成 . 燃料电池电动汽车［M］. 北京：清华大学出版社，2005.

[4] WAKEFIELD E H. 电动汽车发展史［M］. 叶云屏，孙逢春，译 . 北京：北京理工大学出版社，1998.

[5] 李兴虎 . 电动汽车概论［M］. 北京：北京理工大学出版社，2005.

[6] 徐国凯，赵秀春，苏航 . 电动汽车的驱动与控制［M］. 北京：电子工业出版社，2010.

[7] 邹国棠，程明 . 电动汽车的新型驱动技术［M］. 北京：机械工业出版社，2010.

[8] 陈全世，仇斌，谢起成 . 燃料电池电动汽车［M］. 北京：清华大学出版社，2005.

[9] 余志生 . 汽车理论［M］. 2 版 . 北京：机械工业出版社，2009.

[10] KREFTA R J，RAJASHEKARA K，MOOR B. Evaluation of propulsion drive system technologies for hybrid vehicles［J］. Future Car Congress，2000，(1)：15-32.

[11] 陈潇凯 . 混合动力汽车悬架优化设计的目标分流法理论及应用研究［D］. 北京：北京理工大学，2005.

[12] 康龙云 . 新能源汽车与电力电子技术［D］. 北京：机械工业出版社，2009.

[13] 胡崇晗 . 基于 DSP 的电动汽车交流异步电机控制系统研究与开发［D］. 南京：东南大学，2016.

[14] 何洪文，余晓江，孙逢春，等 . 电动汽车电机驱动系统动力特性分析［M］. 中国电机工程学报，2006.

[15] 翟丽 . 电动汽车交流感应电机驱动控制系统及其特性研究［D］. 北京：北京理工大学，2004.

[16] 旦高亮 . 电动汽车用交流异步电机驱动系统控制策略［D］，重庆：重庆大学，2012.

[17] 邓星钟 . 机电传动控制［M］. 4 版 . 武汉：华中科技大学出版社，2006.

[18] 程伟，马树元，吴平东，等 . 交流异步电机的建模与仿真［J］. 计算机仿真，2004，22(3)：69-70.

[19] 刘新正，苏少平，高琳，等 . 电机学［M］. 6 版 . 北京：电子工业出版社，2006.

[20] 范金鑫 . 电传动车辆永磁同步电机动力性能优化和热特性研究［D］. 北京：北京理工大学，2011.

[21] 袁雷，胡冰新，陈姝 . 现代永磁同步电机控制原理及 MATLAB 仿真［M］. 北京：北京航空航天大学出版社，2016.

[22] 王军 . 永磁同步电机智能控制技术［M］. 成都：西南交通大学出版社，2015.

[23] 邱国平，丁旭红 . 永磁直流无刷电机实用设计及应用技术［M］. 上海：上海科学技术

出版社，2015.

[24] 李小鹏，李立毅，田方沂，等．无刷直流直线电动机 ［M］．北京：国防工业出版社，2012.

[25] 郭庆鼎，赵希梅．直流无刷电动机原理与技术应用 ［M］．北京：中国电力出版社，2008.

[26] 张玉锦．纯电动汽车车载直流电源的研究 ［D］．北京：北京交通大学，2012.

[27] 周习祥．移相控制 PWM 全桥软开关 DC/DC 变换器的设计与开发 ［D］．长沙：湖南师范大学，2008.

[28] 郭建凯．双级式单相光伏并网系统的研究 ［D］．沈阳：东北大学，2012.

[29] 徐英培．面向充电站的双向隔离型直流变换器的研究 ［D］．秦皇岛：燕山大学，2014.

[30] 杨威．用于蓄电池储能的双向 AC/DC 变换器研究 ［D］．阜新：辽宁工程技术大学，2012.

[31] 崔宇平．两段式射频接收机变频模块的研制 ［D］．成都：电子科技大学，2011.

[32] 杨佳乐．高频变压器在光伏逆变电路中的应用 ［D］．北京：华北电力大学，2012.

[33] 李永建．适用于风能太阳能互补的正弦波逆变电源研制 ［D］．天津：河北工业大学，2007.

[34] 周睿敏．混合动力汽车用 DC/AC 逆变器的 EMC 研究 ［D］．长春：吉林大学，2013.

[35] 伍元彪．阻抗源逆变器在微型电动汽车上的应用研究 ［D］．重庆：重庆大学，2010.

[36] 张静．Z 源逆变器控制及应用研究 ［D］．济南：山东大学，2010.

[37] 王广府．汽车内的电磁辐射干扰及敏感度研究 ［D］．重庆：重庆大学，2014.

[38] 孟庆楠．混合动力汽车 DC/DC 变换器的电磁辐射研究 ［D］．长春：吉林大学，2012.

[39] 于乐．DC/DC 变换器软开关技术的研究 ［D］．哈尔滨：哈尔滨工业，2011.

[40] 赵东．电动汽车车载充电器设计 ［D］．北京：北京交通大学，2015.

[41] 蔡恒．汽车发电机电磁干扰测试技术研究 ［D］．重庆：重庆大学，2011.